莫萨营销口才系列

直播销售员
超级口才训练

程淑丽·编著

电子工业出版社
Publishing House of Electronics Industry
北京·BEIJING

内 容 简 介

近年来,直播带货的价值日益凸显,日渐成为零售行业的新兴趋势,诸多品牌和达人正在积极抢占这一红利市场。直播销售主播必须有严密的思维和出色的口才,才能吸引消费者,出色地完成本职工作。

本书对 153 个经典直播案例进行深度剖析,从这 153 个经典直播情景中,提炼出直播销售员常见的 365 个互动误区、78 个经典语句和 54 个句式模板,帮助直播销售主播发掘自我优势,提升口才,提高促单成交效率。

本书适合直播带货的主播阅读,也可以作为零售行业品牌商及制造商的销售人员和销售管理者的参考读物。

未经许可,不得以任何方式复制或抄袭本书之部分或全部内容。
版权所有,侵权必究。

图书在版编目(CIP)数据

直播销售员超级口才训练 / 程淑丽编著. —北京:电子工业出版社,2024.6
(莫萨营销口才系列)
ISBN 978-7-121-47763-8

Ⅰ.①直… Ⅱ.①程… Ⅲ.①网络营销–口才学 Ⅳ.① F713.365.2 ② H019

中国国家版本馆 CIP 数据核字(2024)第 083600 号

责任编辑:王小聪
印　　刷:三河市鑫金马印装有限公司
装　　订:三河市鑫金马印装有限公司
出版发行:电子工业出版社
　　　　　北京市海淀区万寿路 173 信箱　　邮编:100036
开　　本:787×980　1/16　印张:22.25　字数:375 千字
版　　次:2024 年 6 月第 1 版
印　　次:2024 年 6 月第 1 次印刷
定　　价:79.00 元

凡所购买电子工业出版社图书有缺损问题,请向购买书店调换。若书店售缺,请与本社发行部联系,联系及邮购电话:(010)88254888,88258888。
质量投诉请发邮件至 zlts@phei.com.cn,盗版侵权举报请发邮件至 dbqq@phei.com.cn。
本书咨询联系方式:(010)68161512,meidipub@phei.com.cn。

前　言

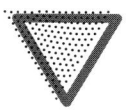

从"直播销售"狭义的定义来说,"直播销售"就是通过网络平台进行产品销售。从广义的定义来说,"直播销售"是一种全新的营销形式,极具互联网在线营销的特色。对于品牌商和制造商来说,"直播销售"相比传统线下零售有着巨大的优势,未来将会有越来越多的人投入直播销售的尝试中。

那么,作为一名普通的销售员要如何成为一名合格的直播销售主播呢？成功的直播销售主播是如何做到开场不冷场、高效控场的？是如何与观众互动并吸引粉丝关注的？是如何在直播中与观众建立信任、激发观众购买欲望直到消除观众的疑虑,进而成功锁客促成直播成交的？

成功没有捷径,任何人的成功除了具有一定的天赋,都是长期坚持不断练习的结果。直播销售也是一样的,直播销售主播需要找对方法、找对思路去不断地正确练习。

这本《直播销售员超级口才训练》,通过"直播情景再现""直播公屏分析""主播互动演练""互动误区提醒"4大设计,为直播销售员深度还原常见的153个直播情景,深入分析了直播观众的消费需求。

本书还为直播销售员提供了78个可参考的经典语句与54个实用的句式模板,提炼出365个常见的直播误区,帮助直播销售员进行口才训练,提升其直播销售能力。直播销售员是直播带货的中心,口才是直播销售员的核心技能。

本书以口才训练为切入点,抓住了直播销售员这一新兴岗位的核心技能要求,通过情境、经典语句、句式和误区,让直播销售员短期内快速提升自己的直播技能。

无论你是有经验的销售员,还是想要从事线上带货的直播"小白",阅读此书后结合不断的自我练习,都能更加准确地把握客户真正的购买点,一开口便能留住观众持续观看，一开口就能刺激观众消费欲望。本书是一本经验可复制、经典可学习的直播口才训练实务书。

希望本书能够为各位读者提供满意的口才训练提升方案，同时带来关于直播销售、互联网销售的一些启发。

本书在创作中难免有疏漏与不足之处，恳请广大读者批评指正。

目 录

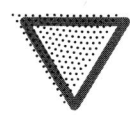

第 1 章 销售锁客 / 1

1.1 销售开场 / 2
- 1.1.1 情景 1：欢迎语开场 / 2
- 1.1.2 情景 2：介绍式开场 / 3
- 1.1.3 情景 3：问题式开场 / 5
- 1.1.4 情景 4：共鸣式开场 / 6
- 1.1.5 情景 5：利他式开场 / 8

1.2 主题介绍 / 10
- 1.2.1 情景 6：活动 + 用户 + 产品 / 10
- 1.2.2 情景 7：客群 + 产品 + 利益 / 12
- 1.2.3 情景 8：明星 + 产品 + 促销 / 14
- 1.2.4 情景 9：节日 + 产品 + 促销 / 16
- 1.2.5 情景 10：热点 + 产品 + 促销 / 18
- 1.2.6 情景 11：利益 + 产品 + 促销 / 20

1.3 开场经典语句 / 22
- 1.3.1 引流款开场经典语句 / 22
- 1.3.2 福利款开场经典语句 / 23
- 1.3.3 利润款开场经典语句 / 23
- 1.3.4 爆品款开场经典语句 / 24
- 1.3.5 常规款开场经典语句 / 24

1.4 句式模板 / 25
- 1.4.1 欢迎句式模板 / 25
- 1.4.2 主题句式模板 / 25

第 2 章 聚人留人 / 27

2.1 吸引注意 / 28
- 2.1.1 情景 12：激发用户的好奇心 / 28
- 2.1.2 情景 13：直播预告晓以利益 / 30
- 2.1.3 情景 14：用数据去吸引注意 / 32
- 2.1.4 情景 15：用试验去吸引注意 / 33
- 2.1.5 情景 16：用对比去吸引注意 / 35

2.2 福利留人 / 37
- 2.2.1 情景 17：抽大奖 / 37
- 2.2.2 情景 18：发红包 / 39
- 2.2.3 情景 19：给折扣 / 41
- 2.2.4 情景 20：限量送 / 43

2.3 互动留人 / 45
- 2.3.1 情景 21：点名留人法 / 45
- 2.3.2 情景 22：缘分留人法 / 47
- 2.3.3 情景 23：问答留人法 / 49
- 2.3.4 情景 24：价值留人法 / 52
- 2.3.5 情景 25：痛点留人法 / 54
- 2.3.6 情景 26：交集留人法 / 56

2.4 留人经典语句 / 58
- 2.4.1 留住路人的经典语句 / 58
- 2.4.2 留住粉丝的经典语句 / 59

2.5 留人句式模板 / 59
- 2.5.1 诱导式句式 / 59
- 2.5.2 利他式句式 / 60
- 2.5.3 渲染式句式 / 60

第3章 推介说服 / 61

3.1 产品介绍 / 62
- 3.1.1 情景27：功能介绍 / 62
- 3.1.2 情景28：成分介绍 / 64
- 3.1.3 情景29：材质介绍 / 66
- 3.1.4 情景30：价位介绍 / 68
- 3.1.5 情景31：举证介绍 / 70
- 3.1.6 情景32：款式介绍 / 71

3.2 使用介绍 / 73
- 3.2.1 情景33：使用方法介绍 / 73
- 3.2.2 情景34：使用效果介绍 / 75
- 3.2.3 情景35：使用人群介绍 / 77

3.3 产品演示 / 80
- 3.3.1 情景36：试验演示 / 80
- 3.3.2 情景37：对比演示 / 82
- 3.3.3 情景38：场景演示 / 84
- 3.3.4 情景39：现身说法 / 86
- 3.3.5 情景40：竞品比较 / 88

3.4 产品促销 / 91
- 3.4.1 情景41：特价促销 / 91
- 3.4.2 情景42：赠品促销 / 92
- 3.4.3 情景43：抽奖促销 / 94
- 3.4.4 情景44：限时促销 / 96
- 3.4.5 情景45：限量促销 / 98

3.5 产品介绍经典语句 / 100
- 3.5.1 描述类经典语句 / 100
- 3.5.2 比喻类经典语句 / 101
- 3.5.3 演示类经典语句 / 101
- 3.5.4 感恩类经典语句 / 101
- 3.5.5 煽情类经典语句 / 102
- 3.5.6 哲理类经典语句 / 102
- 3.5.7 励志类经典语句 / 103

3.6 产品介绍句式模板 / 103
- 3.6.1 FABE 句式模板 / 103
- 3.6.2 AIDA 句式模板 / 104
- 3.6.3 NFABI 句式模板 / 105
- 3.6.4 条例句式模板 / 105
- 3.6.5 数字句式模板 / 105
- 3.6.6 对比句式模板 / 106

第4章 互动话题 / 107

4.1 健康主题 / 108
- 4.1.1 情景46：养生 / 108
- 4.1.2 情景47：运动 / 110

4.2 生活话题 / 113
- 4.2.1 情景48：衣 / 113
- 4.2.2 情景49：食 / 115
- 4.2.3 情景50：住 / 117
- 4.2.4 情景51：行 / 119

4.3 兴趣话题 / 121
- 4.3.1 情景52：摄影 / 121
- 4.3.2 情景53：旅游 / 122
- 4.3.3 情景54：美食 / 124

4.4 工作话题 / 126
- 4.4.1 情景55：职业 / 126
- 4.4.2 情景56：人际 / 128
- 4.4.3 情景57：压力 / 130

目 录

- 4.5 感情话题 / 132
  - 4.5.1 情景 58：爱情 / 132
  - 4.5.2 情景 59：交情 / 134
  - 4.5.3 情景 60：友情 / 135
- 4.6 娱乐话题 / 137
  - 4.6.1 情景 61：歌曲 / 137
  - 4.6.2 情景 62：电影 / 139
  - 4.6.3 情景 63：电视剧 / 142
- 4.7 旅游主题 / 144
  - 4.7.1 情景 64：亲子旅游 / 144
  - 4.7.2 情景 65：景观旅游 / 146
  - 4.7.3 情景 66：民俗文化旅游 / 149
- 4.8 女性话题 / 151
  - 4.8.1 情景 67：时装 / 151
  - 4.8.2 情景 68：星座 / 153
  - 4.8.3 情景 69：情感 / 155
- 4.9 财经话题 / 158
  - 4.9.1 情景 70：金融 / 158
  - 4.9.2 情景 71：投资 / 160
- 4.10 家教话题 / 162
  - 4.10.1 情景 72：亲子教育 / 162
  - 4.10.2 情景 73：孩子学习 / 164
  - 4.10.3 情景 74：父母压力 / 166
- 4.11 心理话题 / 169
  - 4.11.1 情景 75：焦虑 / 169
  - 4.11.2 情景 76：抑郁 / 171
  - 4.11.3 情景 77：伤心 / 172
- 4.12 美食话题 / 174
  - 4.12.1 情景 78：热门美食 / 174
  - 4.12.2 情景 79：地方美食 / 176
  - 4.12.3 情景 80：国外美食 / 178
- 4.13 星座话题 / 181
  - 4.13.1 情景 81：星座与性格 / 181
  - 4.13.2 情景 82：星座与情感 / 183
  - 4.13.3 情景 83：星座与人际 / 185
- 4.14 新闻话题 / 188
  - 4.14.1 情景 84：经济新闻 / 188
  - 4.14.2 情景 85：科技新闻 / 190
- 4.15 房产话题 / 192
  - 4.15.1 情景 86：房价 / 192
  - 4.15.2 情景 87：房贷 / 193
  - 4.15.3 情景 88：买房 / 195
- 4.16 汽车话题 / 198
  - 4.16.1 情景 89：自动驾驶 / 198
  - 4.16.2 情景 90：结婚买车 / 201
  - 4.16.3 情景 91：贷款买车 / 203
- 4.17 能源话题 / 206
  - 4.17.1 情景 92：双碳 / 206
  - 4.17.2 情景 93：低碳 / 208
  - 4.17.3 情景 94：储能 / 209
- 4.18 科技话题 / 211
  - 4.18.1 情景 95：计算机技术 / 211
  - 4.18.2 情景 96：空间技术 / 213
  - 4.18.3 情景 97：新能源技术 / 215
- 4.19 体育话题 / 217
  - 4.19.1 情景 98：体育运动 / 217
  - 4.19.2 情景 99：体育比赛 / 219
- 4.20 游戏话题 / 221
  - 4.20.1 情景 100：热门游戏 / 221
  - 4.20.2 情景 101：游戏直播 / 224

4.20.3 情景102：游戏玩家 / 226

4.21 互动话题经典语句 / 228
4.21.1 名言类 / 228
4.21.2 诗词类 / 229
4.21.3 歌词类 / 229
4.21.4 顺口溜 / 230
4.21.5 广告语 / 230
4.21.6 谚语类 / 231
4.21.7 潮语类 / 231

4.22 互动话题句式模板 / 232
4.22.1 发起类句式模板 / 232
4.22.2 答复类句式模板 / 232

第5章 建立信任 / 233

5.1 引导认同 / 234
5.1.1 情景103：共同兴趣法 / 234
5.1.2 情景104：意见领袖法 / 236
5.1.3 情景105：封闭提问法 / 238
5.1.4 情景106：直面担心法 / 240

5.2 学会赞美 / 242
5.2.1 情景107：具体化赞美 / 242
5.2.2 情景108：抽象化赞美 / 243
5.2.3 情景109：关联化赞美 / 244

5.3 直接表白 / 246
5.3.1 情景110：事实性表白 / 246
5.3.2 情景111：承诺性表白 / 247
5.3.3 情景112：感恩性表白 / 249

5.4 建立信任经典语句与句式模板 / 250
5.4.1 建立信任经典语句 / 250
5.4.2 建立信任句式模板 / 251

第6章 激发欲望 / 253

6.1 激发其"趣" / 254
6.1.1 情景113：好奇驱动法 / 254
6.1.2 情景114：情绪调动法 / 256
6.1.3 情景115：需求痛苦法 / 259

6.2 区分其"名" / 261
6.2.1 情景116：产品款式法 / 261
6.2.2 情景117：专业人士法 / 263
6.2.3 情景118：累积消费法 / 266

6.3 数说其"利" / 268
6.3.1 情景119：特殊利益法 / 268
6.3.2 情景120：精打细算法 / 270
6.3.3 情景121：节约成本法 / 272

6.4 点燃其"情" / 274
6.4.1 情景122：直接调动法 / 274
6.4.2 情景123：故事共鸣法 / 276
6.4.3 情景124：才识吸引法 / 278

6.5 激发欲望经典语句与句式模板 / 279
6.5.1 激发欲望经典语句 / 279
6.5.2 激发欲望句式模板 / 280

第7章 直面异议 / 281

7.1 直面"黑粉" / 282
7.1.1 情景125：直接回应法 / 282
7.1.2 情景126：现场验证法 / 284
7.1.3 情景127：借力打力法 / 286

7.2 化解异议 / 288
7.2.1 情景128：直接驳正法 / 288

7.2.2 情景129：间接否认法 / 290
7.2.3 情景130：转化处理法 / 292
7.2.4 情景131：反问处理法 / 294
7.2.5 情景132：推理处理法 / 296
7.2.6 情景133：真诚认同法 / 299

7.3 直面异议经典语句与句式模板 / 301
7.3.1 直面异议经典语句 / 301
7.3.2 直面异议句式模板 / 301

第8章 催促下单 / 303

8.1 消除疑虑 / 304
8.1.1 情景134：第三方验证法 / 304
8.1.2 情景135：现场演示法 / 306
8.1.3 情景136：价值价格法 / 308

8.2 催单三讲 / 310
8.2.1 情景137：讲优惠 / 310
8.2.2 情景138：讲时间 / 312
8.2.3 情景139：讲保障 / 314

8.3 关注下单 / 316
8.3.1 情景140：关注讲解 / 316
8.3.2 情景141：下单讲解 / 318
8.3.3 情景142：下单致谢 / 320

8.4 催促下单经典语句与句式模板 / 322
8.4.1 催促下单经典语句 / 322
8.4.2 催促下单句式模板 / 322

第9章 直播结尾 / 323

9.1 感恩式结尾 / 324
9.1.1 情景143：感谢陪伴 / 324
9.1.2 情景144：感恩购买 / 326

9.2 促单式结尾 / 329
9.2.1 情景145：最后一单 / 329
9.2.2 情景146：最后时间 / 331

9.3 其他式结尾 / 333
9.3.1 情景147：预告式结尾 / 333
9.3.2 情景148：顺口溜结尾 / 335
9.3.3 情景149：小段子结尾 / 336
9.3.4 情景150：固话式结尾 / 338
9.3.5 情景151：小故事结尾 / 340
9.3.6 情景152：幽默式结尾 / 342

9.4 直播结尾经典语句与句式模板 / 343
9.4.1 直播结尾经典语句 / 343
9.4.2 直播结尾句式模板 / 344

第 1 章

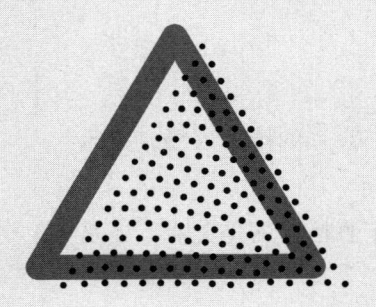

销售锁客

1.1 销售开场

1.1.1 情景1：欢迎语开场

【直播情景再现】

某潮流女装直播间开播后，直播间已经聚集了一些观众，这些观众的关注点各不相同，有的询问服装的价格，有的询问今天的优惠活动，有的询问服装款式，有的询问单品时尚搭配，有的询问服装材质……主播小王拿了一条今天要销售的连衣裙，准备向观众展示。

【直播公屏分析】

1. 对于关注服装价格和直播优惠福利的观众，主播要注意把握成交机会，因为这些观众表现出了明显的购买信号。

2. 对于关注服装款式和搭配的观众，主播要注意介绍服装的特色设计和时尚元素。

3. 对于关注服装材质的观众，主播要注意介绍服装所用材质的特性，强调服装质量，打消观众的疑虑。

【主播互动演练】

主播：欢迎各位宝宝进来捧场！大家有钱的捧个钱场，没钱的捧个人场，空闲的捧个留场，喜欢的捧个情场！

助播1：欢迎各位帅哥、美女来到我们的直播间，进来直播间的是美女，还是帅哥呢？刷刷弹幕让我看到你哦！

弹幕1：姐妹们，我来了。

弹幕2：冲！冲！冲！

主播：欢迎×××！×××宝宝是第一次来到我们直播间吧？主播在这里祝所有来到直播间的宝宝们一帆风顺！双喜临门！三阳开泰！

助播1：四季发财！五谷丰登！六畜兴旺！

助播2：七星高照！八面玲珑！九天揽月！

主播/助播1/助播2：十全十美！

弹幕3：666！

…………

⚠【互动误区提醒】

1. 要注意进行完整的开场发言，不要轻易被公屏弹幕打乱节奏。开场发言结束后，再及时回复公屏问题。

2. 针对公屏中出现的无关内容及不理性言论，不要理会，请专业人员在后台处理即可。

3. 无论直播间热度如何，都不要影响心态，要坚持以热情、礼貌、专业的态度完成直播开场。

1.1.2 情景2：介绍式开场

【直播情景再现】

某小家电直播间正在热卖一款电吹风机，主播小美正在介绍这款电吹风机的参数和性能。观众在公屏上也发出了很多疑问，有的人问电吹风机的功率大小，有的人问电吹风机的温度如何，有的人问挡位是几挡的，有的人问噪声大不大，有的人问伤不伤头发……

【直播公屏分析】

1. 对于关注功率的观众，主播要考虑他们的使用场所可能比较特殊，他们可能是住校学生等群体。

2. 对于关注温度的观众，主播应注意重点介绍电吹风机的过热保护及冷热风循环功能，他们可能有过不好的电吹风机使用体验，对温度比较敏感。

3. 对于关注伤不伤头发的观众，主播要注意重点介绍电吹风机的负离子养发、恒温护发等功能。

【主播互动演练】

主播：家人们，轻装上阵，随时漂亮，让魅力收放自如！我手上这款负离子电吹风机，采用了全新的"负离子养发"技术，可释放千万个负离子，渗透发丝，吹至头皮，抚平毛糙，打造更亮泽、柔顺的秀发。

弹幕1：什么是负离子？

弹幕2：这电吹风机功率是多少？噪声大吗？

主播：这款电吹风机内置了负离子发生器，工作时，负离子发生器会在每立方米空气中形成1000万～3000万个负离子，帮助中和头发静电，抚平头发毛糙，有效减少头发分叉。

主播：这款电吹风机的额定功率是1800W，如果您需要其他功率的电吹风机，可以关注我们的3号链接，选购其他适合您的产品。

主播：我看有家人比较关心噪声，这款电吹风机的最大噪声是65分贝，您放心好了，噪声不大！

弹幕3：有没有恒温功能？

主播：这款电吹风机是有恒温功能的哈，有双重过热保护机制，不用担心。

助播：家人们，准备好了吗，我们要上秒杀链接了！

主播：倒计时，三、二、一！大家快上车！

…………

【互动误区提醒】

1. 主播在介绍产品时，不能没有底气，而是既要保障介绍内容的专业性与准确性，又要采用通俗易懂的语言，向观众传达对产品的信心。

2. 主播面对公屏中观众提出的各种疑问，不要失去耐心，而是要热情、礼貌地回答相关问题。

3. 主播要注意把握直播节奏，引导直播间观众的关注点；要紧紧围绕产品进行完整介绍，不可跑题。

1.1.3　情景3：问题式开场

【直播情景再现】

某化妆品直播间正在预售一系列防晒产品，主播小兰正在往手背上涂抹一款新品防晒霜。此时观众正在公屏上讨论他们日常使用防晒霜时遇到的各种问题，有人说用过的防晒霜很油腻，有人说防晒霜会假白，有人说不适合她的肤质，有人说涂了过敏，有人说防晒霜根本就不防晒……

【直播公屏分析】

1. 对于关注防晒霜是否油腻的观众，主播要注意提问时将观众的关注点向防晒霜的质地上引导，体现防晒霜质地轻薄的特点。

2. 对于害怕防晒霜会假白的观众，主播要注意展示的时候将镜头聚焦手部，向观众展示防晒霜的实际上手效果。

3. 对于曾经使用防晒霜过敏的观众，主播要注意重点强调防晒霜的成分，体现出防晒霜天然、亲肤的特点。

【主播互动演练】

主播：家人们，你们在使用防晒霜的时候，是不是都遇到过防晒效果不好、假白、油腻等问题呀？

主播：大家看主播手里的这款防晒霜，我现在就给大家展示一下。这款防晒霜质地轻薄，肤感细腻，可以长效防护大家的皮肤。

弹幕1：这款看着不错。

弹幕2：我之前买的防晒霜不好用，用了就过敏。

主播：家人们是不是都在担心自己的肤质不适合涂防晒霜呀？

主播：大家不用担心，我们这款防晒霜的主要成分都是从天然植物中提取的，适合各类肤质，敏感肌也能用！

弹幕3：真的假的？

主播：大家尽管放心！大家是不是还担心防晒效果？

主播：我跟大家介绍一下，这款防晒霜的防晒指数是 SPF30+PA++++，防晒和隔离效果相当好。

弹幕4：听着还不错。

主播：家人们，高倍防晒力，清透好肤感，直播间这款防晒霜马上就要开始秒杀啦！这么好用的防晒霜，大家猜猜多少钱？

弹幕5：赶紧上链接！

主播：看来大家都迫不及待啦，大家准备好了吗？听我口令，三、二、一！开抢！

…………

⚠【互动误区提醒】

1. 主播的问题不能没有指向性，要注意将防晒霜的各项特点与观众提出的问题相结合，突出产品的卖点。

2. 主播要利用提问与观众积极互动，不要只问不答，也不要自问自答，更不要忽略观众。

1.1.4　情景4：共鸣式开场

▶【直播情景再现】

某鞋类直播间正在热卖几款老人鞋，主播小健结合自己家里老人的实际经历，向直播间的观众介绍了一些关于老年人防护的知识。公屏上很多观众纷纷表示自己家里的老人也遇到过许多同样的问题，有人说爷爷前段日子摔倒了；有人说冬天来了，姥姥脚踝痛；有人说不知道给家里老人买什么鞋；还有人说家里老人不喜欢我们小辈买的鞋的款式……

🖥【直播公屏分析】

1. 直播间在公屏上与主播互动的大多是想要为老人买鞋的观众，对于他们主播要抓住"老人鞋难买"这一痛点，引起观众共鸣。

2. 主播要善于与观众共情，从观众反映的老人买鞋、穿鞋存在的实际问题，切入到对老人鞋的保暖性、防滑性等卖点的介绍。

💬【主播互动演练】

主播：家人们，俗话说，"家有一老，如有一宝"。冬天来了，家里老人穿得暖、穿得舒服，咱们为人子女在外打拼时也会更放心。

弹幕1：主播，你说得太对了！我爷爷年纪大了，腿脚不利索，前几天走路就摔倒了。

弹幕2：是啊，老人年纪大了，我们又不能随时在身边。

弹幕3：我想起上次给阿爸买了一双鞋，结果阿爸说穿得一点都不舒服。

主播：我和大家一样为人子女，站在我的角度来说，为老人购置一双温暖、舒适的鞋是十分必要的，所以，今天直播间给大家带来几款非常适合老年人的鞋子。

主播：家人们看这双鞋是全绒毛包裹的，触肤又暖又软。鞋垫上的细绒毛能够阻隔地底寒气侵入人体脚部。

主播：另外，这几款鞋都采用了绒毛高帮口设计，鞋面可以防风挡雪，让老人出门不再冻脚。

弹幕4：你别光说保暖，什么鞋都能保暖，但有的鞋老人穿了就是不舒服。

主播：咱们这几款鞋都采用了助力系统，前掌有助力高弹片，后跟有吸能缓震垫，老人穿上走路会特别省劲，特别舒服。

主播：还有，为了防止老人摔倒，我们这几款鞋都采用了菱形花纹的橡胶底，具有很好的防滑效果，雨天、雪天都可以放心走。

弹幕5：你们这几款也是有鞋带的，老人弯腰系鞋带太不方便了。

主播：家人们别担心，我们的鞋采用的是松紧鞋带搭配按压鞋扣的设计，不仅系鞋带非常方便，还可以减少老人的弯腰频率。

　　主播：家人们，我们这几款鞋款式大方，配色多样，您可以带着家里的老人一起观看我们的直播，然后选一款老人喜欢的。

　　弹幕6：给我来两双。

　　…………

⚠【互动误区提醒】

　　1. 主播不要表演式共情，要真诚，要表现出真情实感，用真情引起观众共鸣。

　　2. 主播不要过分共情，要注意把握共情的时间长度和情感深度，及时将产品融入共情场景中。

1.1.5　情景5：利他式开场

【直播情景再现】

　　某护肤品直播间正在销售几款××品牌面膜，主播小惠已经打开了一片面膜，正在向观众展示。直播间的观众非常热情，一时间公屏上充满了互动弹幕，有人问有没有组合优惠，有人问有没有福利活动，有人问面膜的补水效果如何，有人问美白效果好不好……

【直播公屏分析】

　　1. 对于品牌面膜，大家都有一定了解，公屏观众更多关注的是直播间的优惠价格。

　　2. 正值年终大促，不少观众都是冲着直播间的优惠活动来囤货的。

　　3. 公屏上有人关注如何购买、发货速度、退换货等问题，说明这些观众对于直播购物还不是特别了解。

【主播互动演练】

　　主播：家人们，今天直播间给大家带来的是几款××品牌的面膜。××面膜,一片沁透肌肤,注入澎湃水润力!

主播:正值年终大促,为了给家人们谋福利,今天在直播间,面膜买一送二,日常价是169元一盒的补水面膜,今天在我们直播间,99元一盒,再送您一盒同款面膜,外加一片提亮面膜!

助播:家人们,平时169元只能买到10片,今天在我们直播间,只需99元就能买到21片,而且全部都是官方旗舰店给您发货!

弹幕1:那我买二呢?

主播:我看到宝宝们在问买二买三怎么送,今天我们直播间的优惠都是可叠加的,买二送四,买三送六,依此类推,一片都不会少!

弹幕2:今天这么多人抢,啥时候才能发货呀?

主播:家人们放心,我们都是官方仓库直接发货的,大家下单后48小时内会陆陆续续给大家发出!

弹幕3:我买了!我买了!给我加急!

弹幕4:一片都别给我少!

主播:大家尽管放心,您在直播间下单,仓库就会立马配好货,一片都不会少的。如果有家人收到面膜后不喜欢,店铺会给大家承担退换货的运费。

主播:还没有下单的家人们抓紧了,直播间活动就今天一天,面膜数量有限,先抢先得!

弹幕5:我是第二次在这儿买了。

弹幕6:是挺划算的。

弹幕7:怎么抢不到了?主播快更新库存!

…………

⚠ 【互动误区提醒】

1. 对于品牌知名度较高的产品,观众大多比较熟悉,主播不用过多介绍产品的信息,而是要重点介绍直播间的活动规则,强调在本场直播中购买会特别优惠。

2. 主播在直播的过程中,不要忽略对限时限量优惠活动的强调,要营造时间紧迫、货源有限的氛围,以加快成单速度。

1.2 主题介绍

1.2.1 情景6：活动＋用户＋产品

【直播情景再现】

　　正值金秋九月开学季，某购物平台与各直播间共同推出了"开学狂欢季"的活动，某数码产品直播间正在热卖几款笔记本电脑。此时主播小睿正在向大家展示一台笔记本电脑的基本配置情况，直播间的观众纷纷对自己比较关注的方面提出了疑问，有人问学生购买笔记本电脑在价格上有没有优惠，有人问开学季活动买笔记本电脑有哪些赠品，有人问电池续航能力如何，有人问屏幕尺寸大小……

【直播公屏分析】

　　1. 正值开学季，不少学生开学都会有购置笔记本电脑的需求，观众们也都是冲着直播间的学生价来抢购的。

　　2. 公屏上询问笔记本电脑的电池续航能力、屏幕尺寸大小等问题的观众，他们可能是电脑小白，对笔记本电脑了解不多。

【主播互动演练】

　　主播：家人们，今天是开学第一天，首先祝直播间的学生朋友们开学快乐，祝大家新的学期学业进步哟！

　　主播：正值金秋九月"开学狂欢季"活动，主播今天给大家带来几款特别的福利款笔记本电脑。我们专为学生党搭配了秒杀套餐，大家凭学生证购买笔记本电脑可以立减200元，并且只要是今天在直播间下单的，都能额外获赠品牌耳机一副！

　　弹幕1：只有学生有这个立减价格吗？

　　弹幕2：是中学生、大学生的学生证都可以减200元吗？

　　主播：×××宝宝和××宝宝，欢迎你们！我刚看到两位宝宝都在问学生价格，今天是平台联合直播间共同补贴，特地在九月开学之际给大家带来的学生福利价，只要是学生，我们都是下单立减200元的！

弹幕3：学生证找不到怎么办呢？

主播：我看到有的宝宝担心因找不到学生证而无法享受优惠，宝宝们，不用担心！只要你可以找到录取通知书或者相关的材料能表明你现在是学生，就可以享受优惠价格和赠品哟！

弹幕4：这么便宜的笔记本电脑，它的电池耐用吗？

主播：家人们放心，我们这款笔记本电脑采用的是"1瓦低功率"技术，可以大幅度降低屏幕的耗能，搭配大容量、长寿命的电池，续航可以达到16个小时，能保证电脑的正常使用，节能续航更加持久！

助播：家人们，今天咱们直播间是平台与直播间携手为开学季学生党提供补贴的福利活动，品质是有保障的，立减200元也是仅此一天的秒杀价，大家不用担心任何的质量问题！

弹幕5：我已经下单了，今天能发货吗？

弹幕6：电脑发过来的路上不会坏吧？

主播：只要是今天在直播间下单的宝宝们，仓库都会优先处理的哟，我们会按照下单顺序给大家一个一个发出去，大家放心！

助播：大家别担心，我们会把每一台笔记本电脑都包裹得严严实实，里边会给大家加上缓冲包，包装外会标记"防摔""防震""防磕"的提示语，会尽力给大家安安全全地送到家哟！

弹幕7：抢到了！

…………

⚠【互动误区提醒】

1. 主播在介绍电脑的参数、性能时，不要照本宣科，要充分考虑那些不是很懂电脑配置的群体，注意使用更加简练、易懂的语言。

2. 主播在介绍福利时，要将活动原因介绍清楚，不要让大家觉得降价让利活动会影响电脑的质量。

3. 主播在回答公屏问题时，不要避重就轻，要真诚、客观地回答。

1.2.2 情景7：客群+产品+利益

【直播情景再现】

某洗护用品直播间正在热卖几款洗发水产品，主播小菲正在向观众们展示一款近期已经销售了600多份的爆款洗发水。直播间人气居高不下，观众们纷纷在公屏区提出了自己较关心的问题，有人问洗发水的味道好不好闻、留香够不够久，有人问洗发水的控油、去屑效果，有人问直播优惠，有人问直播赠品……

【直播公屏分析】

1. 对于公屏上关注洗发水味道的观众，主播要尽可能地用形象的比喻向观众描述其味道，他们可能对洗发水的香味有所要求。

2. 公屏上关注洗发水功效的观众，他们可能存在这方面的困扰，可能对之前用过的洗发水的效果不太满意。

3. 公屏上关注直播优惠、赠品的观众，他们可能对于日用品的价格比较敏感，属于只要价格足够划算就可能会囤货的人群。

【主播互动演练】

主播：家人们，大家下午好呀！夏天到了，宝宝们现在是不是一出汗，头发就立马汗湿，然后塌了？不仅不好看，而且味道也不好闻！有的宝宝恨不得一天洗好几次头发，对吧？

弹幕1：对呀！对呀！

弹幕2：我这几天一天就得洗两三次头发！

弹幕3：我就是大油头，加上容易出汗，头发更容易油了。

主播：我看到不少宝宝都在说一天得洗好几次头发，其实洗头发的频率太高，对我们的头皮也不太好啊，健康又卫生的频率应该是两到三天洗一次头。所以今天主播给各位宝宝带来一款很好用的洗发水，它能够很好地帮助我们的头皮进行深层次的清洁，去屑控油的同时还具有止痒效果，对困扰你的头发问题，这款洗发水都可以缓解甚至解决！

弹幕4：都有什么味道啊？

弹幕5：洗发水好不好闻啊？能留香多久？

主播：第一种是蓝色的这款海盐薄荷味，闻起来就像是清清凉凉的薄荷糖，主要功效是轻盈控油，采用了高效控油科技，能有效控油而且不伤头皮，温和不刺激！第二种就是黄色的这款柠檬清香味，闻起来就像是酸酸甜甜的柠檬，主要功效是去屑止痒，还能很好地清洁我们头皮深层的毛囊，净屑去油污的效果真的很不错哟！

助播：对了，咱们这款洗发水采用了法式特调的大牌平替香精，闻起来高级感满满，而且用完这款洗发水，持久留香一整天哟！

弹幕6：今天有秒杀活动吗？

弹幕7：有没有赠品？

主播：家人们，今天咱们直播间××元闭眼入500毫升的洗发水，这个价格给大家已经非常划算了。今天在我们直播间下单，买两瓶再送三袋30毫升的试用装，这个福利错过了可就没有了哈！

主播：日用品就是消耗品，买件羽绒服、大棉袄，价钱贵，还只能冬天穿对吧？洗发水这个东西是一年四季、男女老少全家人都能用，并且两三天就得用的消耗品，就得趁有活动的时候多囤几瓶。咱们今天直播间两瓶的优惠价格真的非常划算！

助播：宝宝们，日用品放心囤哟，没什么好犹豫的啊，我们这款最近真的已经都卖爆了，放心去拍哈！

…………

⚠【互动误区提醒】

1. 针对洗发水的目标客群，不要过多介绍与其痛点无关的功效，要找准痛点，提高观众对洗发水的关注度，将洗发水的卖点和大家会遇到的实际情况相结合。

2. 主播要选择恰当的参照物，通过对比突出洗发水在某些方面的优势，不要盲目、随意地选择参照物。

1.2.3 情景8：明星+产品+促销

【直播情景再现】

某卫生用品直播间正在销售几款热门的口罩，主播小静正在向观众们展示一款×××影视明星同款口罩。口罩作为一款时尚出行的潮人单品，一时间在直播间吸引了不少粉丝的关注，大家纷纷在公屏上提出自己的问题，有人问这款口罩对大脸是否友好，有人问抗菌防护效果如何，有人问是否有明星明信片赠品，有人问是否有促销秒杀活动……

【直播公屏分析】

1.公屏上关注口罩对大脸是否友好的观众，他们可能比较注重自身的穿搭形象，主播可以多找几个模特在直播间展示效果。

2.公屏上关注口罩防护效果的观众，他们可能比较看重口罩的实用功能，对口罩的品质有一定的要求。

3.公屏上关注赠品的观众，他们可能会因追求与明星穿戴同款或想获赠明星周边产品而下单。

【主播互动演练】

主播：宝宝们，现在主播手上给大家展示的是3号链接的产品，是咱们的一款明星同款口罩，是一种立体的款式哦！这款口罩非常适合那些经常化妆的宝宝们，立体设计几乎不会蹭花咱们美美的妆容，也不会蹭到咱们的口红。大家知道吗，×××明星上次在机场的路透照戴的就是咱们家这款口罩，还有×××上次在上海的粉丝见面会也是戴的这款哟！咱们这款口罩一共两个颜色，白色的就是×××同款，时尚百搭，会显得整个人美美的。如果想要酷酷的感觉，可以选择黑色的这款下单哟！

弹幕1：对大脸友好吗？

弹幕2：脸大会不会遮不住啊？

第1章 销售锁客

主播：我看到有些宝宝们担心咱们这款口罩遮不住脸，大家放心哟，咱们这款立体设计很适合肉肉脸的宝宝。大家看咱们助播，是一个非常可爱的圆脸女生，脸上肉肉的，戴着咱们这款口罩也很显脸小，而且她还戴着眼镜，咱们这个立体设计也完全不用担心眼镜会起雾！

弹幕3：抗菌防病毒效果好吗？

主播：咱们这款口罩采用的是双重抗菌的机制，能够有效地阻碍细菌及病毒的侵入，抗菌率高达××%，更能够达到24小时的长效抗菌抗病毒哟！

弹幕4：链接的价格这么贵吗？

弹幕5：今天有秒杀价吗？

弹幕6：主播手里的×××明信片是送的吗？

主播：家人们，不要着急哟！今天这款也是有活动的，××元秒杀！限量500盒，而且今天只要在直播间下单，还会给大家额外赠送2张明星明信片！拍一发三！

助播：喜欢这个款式的宝宝们可以扣"1"，我看看有多少，我们马上让运营小哥给大家上一下秒杀链接！

弹幕7：哥哥同款我冲了！

弹幕8：111

…………

⚠️【互动误区提醒】

1. 对于口罩这类需要穿戴的产品，主播不要仅停留在口头讲解上，而应该进行一些穿戴展示。

2. 不要忽视明星对产品的影响力，要充分利用明星同款的产品优势，在直播间热情展示，活跃气氛，让粉丝群体自然而然地跟着主播的节奏互动。

1.2.4　情景9：节日+产品+促销

【直播情景再现】

情人节即将来临，各类电商平台的很多直播间都在积极进行情人节活动预热。某美妆品牌方为情人节活动设计了两款专属礼盒，直播间里，主播小迪正在向观众一一展示两款礼盒的内容。直播间公屏上十分热闹，有人问礼盒里面的单品都有什么，有人问送女朋友是否合适，有人问礼盒的整套价格，有人问今天和情人节当天的优惠区别……

【直播公屏分析】

1. 特殊节日的购物人群往往有明确的指向性，情人节购买美妆产品的除了女性，也有很多男性会在这个特殊的日子为爱人挑选礼物。

2. 挑选礼物的男性观众在观看直播时更关注的不是美妆产品的效果如何，而是适不适合作为礼物送爱人，因为他们不是美妆产品的实际使用者。

3. 节日都带有一定的意义，人们此时的情绪往往是正向的、积极的，他们希望通过节日送礼物来沟通关系，表达情感。

【主播互动演练】

主播：马上就是情人节了，不管观看直播的家人是成双成对的情侣还是可爱的"单身狗"们，主播在这里都祝大家情人节快乐！

主播：甜甜蜜蜜的小情侣们，男生是不是还在烦恼怎么给你心爱的女朋友挑选情人节礼物呢？作业答案我给你们写好了，今天让你们直—接—抄！

主播：今天我给你们带来了一款情人节专属礼盒，这款礼盒由我们的高级设计师亲自设计，里面包含了两支口红和一支唇釉，口红色号分别是经典999和哑光720，唇釉色号是橙红系列416。传奇红唇，色泽饱满，轻薄贴合，柔滑细腻！

弹幕1：外形还不错，挺漂亮的。

第1章 ▶▶ 销售锁客

弹幕2：可！

主播：不知道女朋友喜欢什么礼物的男生们听好了，女生除了衣柜里永远缺一件衣服，她的梳妆台上也永远缺一支口红！

主播：口红经典色号之所以被称为经典，就是因为它们有独特的美！今天你就听我的，包你哄得她开心！

弹幕3：能不能信你？

弹幕4：看着还行，我对象好像说过这个。

弹幕5：不喜欢怎么办？

主播：100个人中90个人可能喜欢的礼物和100个人中30个人可能喜欢的礼物，你说哪个更容易俘获女生的欢心？不喜欢，我给你包退换货的运费，再送你一张无门槛的优惠券！

弹幕6：没对象的怎么办？

弹幕7："单身狗"退出直播间。

主播："单身狗"还不抓住机会主动出击？说不定你就差个临门一脚，赶紧下单，礼物到位，气氛到位，水到渠成，准备情人节，冲！

主播：情人节专属礼盒，今天直播间促销价520元，来，家人们！三、二、一！上链接！

弹幕8：主播，别光顾着他们，我们呢？

弹幕9：自用囤货，自用囤货，主播往这儿看！

主播：咱们××（品牌名）的粉丝们，肯定不能忘了你们啊！直播间观望的姐妹们，来来来，我手中的另一款礼盒是品牌方专门为大家准备的节日福利，经典855和经典558两支口红，搭配番茄红72和正红16两支唇釉。

主播：两支口红加两支唇釉，老粉们都知道这些单品的价格平时都是230元往上走的，4支的价格至少800~900元。

主播：今天在我们直播间，专属于你的情人节福利，经典855和经典558加番茄红72和正红16，4支只要666元，姐妹们准备好了吗？来，三、二、一！3号链接，开售啦！

…………

⚠ 【互动误区提醒】

1. 主播要分清节日期间的观众群体，不要对着情人节买礼物的男生大讲特讲美妆产品的妆效，他们关注的是适不适合作为礼物送给女朋友，能不能获得女朋友的喜欢。美妆产品的妆效对他们来说，一时无法搞懂且不在考虑的范围内。

2. 对于美妆产品这类消耗品，主播要注意维系粉丝感情，她们是品牌的忠实客群，尤其在一些特殊的节日，不要忽略她们的感受。

1.2.5　情景 10：热点 + 产品 + 促销

📺 【直播情景再现】

在国际足联世界杯期间，大家的关注点都在世界杯足球比赛上，足球运动的相关装备和商品搜索量快速上升。某运动品牌在世界杯比赛期间，加大了直播力度，主播小星正在直播间里给大家展示几款新品足球鞋，有很多人在公屏上发言，比赛鞋有吗？训练鞋有吗？大底是什么材质的？重量怎么样？防滑性和包裹性好吗……

🖥 【直播公屏分析】

1. 足球运动的受众群体大多是男性，男性客户在购物时往往是较理性的。

2. 男性客户在购买球鞋时通常会从自身需求出发，他们更加关注足球鞋的质量水平、专业性、性价比。

💬 【主播互动演练】

主播：兄弟们，家人们，昨天晚上的世界杯比赛看了吗？

弹幕 1：××队太让人失望了！

弹幕 2：退钱！

主播：看球嘛，大家图个开心就行啦！看完球，大家是不是也想和兄弟们出去跑一跑，痛快地踢几场？

弹幕3：看比赛是看得脚痒。

弹幕4：过几天就有比赛，哈哈。

弹幕5：打算带儿子去球场玩一玩。

主播：生命在于运动，多运动，更健康！大家出去踢球的时候要挑选专业的足球装备，注意防护，别受伤了。我今天给大家带来了几款新品足球鞋，希望能够帮助大家更好地享受运动的乐趣，工欲善其事，必先利其器嘛！

主播：这一款是黑金配色，耐脏、百搭，不挑年龄，经典设计永不过时。这一款是黑橙配色，时尚活力，激情澎湃。这两款分别有低帮、高帮不同设计，也有碎钉和长钉可供挑选。

弹幕6：我这儿都是水泥地，怎么选？

弹幕7：人造草坪呢？

弹幕8：在塑胶操场穿哪款更好？

主播：咱们的碎钉款足球鞋，鞋钉长度约一厘米，对场地的适应性比较好，您如果是在人造草坪、水泥地、塑胶操场等场地上踢球，穿这款鞋是完全没问题的。长钉款足球鞋的鞋钉长度在一至两厘米，更适合天然草地。

弹幕9：鞋底是什么材质的呢？

弹幕10：防滑性能怎么样？上次我就扭脚了。

主播：咱们这款足球鞋的大底都是橡胶材质的，鞋钉种类都是TF，属于基础款的等级。鞋面是一整块合成革，印压车线，柔软耐磨。

弹幕11：重量怎么样？我是买来踢比赛的。

主播：重量的话，这款鞋属于中等水平，净重在×××克左右。您要是踢比赛的话，可以看看我们15号链接，是一款偏轻的比赛级足球鞋。

弹幕12：不错，什么价，不打个折？

弹幕13：快点，上链接。

主播：兄弟们，世界杯期间，我们店里所有足球装备都有活动优惠，今天这款足球鞋，促销价199元，下单即送两双足球袜，备注袜子颜色，没备注的就随机黑白发货。

主播：来，兄弟们，18号链接，冲！

【互动误区提醒】

1. 主播不能忽略不同客户群体的消费习惯,要针对男性客户群体强调足球鞋的实际使用价值。

2. 主播要提高自己的专业性。男性客户群体往往对运动装备有所了解,因此,主播要丰富自己的运动知识和装备知识,不要露怯,否则观众会觉得你不专业。

3. 主播针对自己不熟悉或不了解的问题,不要不懂装懂,不要答非所问。

1.2.6　情景11:利益+产品+促销

【直播情景再现】

某日用品类直播间正在热卖几款收纳箱,主播小禧正在向直播间观众介绍其中一款收纳箱的特色功能。直播间观众纷纷表示日常生活中经常会有收纳需求,还提出了一些问题。有些观众关注收纳箱的功能与规格,询问了许多如收纳箱的大小、材质、承重能力、颜色、异味方面的问题;有些观众关注直播间的福利,询问了关于优惠的形式、力度等相关问题。

【直播公屏分析】

1. 关注收纳箱功能与规格的观众,他们在意的是收纳箱的收纳能力,主播可重点介绍收纳箱的特色功能,让观众明白收纳箱的价值。

2. 关注直播间福利的观众,他们可能是直播购物的常客,主播要适时、准确地介绍优惠活动,解答这部分观众的疑问,激发其购买欲望。

【主播互动演练】

主播:欢迎进来直播间的家人们!有没有最近搬过家或者刚买房子的宝宝呀?是不是觉得整理一次特别麻烦呢?小禧其实以前也有这种烦恼,考虑到家人们可能也有这种烦恼,小禧今天特意优选了几款非常好用的收纳箱,推荐给家人们。

弹幕1：确实，我刚搬了一次家，光收拾就花了几天。

主播：是呀家人们，不管咱们是和父母住，还是出去租房住，这东西一多啊，就特别容易乱。但有的人就偏偏能把家里打理得井井有条，我闺密就是。她家面积不大，但是特别整洁。我上次去仔细观察了一下，再向她一问，才明白，是各种各样的收纳箱发挥了作用。

弹幕2：主播今天推荐的是哪种收纳箱？

主播：我看有不少家人都在问今天小禧带来的是哪种收纳箱，小禧这就拿给家人们仔细瞧瞧。

主播：我这就移一下镜头。今天给大家介绍的5款收纳箱，有大有小，有透明的也有不透明的，能够满足大家不同的需求。

弹幕3：看着不是很大啊。

主播：家人们别急，为了方便展示，这里摆出来的都是中号的。这几款收纳箱有大、中、小三个尺寸，大家按需求选就好了。

弹幕4：这几款收纳箱结实吗？我上次装满一个收纳箱，一搬动就坏了。

主播：家人们放心哈，这几款收纳箱的本身材质都很扎实，箱体厚度达到了4毫米，实测安全承重80斤！

主播：而且考虑到家人们搬动不方便，这几款收纳箱还搭配了可拆卸的底部滑轮，这样大家搬动的时候就更加方便、省力了。

弹幕5：这个有没有异味？收纳贴身衣服什么的会对身体有害吗？

主播：家人们别担心，主播郑重承诺，这几款收纳箱都是环保、健康、无异味的，具有权威检测机构的检测报告，真实可查，是可以直接与身体接触的哟，收纳贴身衣服绝对没问题！

弹幕6：怎么买？有优惠吗？

主播：为了感谢家人们长期的支持，小禧今天争取到了特别福利哟！待会儿上链接后，前100名下单的家人们，可以获得8折优惠！100～300名下单的家人们，可以获得9折优惠，卖完即止。家人们，活动一下你们的小手，做好准备啦！

弹幕7：快快快！

弹幕8：主播等等我！

主播：好了，我马上要上链接啦！家人们，准备好，五、四、三、二、一！上链接！

⋯⋯⋯⋯

⚠️ 【互动误区提醒】

1. 主播不能忽视"收纳"这一功能的重要性，最好选择一些常见的情景（如搬家、租房等），引发观众共鸣，直接摆出产品的利益点。

2. 主播要注意直播福利的有限性，不要让福利变得毫无门槛，要提高观众的参与性。

▷▷ 1.3 开场经典语句

1.3.1 引流款开场经典语句

📖 【经典语句1】

看直播，抽大奖，中奖之后多分享！越分享，越中奖，直播福利一起享！

📖 【经典语句2】

欢迎各位家人们，来得潇洒走得酷，刷刷礼物显风度，喜欢主播就点点关注！

📖 【经典语句3】

三分喜欢点关注，七分喜欢刷礼物。鲜花刷一刷，点赞走一走。××（直播间简称）不倒，陪你到老！

1.3.2 福利款开场经典语句

📖【经典语句 1】

"×××购物节"特价优惠,直播间全场满 100 元减 10 元,满 200 元减 30 元,满 300 元减 50 元!

📖【经典语句 2】

六六大顺,好事连连。经典款一律 6 折,只要 6 折!只有 6 折!

📖【经典语句 3】

价格是品牌方定的,但有点高!折扣是直播间给的,还真不少!实惠是给家人们的,你要不要?

1.3.3 利润款开场经典语句

📖【经典语句 1】

人气到位,好物到位,经典到位,家人们这个味儿对了!你只管你买得对不对,不要管我赔不赔!

📖【经典语句 2】

原价八百多!七百卖你多不多?七百还嫌多?六百多不多?六百卖你真不多!不要问我为什么,厂长就是我"表锅"!

📖【经典语句 3】

不要 998,不要 798,只要 598!抢到就是赚到!

1.3.4 爆品款开场经典语句

【经典语句1】

热卖经典，限时返场！激情热购，买一送一！错过今天，再等一年！

【经典语句2】

全国千万用户的共同选择，品质有保障，用户更放心！

【经典语句3】

仅亏一天，要么现在选择，要么永远错失！

1.3.5 常规款开场经典语句

【经典语句1】

品质往高处想，价格朝低处看！

【经典语句2】

产品格调高，价格水平低！

【经典语句3】

包工包料包设计，省时省钱省心思！

1.4 句式模板

1.4.1 欢迎句式模板

1. 欢迎各位帅哥美女来到____（主播昵称）的直播间。进来直播间的是美女还是帅哥呢？刷刷弹幕让我看到你们！____（观众昵称）这个名字挺有意思呀！

2. 各位____（对观众的称呼），今天开场给大家炸一单，出厂价____（产品原价）的产品今天给你____（钜惠价）炸一单！如果你们觉得主播的这个价格给力的话，请把"给力"两个字打在我们的公屏上。

3. 哈喽，欢迎来到____（直播间简称）的直播间。我是主播____（主播昵称），我们现在所在的是____（线下活动场所）。第一次来直播间的宝宝们先点个关注，不要错过抢福利的机会。

1.4.2 主题句式模板

1. 喜迎____（节日简称），欢度____（节日简称），双节同乐，直播送福！家人们，双节狂欢，豪礼派送，全天不停！无限精彩，尽在____（直播间简称）直播间！

2. 价甩质不甩，必有你最爱！直播间的宝宝们，____（活动时段）大优惠，直播间____（产品名称）亏本大降价！降！降！降！降到低价！减！减！减！减到低点！仅限____（持续时间）！买到就是赚到，错过就是损失！

3. ____（产品名称）能在一家买齐，就不要跑好多家店，"开学焕新"活动仅剩____（剩余时间）天！哪里有什么选择困难，只不过是没遇见，无可替代！来____（直播间简称）直播间，带走你的无可替代！

第 2 章

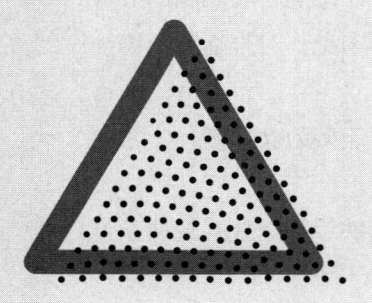

聚人留人

2.1 吸引注意

2.1.1 情景 12：激发用户的好奇心

【直播情景再现】

　　十一黄金周马上就要来了，某直播间里，主播小关正在销售自家的旅行拉杆箱。不过她并没有采用常规的方法向观众滔滔不绝地推销自家产品，而是采取了一些看起来有些"暴力"的方式。只见她和几个助播轮流不停地站在旅行拉杆箱上，或者看起来很大力地直接从地板上跳到拉杆箱上，又或是直接坐在拉杆箱上，并且不断地往下压。她们成功地通过这种看起来有些"暴力"的方式很快吸引了很多观众进入直播间。

　　很多观众都被她们所吸引，并对她们稍显"另类"的行为产生了强烈的好奇。大家在公屏上热烈地讨论着，有人在评价主播行为，有人在说拉杆箱质量，有人在起哄，有人在叫好……

【直播公屏分析】

　　1. 此时进入直播间的大部分观众，他们更多的是抱着一种好玩、看热闹的心态。他们关注的重点往往是主播的行为，还没有转移到产品本身，对直播间所销售的旅行拉杆箱可能还没有产生购买欲望。

　　2. 仔细询问旅行拉杆箱自重和外观设计的观众，她们可能多为女性客户，主播要结合女性客户对旅行拉杆箱的需求进行有针对性的展示。

　　3. 对于询问拉杆箱尺寸大小，以及是否满足在飞机、高铁等特殊公共场所携带条件的观众，主播要根据他们的使用场景推荐不同系列的产品。

【主播互动演练】

主播：家人们，咱们家这款旅行拉杆箱质量到底怎么样，能不能行，靠不靠谱，我今天不在这儿王婆卖瓜，自卖自夸，直接现场坐给你们看！

（给半身或全身镜头，方便展示动作，动作展示要循序渐进，视直播间流量情况做下一步的动作，要有一定程度的夸张设计。）

助播：（配合主播做动作。）

弹幕1：干吗？

弹幕2：主播要整活？

弹幕3：能这么坐？

弹幕4：还能站人？

弹幕5：好，不搞虚的，点赞了。

弹幕6：这么摔还不坏，质量可以。

弹幕7：我那个箱子磕了一下，轮子直接坏了。

主播：（切回近景，主播气喘吁吁。）家人们，我们家的旅行拉杆箱就是敢这么玩，质量不是吹的，销量不是虚的！

弹幕8：主播辛苦了，挺卖力的。

主播：好的品质、过硬的质量可以让大家出门在外时多一分底气与从容！

主播：十一假期马上就要来了，我们家这款旅行拉杆箱现在有一个9折的优惠，喜欢的家人们不要错过机会！

…………

【互动误区提醒】

1. 主播一定要预先了解旅行拉杆箱的实际质量标准，展示动作不要过激，更不能超过旅行拉杆箱的承受极限，不然极有可能发生直播事故。

2. 主播要先整理自己的情绪。再好的环节设计，也需要敬业的演员，主播情绪上要有起伏，不能过于平淡。

2.1.2　情景 13：直播预告晓以利益

【直播情景再现】

某护肤品品牌 5 周年庆典在即，品牌方通过官方店铺的首页动态、会员推送、直播预告、平台海报等多种方式展开 5 周年庆典活动宣传。

直播间内，主播小珂刚将一款爽肤水的链接放出。这是一款品牌方送福利的商品，直播间内观众热情高涨。主播趁此机会，向大家着重介绍不久后将举办的品牌 5 周年庆典活动，配合活动海报和宣传链接，积极为 5 周年庆典活动预热。

【直播公屏分析】

1. 观众的关注点大多是活动内容、活动福利、折扣大小、抽奖形式、奖品列表等内容，主播要注意结合观众的利益需求来宣传。

2. 询问如何获取活动福利的观众，他们具有一定的积极性和行为意愿，主播应引导他们主动成为宣传力量。

3. 在活动的宣传推广中，难免遇到持消极、负面看法的观众，对于他们的发言，主播不用过多关注。

【主播互动演练】

主播：下面要上架的这款爽肤水是专门给家人们准备的一波福利，大家看我们的 3 号链接，对，就是我们家最畅销的嫩肤轻盈套装。

主播：既然发福利，那咱们就实实在在把福利给到大家！家人们看直播间的 5 周年庆典活动海报，通过上面的链接领取咱们家的专属红包，下单直接抵扣 49 元！

弹幕 1：在哪啊，没找到？

弹幕 2：是不是海报上的二维码？

弹幕 3：姐妹们，给我冲！

主播：对的，就是咱们海报上的二维码，通过二维码直接进入咱们的 5 周年庆典页面，领取专属红包！

主播：家人们抓紧领红包啊，再给大家 1 分钟的时间。

主播：我现在给大家上链接，一共 500 单，抢完为止！来，3 号链接改价格，开抢！

弹幕 4：哈哈哈，抢到了。

弹幕 5：2 号链接能不能用红包？

弹幕 6：已拍。

弹幕 7：没抢到，主播！

主播：没抢到的不要急，5 周年庆典活动之前持续关注直播间，我们会不断地给大家送福利。

主播：49 元专属红包在 5 周年庆典活动当天也可以使用，5 周年庆典活动当天全场商品打 8 折，而且每满 500 元减 50 元，上不封顶！还可叠加平台优惠券！

弹幕 8：这么猛？等不及了。

弹幕 9：冲！冲！冲！

主播：家人们，这是你们千万不能错过的福利。只要在 5 周年庆典当天下单，就可以参加我们的抽奖活动，有机会获得价值×××元的经典挚爱礼盒套装、×××元的精华液、×××元的面霜、×××元的眼霜！

主播：下几单抽几次，下单越多，中奖率越高。

弹幕 10：不错，可以囤点货。

弹幕 11：5 周年，那我也是老粉了。

…………

⚠【互动误区提醒】

1. 主播要熟悉品牌方和平台设置的各种优惠、各类福利，不能在宣传、介绍大型活动时出现手忙脚乱的情况。

2. 主播在进行预告时要引导观众一步步地去了解预告内容，不能仅仅是让他们自己去看，这样的宣传效果较差。

3. 主播在介绍利益点的时候要结合具体的某一款商品，不能只是照本宣科地把给观众的利益点念出来。只有这样，才能让观众对利益点有明确、清晰的认识和切身的感受。

2.1.3 情景 14：用数据去吸引注意

【直播情景再现】

某日用品直播间内，主播小利面前的桌子上摆着几条畅销款毛巾。这些毛巾旁边还有一个牌子，上面用醒目的红色笔写着"热销 20 万 + 单""好评率高达 ××%""特惠 ××.×× 元"。她正一一拿起毛巾向观众们介绍，公屏上弹幕飞快地刷新：什么材质的？掉毛吗？软和吗？吸水能力怎么样？容易有味吗？……

【直播公屏分析】

1. 对于作为日用品的毛巾，绝大多数观众在意的点一定是好不好用、划不划算。理解并善于利用从众心理，会让观众更快地作出消费决定。

2. 对于询问毛巾使用后会不会有味道的观众，主播要注意介绍毛巾的抑菌效果，强调长时间使用不变臭的特点。

3. 对于询问毛巾材质、软硬程度、掉毛情况、吸水能力的观众，主播在解答他们问题的同时要注意强调价格优势和性价比。

【主播互动演练】

主播：家人们，这 3 款是我们家卖到火爆的毛巾，都已经有了 20 万 + 单的销量！

主播：这一款的好评率达到了 98%，回购率超过了 80%，大家可以闭眼下单，绝不会错！

弹幕 1："懒癌"福音。

弹幕 2：信你一次，省得选了。

弹幕 3：都差不多，试试吧。

主播：这一款毛巾是我们家的抗菌抑菌明星，达到 3A 级抗菌抑菌标准，对金黄色葡萄球菌和大肠杆菌的抑菌率超过 97%。觉得自己家的水有味道，担心毛巾用久了会变臭的朋友们，选这一款绝对不会错！

弹幕 4：没错，之前买了不知道多少条毛巾，十有八九都有味。

弹幕 5：对！真的受不了毛巾有味。

弹幕 6：有味！干了后还硬邦邦的！

主播：这款毛巾主播自己也在用，大家不用担心，完全不会变臭。你们看主播的脸，滑滑嫩嫩的。想要的朋友准备了啊，来，三、二、一，上链接！

弹幕 7：要是有味，我找你退。

弹幕 8：已拍。

主播：100、300、700，哇，1 000 单了朋友们！不到 10 秒钟的时间，已经秒了 1 000 单了。想要的朋友们要抓紧了，库存有限！

…………

【互动误区提醒】

1. 主播不要大量使用观众听不懂的数据，要用简明、易懂的数据指标说服观众，可以少量采用一些复杂、特殊的数据来增加专业性。

2. 主播要对数据进行了解，不能在与观众互动时犯一些常识性的错误，尤其是专业性的数据，更要提前熟悉。

3. 主播不能虚构数据，不能使用虚假数据来欺骗观众，更不能不懂装懂。

2.1.4　情景 15：用试验去吸引注意

【直播情景再现】

小京是某日用品直播间的主播，他为了向观众展示自家垃圾袋的优秀质量，在直播间里现场做起了实验。他分别找来了西瓜、榴梿、某品牌桶装水，准备用不同的垃圾袋把它们一个个装起来呈现给观众。一时间，公屏上全都是关于垃圾袋会不会破的猜测，大家的热情被调动了起来。

【直播公屏分析】

1. 很多观众对于较困难或者不太可能成功的试验都有一定的观看兴趣，主播如果能在试验的过程中获得他们的认同，成交一般是水到渠成的。

2. 积极发言的观众具备很高的气氛价值，主播要在试验过程中注意与他们进行互动，从而带动更多的观众。

【主播互动演练】

主播：家人们，咱们家的垃圾袋质量到底行不行？我不跟你用嘴说，咱们直接开装！

主播：××（助播或工作人员），你找人把西瓜、榴梿和桶装水搬过来。

主播：（把西瓜摆到桌面上。）家人们，这是一个10斤左右重的西瓜啊！咱们家的垃圾袋能不能装，结不结实？我说了不算，咱们现场给你看！

弹幕1：这么大的西瓜，垃圾袋绝对会破。

弹幕2：西瓜不想吃的话，可以给我。

主播：（把西瓜放进垃圾袋里，然后提起来。）起！怎么样？家人们，稳稳的！底结结实实的，一点没破！我都能给你们甩起来！

弹幕3：牛，真装起来了。

弹幕4：不错，上次我买的垃圾袋就烂了，垃圾撒了一地！

主播：怎！么！样！（放下西瓜。）这质量是不是一目了然？来，需要的朋友们看1号链接，咱们三、二、一，直接走！

主播：家人们，现在这一款是我们的加厚款，承重能力再升级！咱们直接装这个16升的桶装水！

主播：（把桶装水放进垃圾袋，调动观众情绪。）未拆封的×××品牌16升的桶装水啊，咱们直接起！（双手用力，镜头给到垃圾袋离地的地方。）

弹幕5：牛，这都行！

弹幕6：要不把我也装进去？

主播：家人们，16升的全新未拆封桶装水啊！稳稳的，没问题！来，3号链接，需要的朋友们看3号链接啊，看3号链接，咱们直接三、二、一，开拍！

弹幕7：可以冲了。

主播：西瓜和桶装水咱们都装过了，来挑战点有难度的！带壳的榴梿！

主播：大家都知道啊，垃圾袋不能装这些尖锐的东西，否则很容易就被刺破了。今天试试看，咱们家的垃圾袋到底能坚实到什么程度！

弹幕8：带壳榴梿？没搞错吧，肯定起不来。

主播：（把榴梿放进垃圾袋。）到底行不行，咱们直接看结果！（提起垃圾袋。）

弹幕9：要是能坚持15秒，我直接下10单！

⋯⋯⋯⋯

⚠【互动误区提醒】

1. 主播做试验前一定要提前做好预试，了解商品的实际质量水平，不能贸然采用自己没有把握的试验形式，防止出现意外。

2. 主播要注意试验结果的呈现过程，不要自说自话，要懂得制造悬念。调动观众情绪，吸引观众下单才是最终目的。

3. 主播要真实地进行试验演示，不能做虚假试验。

2.1.5　情景16：用对比去吸引注意

【直播情景再现】

某厨具品牌直播间内，主播小泉正在向观众们展示自家的一款菜刀，桌子上还准备了另一款市面上常见的菜刀。只见小泉拿起一张纸，用市面上的常见菜刀去割，过程比较费力，且切口断续不齐。接着，他又拿起自家的菜刀，轻轻一割，切口平整，且整个切割过程十分顺滑。观众们在公屏上议论纷纷，有人问能不能拍蒜，有人问菜刀的硬度怎么样，有人问菜刀的材质，有人问耐不耐用……

【直播公屏分析】

1. 问能不能拍蒜的观众，他们可能有过拍蒜把菜刀拍变形的经历或者听到了一些现在的菜刀不能拍蒜的传闻。

2. 询问菜刀材质的观众，他们应该对菜刀的制作材质有要求，对于耐锈与否、耐腐蚀与否有一定的担心。

3. 询问菜刀硬度的观众，他们可能是一些烹饪爱好者，主播可对其进行一些专业的解释。

💬【主播互动演练】

主播：家人们，今天我给大家带来的是×××斩切刀，剁肉、切菜都可用。这款刀是我们家的性价比之王，也是厨房必备品。

主播：这款刀的材质是不锈钢的，采用了第五代锻造和焊接工艺，锋利无比，坚固异常！

弹幕1：是骡子是马，先切个铁丝看看。

弹幕2：拍个蒜看看再说。

主播：好，咱们口说无凭，今天我就现场给大家对比看看，我们家的斩切刀跟普通菜刀的区别在哪里！

主播：家人们，我左手拿的是一把市面上常见的菜刀，给大家看看细节，刃口完好无损啊，绝对的新刀。我右手拿的是我们家的斩切刀。咱们先看看外观，看到这些锻造纹了吗？普通菜刀上可不会有！

弹幕3：好看。

主播：我们家斩切刀的把手设计参考了人体工程学，更易发力，且不易切到手。

弹幕4：黑色把手花纹不错，帅的。

主播：都说宝刀宝刀，吹毛立断！今天我就不吹毛了，我吹个纸给大家看看！来！大家看，我让助播帮我在左右手的两把刀下各竖着放一张纸，同样的力道，同样的速度，切给大家看！

主播：（缓缓切下。）我给大家看看切的切口啊，这一张是普通的菜刀切的，切口断断续续，并且切得很吃力！这一张是我们家斩切刀切的，切口十分平整，且切的整个过程十分顺滑！

弹幕5：可以，看起来挺快的。

弹幕6：拍个蒜看看，光快也不行啊。

主播：咱们家的刀是用40Cr13不锈钢制成的，硬度适中，拍蒜完全不成问题。我现在就给大家拍一拍！

弹幕 7：能拍蒜就行，下单了。
弹幕 8：40Cr13 不锈钢还行。
…………

⚠【互动误区提醒】

1. 主播在进行对比的时候，不能指名道姓地使用竞争对手的产品，要摘除明显的标识，避免引发舆论事件和法律纠纷。
2. 主播要熟悉产品性能，不能在对比中进行错误演示，从而导致直播事故。
3. 主播要进行真实对比，不可弄虚作假。

▷▷ 2.2　福利留人

2.2.1　情景 17：抽大奖

【直播情景再现】

某速食产品直播间正在热卖几款方便面，主播小欧正在拆开一箱某品牌的方便面，准备向观众展示方便面的细节。正值品牌活动大促，方便速食产品也是很多上班族和学生党必囤的食品，一时间直播间涌进了不少观众。大家纷纷在公屏上提出自己关心的问题，有人问方便面是不是非油炸的，有人问番茄牛腩味是否真的有牛腩，有人问整箱的和散装的是不是一样的，有人问抽奖的奖品是否和直播间售卖的是同款……

【直播公屏分析】

1. 公屏上关注面饼是否非油炸及牛腩配料是否有牛腩的观众，他们可能比较关注速食产品对身体健康的影响，主播应结合方便面的特点针对此类观众着重强调品质。

2. 公屏上关注整箱的和散装的区别的观众，他们可能之前购买产品时遇到过整箱的与散装的存在区别的问题，且此类观众购买直播间产品会更加谨慎。

3. 公屏上关注奖品的观众，他们可能对直播间的抽奖活动比较感兴趣，停留在直播间的时间也会相对长些。

【主播互动演练】

主播：哈喽，下午好，咱们今天给大家带来的是一款我个人觉得非常好吃的方便面，这款方便面每包有一个85克的面饼加上三包调料，一共是110克，而且这个面饼跟我们平常吃的方便面不太一样，它更加筋道。咱们新推出的番茄牛腩味，汤汁浓郁，家常味道，让人胃口大开哟！

助播：家人们，咱们这个是新口味方便面的首播，所以，今天我们一共安排了五轮直播间抽奖活动！

主播：对的，今天直播间每到整点就会抽一次奖，每次抽五位粉丝宝宝一整箱的方便面免单。马上到两点了，宝宝们千万不要离开直播间哟，我们的抽奖将会准时开始！没点关注的宝宝们抓紧时间点左上角加关注哟！

弹幕1：这个面饼是不是非油炸的？

主播：咱们这款面饼是采用蒸制工艺制成的，独特的汽蒸工艺结合热风加工干燥面饼，有效保存面饼的营养，属于非油炸的健康好面哟！

弹幕2：里边真的有牛腩吗？

主播：我看到×××宝宝很关心咱们这款方便面的调料包是不是真的有牛腩，感谢宝宝的关注！咱们这款方便面确实是有真实牛腩的哟，咱们的番茄浓汤是由专业的大厨优选新鲜、自然成熟的番茄和牛大骨熬制而成的，酱料通过大火爆炒，并精选优质牛腩文火细煨，肉香浓郁，让您吃得健康又美味！

弹幕3：送的是一样的吗？

主播：咱们整点就开始抽五位粉丝宝宝免单，送的是咱们今天直播间同款番茄牛腩方便面，一整箱12盒方便面免费带回家！

主播：欢迎新进来的宝宝们。俗话说得好，来得早不如来得巧，大家赶紧点击左上角关注我们的直播间，也可以把直播间分享给您的家人和朋友，还有两分钟我们就开始抽免单了哟!

弹幕 4：快抽奖!

弹幕 5：抽我抽我!

…………

【互动误区提醒】

1. 主播在正常进行直播流程的同时，不要只介绍一次抽奖活动的规则，要在直播间反复强调抽奖活动的条件，以吸引直播间的观众点关注和停留观看。

2. 每轮抽奖结束后主播要及时公布抽奖名单，不要浪费抽奖带来的流量，要强调下一轮抽奖活动马上开始，引导观众继续观看。

3. 主播要强调直播间抽奖是用系统的工具进行的，不能虚假抽奖，抽奖全过程要公正公开。

2.2.2　情景 18：发红包

【直播情景再现】

某休闲零食直播间正在销售几款面包，主播小雅正在向直播间的观众介绍其中一款。观众积极地在公屏上讨论着，有人问这款面包小孩能不能吃，有人问这款面包会不会很甜、很腻，有人问生产日期是否新鲜，有人问保质期多久……

【直播公屏分析】

1. 对于公屏上关注这款面包小孩能不能吃的观众，主播可以围绕面包的配料健康、营养、安全等方面具体介绍。

2. 公屏上关注面包会不会很甜、很腻的观众，他们可能不太爱吃甜食，主播可以围绕面包的味道和口感，搭配什么吃展开介绍。

3. 公屏上关注生产日期和保质期的观众，他们可能对于食品卫生安全特别关注，主播可以结合面包的品质和发货速度等方面展开介绍，尽量打消其疑虑。

💬 【主播互动演练】

主播：欢迎各位宝宝进入我的直播间，主播刚刚开播一分钟哟。现在咱们直播间人气正在慢慢上涨，大家可以稍作停留。主播今天带来了一款好吃不胖的手撕面包，而且对于今天加入粉丝团的宝宝们，主播会给大家发红包哟！

主播：咱们家的这款手撕面包一共有五种口味，分别是奶油味、椰蓉味、咸蛋黄味、巧克力味和香芋味。大家可以看下1号链接，你们爱吃哪个口味就直接拍哪个口味就好了哟，直接吃或者泡水泡牛奶都很好吃！咱们家的手撕面包每一袋都是200克，足够两个成年人当早餐，量大实惠，吃起来超级方便！

弹幕1：发红包要怎么发啊？

弹幕2：今天买了就有红包吗？

主播：对的，宝宝们，咱们今天这款面包福利满满，直播间今天不要99，不要69，只要39，39元就可以到手5个大面包。今天下单的宝宝们，动动你们的小手，点击左上角的关注，进入咱们的品牌粉丝团今天主播直接再给你们发10元红包怎么样？

助播：5个手撕面包只要29元！直播间新人粉丝专享价，加关注进群主播给你发红包哟！

弹幕3：小孩能吃吗？

主播：咱们家的手撕面包是用农家土鸡蛋和进口面粉以及新西兰的牛奶制作而成的，配料绿色营养，老幼都能吃，都爱吃！上次有朋友买一箱回去，立马在咱们评论区说买回家全家人都爱吃，一下子就全吃完了！担心小孩子上学在外边吃的东西不干净、没营养的，可以直接拍下咱们家这款手撕面包，让孩子吃得放心，吃得安心！

弹幕4：保质期有多久？

主播：大家对咱们这款手撕面包还有什么疑问的，可以直接打在公屏上。

主播：我看到×××这位宝宝在问保质期有多久，咱们家的手撕面包保质期是15天，建议在两个星期内吃完！而且我们是发××快递，走航空物流，非偏远地区两天就能到哟！

弹幕5：生产日期是什么时候的？

主播：宝宝们，咱们家面包的生产日期都是近两天的，非常新鲜，而且主播向大家承诺，只要今天在直播间拍了这个面包，快递签收当天发现日期临近过期的，我们给你全额退款！

主播：马上开始发红包了哟，想要的宝宝们在公屏上扣"想要"两个字！我看看有多少宝宝想要红包福利！还没有点关注的宝宝赶紧左上角点个关注，加入我们的品牌粉丝团哟！

弹幕6：想要！

弹幕7：已进群，快发红包！等下单！

…………

【互动误区提醒】

1. 主播在发红包环节不要说完就直接发，可以选择设置时间5分钟或10分钟后领取，以增加观众的停留时长。

2. 主播在发红包环节要持续与观众互动，不要一直自说自话，要引导观众加入粉丝团，教观众如何正确领取以及使用红包。

2.2.3　情景19：给折扣

【直播情景再现】

某雨具直播间正在热卖几款太阳伞，主播小夏正在向观众推荐一把打折太阳伞。正值春夏交替，公屏上聚集着不少有太阳伞需求的观众。大家纷纷提出了自己的疑问，有人问太阳伞防晒效果如何，有人问太阳伞是否抗风防雨，有人问直播间有没有活动……

【直播公屏分析】

1. 对于公屏上关注太阳伞隔热防晒效果的观众，主播可以根据太阳伞的材质进行具体描述，并出具官方的防晒隔热检测报告等资料辅助说明。

2. 公屏上关注太阳伞是否抗风防雨的观众，他们可能倾向于购买晴雨两用伞。主播可以引导其购买直播间的其他链接。

3. 公屏上关注直播间活动的观众，他们可能已经对比过直播间价格和店铺日常价格，这部分观众的购买欲望会由折扣力度的大小决定。

【主播互动演练】

主播：欢迎各位宝宝来到我的直播间，大家可以在公屏上扣1，让我看到你们的热情，热情越高我给的折扣价越低哟！主播今天给大家带来了一款好用不贵的太阳伞！经典小黑伞，全网每分钟卖出0.6万件！

弹幕1：111！

弹幕2：1。

主播：家人们，今天是厂家直销给你们送福利。这款太阳伞今天在直播间不要39.9元，直接给家人们打5折好不好？到手19.9元，想要的朋友们扣三遍"主播大气"好不好？5折超划算，品牌让利、秒杀福利给到家人们！

弹幕3：主播大气！主播大气！主播大气！

弹幕4：好划算！！

弹幕5：防晒效果好不好？

（主播聚焦镜头展示太阳伞的细节。）

主播：来，给家人们仔细看看咱们家这款太阳伞的遮光效果。现在将手电筒的强光打在太阳伞的伞面上，我们可以看到伞下边真的是一点儿光都不透，一点儿都不跑光的，对不对？我们这款小黑伞采用的是4层复合材料，有高密度的纤维层、能吸收高热的光感层、能反射强光的钛白层和阻隔太阳光的钛黑层，层层加码，能阻隔99%左右的紫外线哟！

助播：大家可以看一下这个检测报告，这个是国家权威机构经过严格检测出具的检测报告以及品质报告，这里都是有权威机构的红章证明的呢，咱们的这款太阳伞阻隔紫外线的数据都是有证明的哟！

弹幕6：能不能防雨？

主播：×××宝宝，我看到你是想要防雨防晒两用的伞，是吗？别着急，可以看下咱们右下角购物车里边的 4 号链接，那款也是咱们正在热卖的晴雨两用的一款伞，主播待会儿会给大家详细介绍哟！

助播：直播间想要晴雨两用伞的宝宝们别走开，咱们现在给大家介绍的是 3 号链接的折扣活动，待会就给大家介绍 4 号链接的福利哟！

弹幕 7：好哒！

…………

⚠️ 【互动误区提醒】

1. 开场互动时，不要着急讲解产品的细节，前期要先引入折扣吸引粉丝停留。

2. 主播要循序渐进地引导观众了解折扣的大小，不要将折扣力度直接说出。

2.2.4　情景 20：限量送

【直播情景再现】

某休闲棉袜直播间正在销售几款棉袜，主播小沫正在向观众展示一款男士棉袜。公屏上大家纷纷提出了自己的疑问，有人问棉袜弹力大不大，有人问棉袜是否透气，有人问棉袜会不会起球，有人问直播间有没有活动……

【直播公屏分析】

1. 公屏上关注棉袜弹力、透气性问题的观众，他们可能比较关心棉袜的实用品质。

2. 公屏上关注棉袜起球问题的观众，他们可能比较关心棉袜的用料材质。

3. 公屏上关注直播间活动的观众，他们可能还在观望下单时机。

【主播互动演练】

主播：刚刚这款童袜就给大家介绍完了，马上给大家介绍的是咱们今天的福利款,来!想要男士棉袜福利的男生朋友们扣1,要给男朋友或者老公、爸爸买的女生朋友们扣2,让我看下到底有多少朋友想要我们的福利款。咱们今天限量活动买2送1,你拍两双,主播直接给你快递到家三双品牌好袜!

弹幕1:111。

弹幕2:2!

主播:好,我看到家人们都非常热情,我先给大家准备50单,够不够?就看大家的热情高不高,50单不够就加到100单。要的赶紧刷1刷2,让主播看到好不好?咱们家这款棉袜是螺纹弹力袜口的设计,舒适包裹,弹而不勒,全部是纯棉的,质感也很好,款式不重样,黑、白、灰三个颜色都非常百搭!

弹幕3:弹性大不大?

(主播演示用力撕扯袜子展示回弹效果。)

主播:咱们家这款袜子弹性真的非常好,你看主播的手这么用力地扯,它依旧不变形!咱家所有的袜子都是高支高密的,有弹力,穿上去非常舒服,而且里面没有任何线头!

主播:家人们,咱们今天买二送一的限量福利给到大家,直播间真的是卖一双亏一双,卖一双少一双的。这个本来是我们打算庆祝粉丝到10万的福利,但是主播现在想冲一冲咱们实时在线观看的人数,所以给你们炸福利!今天限时限量,需要的赶紧刷起来!

弹幕4:快上链接!

弹幕5:我要买!

主播:好!运营听我口令,我说三、二、一,然后就直接将库存加到100单,咱们先炸一波!三!二!一!上链接!家人们,赶紧去抢,买二送一,拍下三双袜子只需要付两双的钱!赶紧冲!

弹幕6:抢不到!

弹幕7:主播再来100单!

…………

⚠️ 【互动误区提醒】

1. 主播要突出限量送的"限量"这一关键,但又不能让观众失去获得限量送的热情。

2. 主播可以通过"送"这一福利来调动观众参与直播间活动的积极性,但不能因条件过高而引起观众反感。

3. 当福利将直播间的人气带到较高值时,主播不要一味停留在对福利款的讲解中,要把握时机进入到对下一款的介绍,完成下一步的高利润款式的成交转化。

▶ 2.3 互动留人

2.3.1 情景21:点名留人法

【直播情景再现】

某熟食产品直播间正在热卖几款肉干肉脯,主播小梦正在向大家推荐一款牛肉干。直播间刚开播不久,观众人气不是很高,偶尔会有一些观众在公屏上提问,有人问牛肉干是不是真的牛肉,有人问牛肉干能不能直接吃,有人问牛肉干是熟肉还是生肉,有人问老人能否咬得动牛肉干……

【直播公屏分析】

1. 公屏上关注牛肉干真假的观众,他们对于牛肉干的原料比较关心,可能对产品的品质很重视。

2. 公屏上关注牛肉干能否直接吃的观众,他们可能倾向于买休闲零食类的产品。

3. 公屏上关注老人能否咬得动的观众,他们可能是为牙口不太好的家人购买。

💬【主播互动演练】

　　主播：欢迎×××宝宝进入直播间，我看到这位宝宝的名字这么有创意，是不是背后有什么小故事呀？主播小梦刚开播，先跟大家闲聊几句哟。我看到好多宝宝的名字都好有趣哟，×××宝宝是不是第一次来咱们直播间呢？有什么问题也可以发到公屏上，主播都会一一回答的！

　　弹幕1：主播今天卖什么？

　　弹幕2：主播的名字也好听！

　　主播：谢谢×××宝宝的夸奖哟，你的名字也非常好听呢！咱们今天给大家带来的是一款非常好吃的牛肉干。我自己也是一个非常爱吃牛肉干的人，但是在线下超市里买觉得价格都好贵，在网上买又怕买到假的。我今天给大家带来的这款牛肉干，选用草原牛后腿肉制作而成，人工切割后经过48小时的晾晒风干，传统风干工艺制作的口感非常好哟！

　　主播：感谢×××的关注哦，是我的美貌还是我介绍的牛肉干吸引了你，让你忍不住出手关注了？肯定是牛肉干，哈哈哈，不接受任何反驳！

　　弹幕3：牛肉干应该是真的吧？

　　主播：×××宝宝，放心好了！咱们家的牛肉干都是用货真价实的牛肉风干制成的。咱们家卖东西的原则就是一定要卖让各位宝宝放心的肉。咱们家在制作牛肉干的过程中，在牛肉中加入了盐。这样做不仅能防止腐坏，还能够密封住牛肉本身的滋味，嚼起来满口都是牛肉的香味哟！

　　弹幕4：牛肉是生肉还是熟肉？

　　弹幕5：可以直接吃吗？

　　（主播将牛肉干撕开进行细节演示。）

　　主播：×××宝宝和×××宝宝，主播给你们把这款牛肉干撕开，仔细看一下。咱们这款牛肉干是可以直接当零食吃的，日常跟你们的朋友小聚时或者追剧看电视时吃一吃都是很好的哟！老少皆宜，而且携带方便，你就是带到办公室给同事们分享也是很方便的哟！

　　弹幕6：老人能不能吃？

　　主播：×××宝宝，你想问的是老人牙口不好能不能吃，还是问年纪大的长辈能不能吃呢？咱们这款老人小孩都是可以放心吃的，没有其他添加剂，但是我建议年龄太小的、牙齿还没长好的小朋友，还有年纪比较大的、牙口不太好的老人，就不要尝试了哟。这款牛肉干比较有嚼劲，有些牙口不太好的人可能吃起来会比较费劲哈！

弹幕7：谢谢主播的讲解！

主播：×××宝宝，不客气哟，大家还有什么疑问可以积极发言，主播马上给大家上链接啦！

…………

【互动误区提醒】

1. 当直播间进来新粉丝时，一定不能忽视他们，可以在直播间直接喊出新进来粉丝的昵称，让其觉得自己被重视。

2. 主播要有选择性地进行点名，不要将一些含有敏感词汇的昵称念出来。

2.3.2 情景22：缘分留人法

【直播情景再现】

某坚果品牌直播间正在热卖几款零食大礼包，主播小松已经向直播间的观众展示了零食大礼包的样式，并介绍起了礼包内的具体内容。直播间的观众正在不断增加中，公屏发言也在快速刷新，不少观众都对礼包内的具体内容、优惠方式和力度、礼包的具体尺寸等问题很感兴趣。

【直播公屏分析】

1. 关注礼包内具体内容的观众，他们可能担心买到不喜欢吃的零食，主播要重点介绍礼包内的热卖单品，激发其兴趣。

2. 关注直播间福利的观众，他们可能在意礼包的价格和单独购买单品价格之间的区别，主播要向其介绍礼包的性价比。

3. 关注零食大礼包具体尺寸的观众，他们可能担心大礼包不好收纳，主播要向其介绍零食大礼包的具体尺寸，并表示礼包的包装盒经过精心设计，方便收纳，并可以快速拆卸。

【主播互动演练】

主播：欢迎各位家人来到直播间！我想没有不喜欢吃零食的家人吧？不管是在工作的间隙还是娱乐的空当，随手拆开一包零食，既补充了体力，又满足了食欲，想想就是一件很幸福的事情呀，对不对？

弹幕1：是呀，我经常去便利店买零食备着。

弹幕2：有时候忘记买，想吃又懒得特意出门，就很烦。

主播：是呀家人们，很多小伙伴虽然很喜欢吃零食，但经常忘记去买零食，而且便利店的零食选择不多，有些零食只有专卖店才买得到，这就让很多爱吃的小伙伴苦恼了。

助播：今天来直播间的家人们有福啦！×××品牌"百万爆款放肆囤"活动正在进行。"巨量零食，大展'食'力"！

主播：是的家人们，超6斤的零食大礼包，今天本直播间优惠促销！一个大礼包内含30袋×××品牌爆款零食单品，霸气投喂直播间的家人们！

弹幕3：大礼包？里面都是些不好卖的吧？

主播：绝对不是哦，我们一共三款大礼包，总有一款适合你！三款礼包内的零食单品，加起来超过了60种，具体清单大家可以在下单链接里的详情页查看，都是品牌官方店铺热卖的爆款！

助播：购买大礼包，解锁30袋热门零食，一包实现零食自由！

弹幕4：我以前也买过这种大礼包，发现很多都是快过期了的东西。

主播：放心吧家人们，本直播间郑重承诺，大礼包内所有零食都在保质期以内，且起码半年内不会过期！若发现保质期不超过10天的单品，可到直播间找客服无理由全额退款！

弹幕5：大礼包有多大？会不会不好拿或者很占地方啊？

主播：这位叫×××××的家人问得好，这三款零食大礼包的包装我们也花了很多心思，都是精心设计的。大家看镜头，大礼包上面有一个明显的手提设计，方便大家搬运，而且这个包装拆卸简单，拆卸后还可以折叠放置，一点也不占空间！

弹幕6：既然是大礼包，那么有大优惠吗？

主播：问得好这位家人，本场直播是"心动缘分"福利场，大家只要下单数量或者下单次序中有8，如8包，第8位下单，第18位下单等，只要有8，就是8折！

弹幕7：那也不大好啊，看运气呀这是。

主播：是的家人们，这就是"心动缘分"福利场的规定。当然了，为了让更多家人享受到福利，只要是前88位下单的家人，没有获得"心动缘分"福利的，也可全部9折购买大礼包哦！

助播：家人们准备好，马上上链接啦！

弹幕8：快上快上！我要买8包！

弹幕9：我争取在第8位下单成功！

…………

⚠【互动误区提醒】

1. 对于礼包内单品是不是不好卖的零食或快过期的零食这类经常被质疑的问题，主播不要逃避，要真诚地向直播间的观众解释好这方面的问题，并作出承诺与保证，减少观众的担忧。

2. 主播介绍福利时，不要模棱两可，要讲清楚规则，尽可能地减少观众的疑惑。

2.3.3 情景23：问答留人法

【直播情景再现】

某电脑外设直播间正在热卖几款鼠标，主播小罗正在向观众展示鼠标的外形，介绍鼠标的功能。直播间的观众很多，提出了各种各样的问题，有的问重量，有的问电池续航时间，有的问响应速度……根据前期策划好的直播脚本，小罗正在通过问答的方式与观众进行互动，既了解了观众的需求，又回答了观众的疑惑。

【直播公屏分析】

1. 关注鼠标重量的观众，可能是女生或者小手群体，这类观众可能会长期使用鼠标，主播要向其介绍鼠标设计科学、构造科学等特点。

2. 有些观众关注电池续航时间，说明他们喜欢用无线产品，主播要向其重点介绍鼠标的无线连接方式，并讲解清楚关于电池更换、充电等方面的问题。

3. 关注响应速度的观众，可能是游戏玩家或者游戏发烧友，主播要向其介绍一些专业参数，展现鼠标低延迟的特点。

【主播互动演练】

主播：欢迎直播间的各位兄弟姐妹，今天小罗给大家介绍几款鼠标。这几款鼠标既可用于正式办公，也可用于游戏娱乐，价格实惠，质量可靠，大家想要的在公屏发"1"！

弹幕1：1！

弹幕2：111！

弹幕3：啥牌子的？

主播：××这个牌子大家都听过吧？绝对是鼠标领域的头牌了，咱们直播间长期与他们合作，这次新到的鼠标都是新品哦！

弹幕4：是有线的还是无线的啊？

主播：这位朋友，直播间这次销售的鼠标，有支持有线连接的，也有支持三模连接的，也就是说，你想买单纯有线的可以，想买有线无线都支持的三模款也可以。

弹幕5：啥是三模啊？什么意思？

主播：这位叫×××的朋友问得好。所谓三模，即支持有线连接、蓝牙连接、2.4G连接这三种连接模式，现在很多鼠标都支持三模连接哦。

弹幕6：无线连接的话，电池充满一次可以用多久？

主播：经过测试，今天销售的鼠标充满电后，不开启背光的话，至少可以连续使用 80 个小时，开启背光的话，至少可以使用 58 个小时，是续航性能很好的鼠标了。

弹幕 7：还有背光？是单色的还是多色的？

主播：各位家人，本次销售的鼠标，所有款式都支持约 1 680 万色的 RGB 背光颜色。在官网下载驱动后，可自行选择光效形式，非常方便！

弹幕 8：鼠标响应速度快吗？用久了会不会出现单击变双击现象？

主播：大家放心，××这个牌子的鼠标，大家如果经常使用就知道，质量非常可靠，并且一年内出现质量问题还可直接换新。至于响应速度问题，这次的鼠标都是新款，都采用了新一代的传感器，具有像素级精度追踪功能，最高速度超过 400IPS，最高 DPI 为 25 600，绝对能满足您工作和娱乐的需求。

弹幕 9：今天具体有哪几款鼠标？

主播：兄弟姐妹们，我左手上的这款，是××品牌刚出的"××ACE"，支持三模连接；右手上的这款，是"××ACE Lite"，只支持有线连接，这两款是今天重点推荐的产品。另外 10 号链接还有几款××品牌的其他鼠标，大家有兴趣也可以去看看。

主播：大家喜欢"××ACE"的在公屏上发"ACE"，喜欢"××ACE Lite"的在公屏上发"Lite"。到时候哪种发得多，我就先上哪款的链接好吗？

弹幕 10：Lite。

弹幕 11：ACE！ ACE！ ACE！

…………

⚠ 【互动误区提醒】

1. 主播要注意回答观众的问题，并做到真诚回答，不欺瞒作假，但注意回答问题时要有选择性，不要任何问题都回答，要引导观众关注鼠标。

2. 主播在向观众介绍比较专业的产品参数时，一定要做到准确无误，不要误导观众。

2.3.4　情景 24：价值留人法

【直播情景再现】

某化妆品直播间正在热卖几款眉笔，主播小颜正在向观众演示一些眉笔使用小技巧，借此激发观众兴趣，解答观众关于眉笔使用方法、实际使用效果方面的疑惑。小颜还在直播间设置了抽奖活动，让观看直播的观众既学会了美妆技巧，又享受到了实在的购买优惠。

【直播公屏分析】

1. 有些观众关注眉笔使用方法，他们可能不是买给自己用，或者是从未使用过眉笔的新手，主播可针对这类观众做亲身演示。

2. 有些观众关注眉笔的实际效果，他们可能比较在意眉笔的质量，主播要注意强调眉笔无质量问题。

3. 有些观众更加关注直播福利，他们热衷于直播购物，但需要一定优惠才会下单，主播要在合适的时机放出福利。

【主播互动演练】

主播：家人们，平时出门不管是去上班还是玩耍，都可以稍微化个妆，一来可以展现自己美丽大方的一面，二来可以显得有礼貌。其实化个淡妆是很简单的，刚好今天直播间有几款眉笔推荐给大家，小颜这就给大家介绍几个画眉小技巧！

弹幕 1：我还从没用过眉笔呢！

弹幕 2：我有眉笔但是不会画，每次都搞得眉毛怪怪的。

弹幕 3：先学着总不是坏事。

主播：大家看我手上，这是×××品牌刚出的"橙筷"系列，一共有两款。这两款不同的眉笔芯可以打造不同的效果，不管是经典线条眉还是立体渐层眉，都能很快画出！

弹幕 4：主播能画个欧式眉看看吗？

主播：可以呀，欧式眉其实就是高挑眉，特点是干净利落，眉峰高挑，可以让脸型显得更加修长，适合各位圆脸的家人哦。

（主播演示中）

弹幕5：画得真好，还讲了好多注意事项呢。

主播：对呀，家人们学会了没？一次记不住也没关系，大家下单后可以私聊客服要教学视频，照着学很方便的哟。

弹幕6：我想学柳叶眉！

主播：好，小颜再教大家画一下柳叶眉。柳叶眉会显得眉毛比较细长，给人知性、柔美的感觉，还能修饰额头，适合脸型比较方的家人。

（主播演示中）

弹幕7：主播，用什么颜色画眉毛比较好呢？

主播：家人们，具体选择用什么颜色，要根据自己的脸型、肤色和发色来判断哦。如果还是不清楚选择什么颜色，可以去问我们的客服。这次直播我们卖的眉笔有摩卡棕、烟灰棕、亚麻棕三种颜色，有深有浅，大家一定能找到适合自己的颜色！

弹幕8：我想买了，主播，有优惠吗，啥时候上链接？

主播：马上上链接！大家在直播间帮我涨涨热度，刷刷"6"和小礼物，直播间热度达到3万，马上开始秒杀！从现在开始还有抽奖，特等奖直接送一支眉笔，一等奖到三等奖分别是7折、8折、9折优惠！

弹幕9：666！

弹幕10：我给你送小花花！

弹幕11：既学到了化妆技术又有抽奖，这个直播间我关注了！

…………

⚠️【互动误区提醒】

1. 主播要注意体现化妆教学的价值，不要让观众觉得在直播间没学到东西。

2. 演示或教学不宜过多，适当展示就好，主要还是要引导观众下单。

3. 抽奖是很好的活跃直播间气氛的方式，最好设置一定的门槛，以最大限度活跃直播间气氛，不要浪费抽奖活动带来的流量。

2.3.5 情景 25：痛点留人法

【直播情景再现】

某潮流女装直播间正在热卖一款风衣，主播小秋已经开播十几分钟了，直播间陆续进来不少观众。根据今天拟销售的风衣的特点，小秋有针对性地向直播间观众展示了风衣的各项巧妙设计，直播间观众也提出了诸如尺码大小、颜色类型、版型设计等方面的问题。小秋抓住公屏反馈的各种问题，直击痛点，促成了不少观众下单。

【直播公屏分析】

1. 观众虽然在公屏上提出了不少问题，但真正影响其下单意愿的可能只有一两个。要销售的产品是女装，那么女性用户比较关注的衣服款式、尺码是重点问题。另外，女性观众往往更加在意自己的身材，主播可以抓住这点，在直播时好好利用。

2. 刚开播十几分钟，直播间观众可能还不算多，这时主播可以有针对性地与其中某一观众进行交流，这样能显得更加真实。

3. 关注衣服颜色的观众，他们可能在意衣服与自己肤色是否搭配得当，主播可以在讲解时说明一些与颜色有关的搭配小知识，帮助观众做好穿搭。

【主播互动演练】

主播：姐妹们，欢迎来到本场直播。小秋今天给大家带来了一款非常适合现在换季穿的中长款风衣，有多种颜色可选，与专柜同步上市！

弹幕 1：来了！来了！

主播：有没有偏胖的姐妹啊？如果有的话那你有福了，这款风衣设计出来就是为了显瘦！体形偏瘦的姐妹穿上它，时尚大气，尽显风范！体形偏胖的姐妹穿上它，也能远离臃肿，视觉减重！

弹幕 2：我我我，我最近就长胖了，穿啥衣服都显得不好看，这个真能显瘦吗?

主播：是的，这位姐妹不要着急，你看我旁边这位模特，也是偏胖的身材，我现在就让她试穿一下，上身效果一试便知！

（模特试穿）

弹幕3：哇！真的觉得变瘦了不少！为什么效果可以这么好？

主播：哈哈，看到了吧姐妹们，这显瘦的关键，就在于衣服版型的设计以及颜色的搭配。这款风衣采用了挺括修身的版型设计，让大家穿上后，背部轮廓更加挺括，腰部更加收拢，显得整个人特别有精神，再加上整体是偏深的颜色，视觉上就更加显瘦！

弹幕4：为什么其他修身的衣服没有这个效果呢？

主播：这就是我们风衣的另一个设计亮点啦。这款风衣在设计的时候，相对标准尺码，做了轻微改动，给肩部、腰部做了特殊处理，让体形偏瘦的人穿上去更加挺括，体形偏胖的人穿上去不会臃肿，这样就显得整个人更瘦啦。

弹幕5：有哪些颜色呀？

主播：姐妹们，这款风衣有高冷黑、卡其灰和中国红三个颜色，适合不同肤色、不同身材的姐妹哦。如果你偏胖一点，就买黑色的；如果你瘦一点，就考虑其他两个颜色。不管什么身材的姐妹都兼顾了！

主播：不仅如此啊，我拿近点给大家看。我们直播间的风衣，其面料和专柜是一样的，只是销售渠道不一样而已，绝对是正品，大家放心！

弹幕6：赶紧上链接！

主播：10秒后上链接！大家做好准备！

弹幕7：我要第一个买！

…………

⚠【互动误区提醒】

1. 主播要根据衣服特点和观众提问，直击观众痛点，让观众第一时间就有强烈的购买欲望，但也要注意兼顾其他方面的问题，不要让衣服的受众面变窄。

2. 让模特进行演示时，要让模特专业地面对镜头，不要出现不优雅、不好看的姿势，以免影响观感。

3. 不要一直沉迷于与观众交流，当互动到一定程度时，就要开放购买渠道，以免错过有些不愿意在直播间久留的观众。

2.3.6 情景26：交集留人法

【直播情景再现】

某母婴用品直播间正在销售一款奶瓶，主播小喜本身也是一位宝妈。随着直播时间的延长，直播间观众越来越多，公屏也活跃了起来。有人表示刚做妈妈，不会选奶瓶；有人表示想为老婆、孩子尽点心意；有人表示宝宝还没出生，但是先挑挑看；还有人表示之前用坏了好几个奶瓶，想换个真正好用的。

【直播公屏分析】

1. 不会选奶瓶的新手妈妈，她们可能对奶瓶的功能甚至构造都还不太清楚，主播要注意详细介绍奶瓶的使用方法。

2. 对于帮家里人代买奶瓶的观众，主播要注意强调奶瓶的适宜使用年龄，让其挑选到适合自己家里情况的奶瓶。

3. 已经用过不少奶瓶的观众，他们对奶瓶的功能、使用方法等都已经很清楚了，他们更关心奶瓶的质量、使用方便性等问题。

【主播互动演练】

主播：欢迎各位来到直播间，××牌奶瓶今日热卖啦，"拒绝咬奶，畅快喝奶"，买××奶瓶，让宝宝喝得开心，让妈妈喂得舒心！

弹幕1：奶瓶？

弹幕2：啥子东西哦？给我娃儿看看。

弹幕3：多大孩子能用啊？

主播：欢迎大家，这位××××是××市的朋友吧？看你打字都不忘老家的口音呀，真是倍感亲切！我老家也是那边的！

弹幕4：是嘛是嘛！

弹幕5：我也是××市的！

弹幕6：咋地，不是××市的还不让看啦？

主播：这位叫作×××××的朋友，不要误会啊，我只是看到老家的人觉得亲切哈，没别的意思！天南地北，来到本直播间的都是家人！

弹幕7：我是一位妈妈，你快说说那个奶瓶吧。

主播：好的！我给大家介绍一下（拿出奶瓶展示）。其实我也是一位妈妈，小孩子刚断奶，用的就是这款奶瓶。在这里主播告诉直播间的家人们哦，小孩一直不断奶也是不太好的。到了一定月龄不断奶，对母亲和婴儿的健康都是不利的，但是有的小孩断奶很困难，这时就需要一款好用的奶瓶啦。

弹幕8：用这个就能断奶？我还在怀着孕，有点担心了。

主播：这位妈妈不要担心哈，当然不是用这个就肯定能马上断奶，但是几乎所有妈妈都会选择用奶瓶来帮助小宝宝断奶。咱们这款奶瓶呢，有一些独特的设计，比一般的奶瓶效果更好哟。

弹幕9：具体是啥设计？

主播：大家看，这款奶瓶是一个带手柄的吸管式设计，奶嘴是仿母乳形状设计的，对小宝宝来说更容易接受。

弹幕10：吸管？不会卡着小孩吧？或者容易洒出来？

主播：家人们放心，这款用的不是普通的吸管，它里面有一个V字形的阀门。宝宝吸吮时，阀门会自动打开；不吸吮时，就会自动关闭。这样又方便宝宝喝奶，又不会让里面的奶液轻易洒出来。

弹幕11：好安装吗，会不会被小孩弄坏？

主播：您尽管放心，这款奶瓶的安装，有个小机关，对大人来说很方便，但小宝宝几乎不可能自己把它打开，也就不会弄坏了。而且吸管也是独立好拆卸的，全硅胶一体包裹，非常好清洗。

弹幕12：吸管能替换吗？万一孩子不喜欢呢？

主播：当然可以了！为了适应小宝宝在不同阶段的不同需要，这款奶瓶搭配了三个不同的头盖，可以分别适用于小宝宝喝奶、戒奶嘴以及独立喝水。

弹幕13：到底是做过妈妈的主播，考虑得真周到！

弹幕 14：快上链接，我现在就买！
…………

⚠️ 【互动误区提醒】

1. 主播不要试图与所有观众建立联系，产生交集，要注意尺度，在恰当地拉近与观众的距离后，就要转移话题。

2. 不要滔滔不绝地与观众进行互动，要在恰当的时候开放购买渠道，让观众尽快购买，不要消耗观众的耐心。

▶▶ 2.4 留人经典语句

2.4.1 留住路人的经典语句

📖【经典语句1】

订阅没有点，感情走不远。关注没有点，永远在闲逛！

📖【经典语句2】

张三买马张三骑，李四不买干着急。挂金牌卖真货，来的都是回头客！

📖【经典语句3】

莫怪主播话太多，掏心窝子对你说，相聚××皆是缘。散散心败败火，直播间里看看我！

2.4.2　留住粉丝的经典语句

📖【经典语句 1】

粉丝多别吃醋，文明发言有礼物！

📖【经典语句 2】

让我护你度安宁，心中刻下大哥名！

📖【经典语句 3】

点关注不迷路，做粉丝当守护。地球不爆炸，主播不放假。

▶ 2.5　留人句式模板

2.5.1　诱导式句式

1. 进入直播间的____（对观众的称呼）们，点一下直播间的分享按钮，将直播间分享给你们的亲朋好友，助力直播间人气大涨。直播间人气过万，就会送____（福利类型）福利哦！

2. 各位____（对观众的称呼）们，大家是不是有管不住嘴、迈不动腿、减不掉肥的烦恼呀？今天给大家推荐一款趣味____（健身器材名），让大家一边健身一边游戏！不知不觉就减掉肉肉！

3. ____（对观众的称呼）们，这次____（产品名）的折扣仅限本次活动进行时间，错过这次，我们就不会再给这个价格啦！大家要抓紧时间哦！

2.5.2 利他式句式

1. 欢迎____（公屏观众昵称），欢迎____（公屏观众昵称），欢迎____（公屏观众昵称），欢迎____（公屏观众昵称），欢迎大家。各位直播间的____（对观众的称呼）们，两分钟内下单，可以获得9折优惠哦！

2. 各位____（对观众的称呼），本直播间今晚福利不断，待得越久，福利越多哦。我们在直播过程中设置了很简单的直播彩蛋，坚持到最后并发现彩蛋的____（对观众的称呼）们，可以获得神秘大奖！

3. 各位____（对观众的称呼），今天是本月首播，我这里还有____（礼物数量）份____（产品名称），现在就作为福利6折卖给大家，仅限开播十分钟内下单的____（对观众的称呼）们哦，大家抓紧！

2.5.3 渲染式句式

1. 各位____（对观众的称呼），主播马上给大家试穿，让大家亲眼看到____（服装类型）的上身效果，想看红色的刷1，想看黄色的刷2。换左手这一套衣服的刷A，右手这一套的刷B。

2. 今天____（产品价格）、____（产品价格）我都不要你们的。直播间的____（对观众的称呼）们能不能帮我点个关注，点了关注就是我粉丝的，我连____（出厂价格）的出厂价都不要，给不给力？够不够？今天____（主播昵称）玩拨大的，搞爆炸的，今天是我粉丝的，我宠你宠到底！

3. ____（对观众的称呼）们，____（产品价格），只要____（产品价格）。别人____（产品价格）穿个地摊杂牌货，在我这你____（产品价格）带回去的是什么？你带回去的是一双皮网拼接，透气性非常好，一年四季都能穿的，高品质____（鞋子类型，如帆布鞋）；你带回去的是上脚实心大软底，柔软舒服，穿着可以登山、骑行、跑步、健身，让你越穿越舒服，越穿越爱穿的____（鞋子类型，如帆布鞋）；你带回去的是一双亲肤透气，不闷脚、不臭脚的____（鞋子类型，如帆布鞋）；你带回去的是一双要颜值有颜值，要品质有品质，要脚感有脚感，要透气性有透气性的____（鞋子类型，如帆布鞋）！

第 3 章

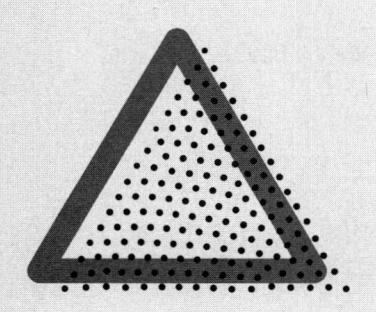

推介说服

3.1 产品介绍

3.1.1 情景 27：功能介绍

【直播情景再现】

某厨房家电品牌直播间内，主播小九正在销售一款功能强大的破壁机。小九根据自己的生活经验，向观众介绍这款破壁机的各类功能。公屏上出现了很多提问，打豆浆好喝吗？声音大吗？刀片是不是进口的？可不可以研磨？能不能保温？

【直播公屏分析】

1. 担心破壁机工作声音大的观众，他们可能对声音比较敏感或者使用过噪声较大的厨房家电，主播要抓住破壁机的静音工作功能进行介绍，必要时可进行现场演示。

2. 对于破壁机来说，刀头的刀片是影响它工作结果的关键因素。担心破壁机刀片质量的观众，他们可能曾经遇到过搅拌不彻底、打出来的东西特别粗的情况。主播可以现场演示，向观众展现破壁机的使用效果。

3. 询问保温和研磨功能的观众，他们可能有更多样化和复杂性的使用要求，主播可以对这些重点功能进行讲解。

【主播互动演练】

主播：家人们，我们家这款全新破壁机具备多种功能，你买一台相当于同时拥有了料理机、沙冰机、煮锅、豆浆机、果汁机、榨汁机、辅食机这 7 种厨电。只需要花一台的价格就能同时获得 7 种不同机器的功能！

弹幕 1：是不是真的？

弹幕 2：真有这么多功能？

主播：真的，大家看我们家破壁机的操作屏幕，这上面有 7～9 种功能按键，分别对应的就是不同机器的功能。

主播：像这个沙冰机的按键，你按下这个键，半分钟以后就能得到一碗透心凉的沙冰！它是制作夏日冰饮的必备家电！

弹幕 3：打冰的声音大不大？

主播：我们家破壁机特别设计了静音工作功能，工作时的声音比同类型的破壁机低 40% 以上，绝对不会吵！

弹幕 4：刀片行不行啊，别用几天就坏了。

主播：大家放心，我把刀片拿出来给大家看看，我们家这款破壁机使用的是精钢 6 叶刀片，使用起来轻轻松松！

弹幕 5：保温吗？早上起来想喝口热的。

主播：我们家破壁机采用了智能芯片，可以实现 24 小时智能预约工作，能进行持续保温。而且盖子上有双层硅胶，即使断电，也能保温好几个小时！

弹幕 6：还不错。

弹幕 7：功能还挺多。

主播：今天直播间给特价，只要 299 元，花一台机器的价格，你可以拿回家当 7 种机器使用，需要的朋友们千万别错过！来！上 13 号链接！

弹幕 8：不算贵，还行。

…………

⚠【互动误区提醒】

1. 主播要熟悉破壁机的各类功能，面对观众的提问能做出流畅且专业的对答，不然会使观众把对主播个人的坏印象直接投射到产品上。

2. 主播不能对破壁机的功能进行过分夸大，这样会涉及虚假宣传等问题。

3.1.2 情景28：成分介绍

【直播情景再现】

某化妆品直播间内，主播小颖正在镜头前向观众展示手臂上推开的面霜，她将两只手臂并排在一起给观众展示涂抹面霜前后的区别，可以看出涂抹了面霜的手臂更细腻、光滑、白皙。公屏上大家纷纷议论，效果真的很明显啊！好白呀！好好看！抹在脸上油不油啊？能祛斑吗？能用多久？"吃土女孩"有没有优惠啊……

【直播公屏分析】

1. 发言表达喜欢的观众，她们本身已经有了很明显的购买意愿和倾向性，主播要注意维护这类观众。

2. 询问面霜能不能祛斑的观众，很明显她们的皮肤面临着斑痕的问题，主播要注意强调面霜祛斑和遮瑕的功效。

3. 对于询问面霜肤感油不油的观众，主播可针对不同类型的肤质进行推荐。

【主播互动演练】

主播：姐妹们，看我的手臂啊，我把面霜轻轻地推开、抹匀，咱们来看看效果！

主播：这样看更明显一点，抹了面霜的这只手臂明显更加细腻、白嫩，皮肤白里透亮。

弹幕1：真的有变化唉！

弹幕2：有的，有变白一点。

主播：姐妹们，这可不是什么弄虚作假的东西，来跟我一起看面霜的成分表。咱们家的这款面霜里面实实在在地添加了珍珠粉！每一瓶都添加了××毫克！

主播：你每天涂面霜，就相当于每天都给自己的脸做了一次珍珠美白！

弹幕3：珍珠，我喜欢。

弹幕4：珍珠粉可以美白！

弹幕5：能不能祛斑？

主播：不仅如此啊，咱们家的这款面霜里面还有×××抗衰老成分，这种成分与人类皮肤中的天然保湿因子是极为相似的，可以被皮肤快速吸收，达到层层浸润的效果。

主播：长时间地补充×××抗衰老成分，可对皮肤进行深层修护，有效地抗老、抗氧化，并且不断地给皮肤建立屏障，降低皮肤可能受到的伤害。

弹幕6：听起来挺厉害的！

弹幕7：我闺密用了一段时间，确实有比较明显的变化唉，感觉她变得更好看了。

主播：除了能够抗衰老，我们家这款面霜还添加了多维紧致成分！紧致成分是从马蹄莲和芍药中提取的天然成分，可以由内而外地作用于皮肤的多个层面，让皮肤变得更紧致！

主播：今天我们直播间发放优惠券，点击屏幕左边的××图案即可领取。姐妹们千万不能错过，来，三、二、一，上链接！

弹幕8：姐妹们，冲！

…………

⚠【互动误区提醒】

1. 主播要不断增加在化妆品方面的知识储备，提高专业能力，尤其当口播词中有专业名词时，绝对不能说得磕磕巴巴、断断续续。更不要妄想着临阵磨枪，敷衍了事。

2. 主播在介绍化妆品成分时，要自信、流畅，将专业信息传达到位。不能一笔带过、含糊其词。

3. 主播在面对女性消费群体时，要态度亲和，同时也要有控场能力，适度发挥领导力但不可严肃。

3.1.3 情景 29：材质介绍

【直播情景再现】

某品牌家具直播间内，主播小源正站在一套沙发旁向观众一一介绍沙发的外观设计和用料材质，并通过现场试坐来传达沙发的舒适坐感。公屏上大家提出了一些问题，有人说现在的家具都是以次充好，没多少真实木的了；有人问是不是真的实木，担心用合成板来忽悠人；有人问一套多少钱，有没有折扣优惠……

【直播公屏分析】

1. 对于家具家居行业，大家一般都比较关注材质和甲醛问题，这两者具备较强的相关性。

2. 直接询问是不是实木的观众，他们可能是普通消费者，主播要用简单易懂的方式进行介绍。

3. 对于对家具材质有一定了解的观众，主播要注意从材质环保健康和安全性方面进行突破来刺激消费者的购买欲。

【主播互动演练】

主播：朋友们，大家现在看到的是我们家一款现代简约设计的客厅沙发，有3人位和4人位的不同尺寸，还可配贵妃位和脚凳。

主播：这款沙发的框架材质是天然红栎木，就是大家平时说的橡木。

主播：面料的材质有布艺和真皮 2 种可选。

弹幕 1：真橡木吗？是不是合成料？

弹幕 2：有没有板材给我看看。

弹幕 3：不会是合成板贴个皮吧？

主播：我们家的这款沙发选用的是 100% 的天然橡木，我给大家看看框架结构的断面。

主播：看清楚了吗，这种锯面纹路就是天然橡木的特点之一，跟人造板贴木皮、松木板贴木皮、指接板贴木皮完全不同，这些都是可以从外观上轻易地分辨出来的！

弹幕4：纹路确实不同。

弹幕5：看起来是质量不同，实木的品质更好。

主播：至于大家说的颗粒板、合成板等低端材料，大家可以放心，我们这款沙发中绝对没有！只有实木的甲醛含量才会更低，任何要用到胶水加工的板材，都会有甲醛残留！

主播：我们这款天然橡木的沙发，正是因为对材质有绝对自信，才敢保证从源头减少甲醛产生，真正做到天然健康。

弹幕6：什么价格，有没有折扣？

弹幕7：说吧，多少钱，只要没有甲醛。

主播：我们家的家具跟同行比一直是高性价比的产品，一个原因是我们工厂规模大，另一个原因是我们不追求溢价，只挣该挣的钱。

主播：今天，天然橡木真皮沙发套装，朋友们先在直播间领优惠券，再叠加特殊优惠价，只要××××元，来，5号链接，三、二、一，给家人们上链接！

弹幕8：包安装吗？

…………

⚠【互动误区提醒】

1. 主播要对各类家居材质进行了解，具备专业知识和素养，不能不懂装懂，也不能在回答问题时避重就轻，敷衍、应付观众。

2. 主播对于家居材质的情况要进行真实宣传，不能虚假宣传，避免法律纠纷。

3. 主播在介绍家居材质时若要对比其他厂商的产品，不能指名道姓，避免名誉纠纷。

3.1.4 情景 30：价位介绍

【直播情景再现】

某数码产品直播间内，主播小佳手上拿着一款相机向大家做介绍。这是一款经过针对性改良设计的，在拍摄 Vlog 方面具备独特优势的相机。一些观众在公屏上留下自己的问题：像素是多少？变焦倍数是多少？带不带存储卡？多少钱？不喜欢这一款，主播能不能介绍一下 ×××……

【直播公屏分析】

1. 询问一些具体参数的观众，他们可能是摄影方面的发烧友、爱好者，面对他们的询问，主播要注意解答的专业性，不要露怯。

2. 对于询问价格和优惠的观众，主播可以引导他们到平台的店铺里浏览，增加他们的停留时长。

3. 询问礼品和赠品的观众，他们可能已经关注数码相机一段时间了，有购买的打算，正在寻找一次最优的机会。

【主播互动演练】

主播：家人们，在我手中的相机就是 ××× 的 TXC550W，这款相机是专门为日常喜欢拍摄 Vlog 记录生活的朋友准备的。它重量轻，只有 0.57kg，便于长时间手持，磨砂黑皮制的外壳，手感绝佳！

弹幕 1：像素怎么样？

弹幕 2：有几倍变焦？

主播：这款相机具有 2 500 万的有效像素，搭配 5 倍的光学变焦，1 秒最多可拍摄 8 张相片。同系列还有 5 000 万像素、10 倍光学变焦、8 000 万像素、30 倍光学变焦的不同产品。

弹幕 3：多少钱？

弹幕 4：卡片机。

主播：这款 2 500 万像素的相机，今天直播间特惠价为 4 599 元，5 000 万像素的相机价格为 8 999 元，8 000 万像素的相机价格为 12 999 元。

弹幕 5：贵了，送不送存储卡？

弹幕 6：送不送摄影套装？

主播：我们这款相机自身是没有存储卡的啊，各位家人们注意啊，不过今天主播给大家直接送！

主播：7 号链接是我们的这款相机，9 号链接是我们家在售的专业摄影礼包，大家拍的时候，7 号链接和 9 号链接一起拍，今天主播给大家送福利，专业摄影礼包免费送！

助播：加到购物车里价格会自动调整，大家不用担心。

弹幕 7：送的东西还蛮多，多少有点用。

主播：今天在我们直播间下单可以领取满 1 000 元减 50 元的优惠券，多满多减，上不封顶。需要的朋友进店领取优惠券后下单更便宜！

弹幕 8：买来吃灰。

…………

⚠【互动误区提醒】

1. 相机这类数码产品，不同价位产品之间的直观区别较小，主播一定要提前了解它们之间的差异特征，掌握不同价位产品之间外观、参数的差别，不能模糊不清，否则极有可能出现销售事故。

2. 主播要熟悉不同价位产品之间的优惠规则，不能随意做出兑现不了的优惠承诺。

3. 主播在介绍不同价位数码相机的专业参数时，不能不懂装懂，否则很可能被相机爱好者拆穿。

3.1.5 情景31：举证介绍

【直播情景再现】

某女装直播间内，主播小雯正在试穿一件秋冬新款外套，她穿好以后对着镜头转了一圈，给观众们展示这件衣服的上身效果。小雯简单地把这件衣服的设计和用料讲解了一下，就拿出事先准备好的明星同款图片，以及销量截图、好评截图、网红推荐截图等。有很多人在公屏上发言，有人说挺好看的，有人说配色不错，有人问暖不暖和，有人问多少钱，有人问有没有优惠券可以领……

【直播公屏分析】

1. 明星同款、网红推荐以及销量、好评等举证材料会对人们的购物决策产生一定的影响，增加可信度。

2. 询问配色和设计的观众，她们可能对于这件衣服不是特别喜欢，但对整体的设计风格还比较满意，主播可以引导她们进店挑选其他款式。

3. 询问优惠和折扣的观众，她们具有一定的购买意愿，主播可以引导她们免费注册成为品牌的会员，并点赞加关注领取优惠券。

【主播互动演练】

主播：我现在给姐妹们上身一下这件小熊维尼秋冬外套。这件外套是一个珍珠灰配落日橘的颜色设计，提起来感觉重量适中，穿在身上不会太重、太闷。

弹幕1：超爱灰橘色系，秋冬天感觉暖暖的！

弹幕2：姐姐好漂亮。

主播：领口是落肩翻领设计，麂皮绒拼接，保暖又有复古学院风的感觉。袖子的长度也刚刚好到手腕处，不长不短，活动起来会比较方便。我现在给大家转一圈，给姐妹们看一下后面的设计。

弹幕3：有没有其他颜色？

主播：这件外套后面是一个刺绣设计，刺绣图案是小熊维尼和主题字母，上身很可爱。这一款还有一个黑色配落日棕的设计。

弹幕4：微胖女孩能不能穿？

主播：我们这款外套是×××（明星）同款的外套，大家在××（社交平台）上可以搜索到她在机场穿我们家这件外套的照片，主播特别打印出来给大家看！×××好美啊！

弹幕5：×××（明星）！

弹幕6：姐妹们，冷静冷静，你们有×××的身材吗？

主播：除了是×××明星的同款，我们这款外套还是销量超过1万+单的热门款，好评如潮，这是我们的销量截图和部分好评截图。谢谢姐妹们一直以来对我们的支持！

弹幕7：卖得不错。

主播：姐妹们一直支持我们，我们也得为姐妹们谋福利。今天这款小熊维尼秋冬外套直接打8折，再送姐妹们一件半袖衬衫！姐妹们，看15号链接啊，15号链接，来，走！

…………

⚠️【互动误区提醒】

1. 主播在举证的时候，要注意举证的数据和材料要与商品密切相关，不能东拉西扯。

2. 举证材料要真实，不能虚造证明，欺骗观众。

3. 主播在以具体人物进行举证时要注意肖像权问题，合理举证，不得违反相关法律法规。

3.1.6　情景32：款式介绍

【直播情景再现】

某男装直播间内，主播小罗正穿着一件棒球夹克外套向观众展示细节，助播还准备了另外几件不同款式的外套等待展示。公屏上不断有人提问，适不适合春天穿？有没有其他颜色？有没有袖子短一点的？什么材质的？现在有没有优惠……

【直播公屏分析】

1. 询问穿衣季节的观众，他们可能正在做换季准备，主播要注意打消他们的顾虑，如天冷了可以加内搭，天热了可以在里面单穿半袖。

2. 询问材质的观众，他们可能对服装材质的要求较高，可能还关心缩水和起球的问题。

3. 询问颜色的观众，他们可能对于服装的款式比较满意，但是没有选到理想的颜色，主播可以引导他们选择其他颜色。

【主播互动演练】

主播：兄弟们，我身上这件棒球夹克外套怎么样？帅不帅？这款棒球夹克是菱格纹设计，内里夹棉，双面可穿，有军绿色和黑色两款可选，休闲出街，上班学习都能穿！

弹幕1：军绿色帅！

弹幕2：尺码全吗？

弹幕3：马上春天了，能不能穿？

弹幕4：看起来袖子有点长啊？

主播：我给大家上身试一下啊，这是一款棒球夹克，袖子参考了飞行员夹克的设计，比一般的休闲夹克袖子要偏长2～3cm。

弹幕5：主播多高？

弹幕6：什么材质的？

主播：主播高178cm啊，主播高178cm。咱们这款棒球夹克是根据现实中飞行员工作需求所做的设计，所以夹克下摆看起来有点短，一直以来都是这样的啊！

弹幕7：感觉普通人撑不住啊。

主播：这款棒球夹克全部尺码都有的啊，是涤纶的材质，版型挺拔，不易皱。喜欢的兄弟看 2 号链接啊，关注主播领取优惠券下单更便宜。

主播：害怕撑不起来的兄弟不用担心，看我手中这一件棒球夹克，这款夹克跟上一款不同，这是一款学院风设计，袖长和下摆的长度都刚刚好。

弹幕 8：这款不错。

主播：这一款有黑白和白蓝两种拼接配色，胸口和背面还设计了玫瑰刺绣，属于高阶潮流单品。

弹幕 9：还有没有其他颜色？

主播：这一款只有黑白和白蓝两种拼接配色，喜欢的兄弟看 5 号链接，直播间特惠价 ××× 元，别忘了领取优惠券，再叠加平台品类券会更便宜！

弹幕 10：已拍。

…………

【互动误区提醒】

1. 主播要熟悉不同服装的款式，并且能够根据不同的情况做出应对，不能胡乱说话。

2. 主播在介绍款式时要上身进行直观演示，让观众明白不同款式之间的区别，不要一直枯燥地讲解。

3. 主播要不断提高自身的审美水平，不要在介绍款式时乱搭一通，结果弄巧成拙。

3.2 使用介绍

3.2.1 情景 33：使用方法介绍

【直播情景再现】

某美妆用品直播间正在热卖几款化妆水，主播小莲正在向观众们展示一款舒缓保湿的化妆水，公屏上的观众纷纷提出了自己关心的问题，有人问化妆水是否含有酒精，有人问化妆水的成分是否健康，有人问对皮肤的保湿作用如何，有人问怎么用效果会更好……

【直播公屏分析】

1. 公屏上关注化妆水成分问题的观众，她们可能是皮肤比较敏感，也可能是对美妆产品成分的安全性很关注，这一类观众可能比较熟悉美妆产品的成分。

2. 公屏上关注化妆水保湿作用的观众，她们可能购买过相似的美妆产品，或者正在挑选合适的保湿化妆水。

3. 对于公屏上关注怎么用效果更好的观众，主播应结合化妆水的卖点讲解一些专业的使用方法。

【主播互动演练】

主播：感谢各位宝宝观看×××品牌今天的专场直播。很多漂亮妹妹都会说，咱们化妆第一步就会用到化妆水，但是好的化妆水却是可遇不可求的。主播今天给大家带来的是一款最近在网上很火且口碑非常好的化妆水，它一共有两种味道，绿茶味和玫瑰味，好的化妆水可以为你美丽的妆容锦上添花。主播今天也会详细教大家怎么使用这款化妆水，所以大家一定要待在直播间，不要走开哟！

弹幕1：含酒精吗？

弹幕2：敏感肌能不能用？

弹幕3：安全吗？健康吗？

主播：宝宝们，咱们这款化妆水是首次把医学研究的技术融入化妆水里面，核心成分都是从植物中萃取的，非常健康，里面不含酒精、荧光剂、重金属、防腐剂等，满满的都是浓缩植物精华、矿物成分，敏感肌、痘痘肌都是可以放心使用的哟！

弹幕4：保湿怎么样？

弹幕5：能补水吗？

主播：宝宝们，化妆水基础的功能一定是补水！当我们用洗面奶洗完脸之后，脸上会特别干，这个时候你需要快速用化妆水来补水。好的化妆水还可以帮你做二次清洁,帮你把脸上没洗干净的污垢进一步清洁,咱们这款化妆水还可以让毛孔收缩起来,帮你完成整个皮肤的补水保湿全过程!

助播:接下来就让咱们的主播教教大家怎么用好化妆水!

主播:好哒,我现在来教教大家怎么正确用好化妆水。你们可以像主播这样先用洗面奶洗干净脸,然后拿出我们的化妆棉,将化妆水倒一点点在化妆棉上,再用化妆棉轻轻在脸部拍打,一方面让它对面部皮肤进行二次清洁,另一方面将咱们这款化妆水的浓缩精华导入到你的肌肤里。最后咱们可以斜45度角轻轻地拍打,不断促进化妆水的吸收,同时还可以消水肿噢!

弹幕6:还有什么更好的用法吗?

弹幕7:主播多说点儿!

主播:是不是还有些宝宝会发现家里买的面膜总是不够用,怎么办?除了刚刚咱们说的用化妆棉拍打,主播再教大家一个我自己经常会用的好方法,大家可以像主播这样把压缩面膜泡进化妆水里,待面膜吸收了化妆水后用来做一个紧急修复的补水面膜。

主播:咱们这么大一瓶只要69元,你看我都是直接全部泡进去的,完全不用心疼。大家都知道面膜多贵呀,咱们这么一大瓶化妆水可以用来做好多次急救面膜啦!宝宝们,不要犹豫啦,现在还有库存,赶紧冲!

…………

⚠️ 【互动误区提醒】

1. 主播在讲解使用方法时一定要专业、自信,不要显得很外行。
2. 主播介绍的方法一定要浅显易懂、易学习,不要晦涩难懂。

3.2.2 情景34:使用效果介绍

▶ 【直播情景再现】

某护肤产品直播间正在热卖几款眼霜,主播小紫正拆开一支品牌眼霜,打算给观众展示眼霜的质地。大家纷纷在公屏提出自己的问题，有人问眼霜是否适合30岁的人使用，有人问能否淡化黑眼圈，有人问能否消除眼袋，有人问眼霜会不会闷痘……

【直播公屏分析】

1. 对于公屏上关注眼霜是否适合30岁使用的观众，主播可以把适用年龄以及怎么用讲解得更具体些他们可能比较关注眼霜的适用年龄。

2. 公屏上关注眼霜效果的观众，他们可能存在黑眼圈重、眼袋重等困扰，想要通过合适的眼霜缓解自己的皮肤状态。

3. 公屏上关注眼霜会不会闷痘问题的观众，他们可能对眼霜的成分比较重视，可能担心眼霜会有副作用。

【主播互动演练】

主播：欢迎新进直播间的宝贝们。今天是我们×××品牌的感恩回馈活动，品牌给大家谋福利。现在是不是有很多宝宝都逃不过熬夜？熬夜追剧、熬夜加班……时间久了咱们眼部的皮肤就会面临各种问题。最出卖咱们年龄的就是眼部的皱纹了，所以延缓肌肤衰老的第一步就应该从咱们的眼部开始，要对眼部的细纹、干纹进行预防和修护。咱们家的这款紧致提拉眼霜，经过了第七代的全新升级，为的就是不让你的眼周出卖你的年龄哟！

弹幕1：能淡化黑眼圈吗？

弹幕2：能不能消除眼袋？

主播：宝宝们，黑眼圈、眼袋其实都跟咱们日常使用电子屏幕、频繁熬夜有关系。咱们眼部的黑色素经过长期的沉淀，慢慢地形成了黑眼圈，皱纹也越来越多。咱们这款眼霜的主要功效是帮助你淡化黑眼圈、鱼尾纹。眼部皮肤干燥缺水、化妆卡粉、眼袋暗沉、松松垮垮的宝宝们都可以放心大胆地去拍，闭眼去入这款眼霜！

弹幕3：30岁能用吗？

弹幕4：多大能用？

主播：咱们这款眼霜适合有皮肤护理及抗衰老需求的宝宝们，建议25岁以上的宝宝就可以使用咱们这款眼霜了。这款眼霜不仅仅可以用在眼部皮肤问题的修复上，还可以提前预防相关问题的产生。25岁以上的宝宝们即使你们现在没有出现这些问题，也可以抓紧时间为自己的眼部皮肤做好抗衰来防御皮肤问题！

弹幕5：会不会闷痘？

弹幕6：会不会长脂肪粒呀？

主播：我看到有宝宝在担心自己用了这款眼霜会不会长痘痘、长脂肪粒。×××品牌也是十多年的国货老品牌了，做眼霜是专业的，这款眼霜的配方和成分都是非常健康、安全的，里面不含酒精、色素、荧光剂等会刺激皮肤的成分，各种肤质都是可以放心使用的噢！

主播：直播间有之前用过咱们这个品牌眼霜的宝宝吗？用过的宝宝们可以在公屏上刷一波评论让大家看看哟！

弹幕7：我用过！

弹幕8：确实好用的！

…………

【互动误区提醒】

1. 主播要结合眼部常见的皮肤问题来介绍眼霜效果，循循善诱，不要直白强推。

2. 主播可以通过一定的手段来最大化地展示眼霜的使用效果，但不能夸大效果，虚假宣传。

3.2.3 情景35：使用人群介绍

【直播情景再现】

某面部护肤产品直播间正在热卖几款洗面奶，主播小娜正在向观众们介绍一款男士洗面奶。直播间有不少观众对这款男士专用洗面奶比较感兴趣，大家纷纷在公屏上互动，有人问洗面奶的控油效果如何，有人问清洁效果如何，有人问使用之后脸会不会过敏，有人问女生适合用哪一款……

【直播公屏分析】

1. 公屏上关注洗面奶控油、清洁效果的观众，他们可能想要选择一款合适的洗面奶改善自己目前遇到的问题。

2. 公屏上关注洗完脸会不会过敏的观众，他们可能比较关注使用洗面奶的副作用。

【主播互动演练】

主播：今天主播给大家"种草"的是一款物超所值的新加坡原装进口且保证正品的甘草烟酰胺男士洗面奶。我知道不少男士不管是夏天还是冬天，脸都非常容易出油，一会儿不注意，脸上就油油的，不好看就算了，还显得整个人油腻腻、脏兮兮的对吧？

弹幕1：是的是的！

弹幕2：能控油吗？

主播：洗面奶是咱们日常居家护肤的清洁类产品。市面上有好多洗面奶过于重视清洁效果，导致有些人用完之后脸会有一点拔干的感觉，甚至有一些宝宝用完之后脸还会干燥起皮，对不对？

弹幕3：是的！

主播：其实像这样清洁力太甚的洗面奶对我们的皮肤是不好的。皮肤虽然需要清洁，但是对表层油脂的清洁也是有一个度的，如果你用洗面奶洗完脸之后，脸太干燥、紧绷的话，这款洗面奶可能就不适合你。

助播：咱们挑选洁面类产品时，一定要去选择温和性和清洁力足够平衡的洗面奶，这样的洗面奶才称得上是一款比较好的洁面产品！咱们家这款甘草烟酰胺洗面奶是专为男士设计的洗面奶，用在脸上很温和，清洁力也很好，用后完全不用担心皮肤紧绷。

弹幕4：用了会不会过敏？

主播：宝宝们，咱们这款洗面奶里边含有甘草草本精华，大家都知道甘草有消炎杀菌的功效，而烟酰胺有美白、祛痘的功效，这些不仅能够改善皮肤出油长痘问题，还能长效保湿，修复我们的皮肤问题哟！前几天我同事用了这款洗面奶，出去玩了一整天脸上都还干干净净的，咱家的东西一定是身边人帮你们亲身试验过才会推荐给你们的哟！

弹幕5：真有这么好吗？

弹幕6：女生能用吗？

弹幕7：我觉得不好用！

主播：我看到×××宝宝在问咱们这款洗面奶女生能不能用。是这样的，咱们这款洗面奶主要的功效就是控油、清洁，如果你也是油性皮肤，总是洗完脸后不一会儿就变油了，那么你也是可以用的。这款洗面奶虽然是专为男士设计的控油洁面产品，但如果你也有这方面的困扰当然可以用呀！

主播：我看到×××宝宝说不好用，想问问这位宝宝是什么时候下单的呀？是在咱们家这里买的吗？你说的不好用是觉得哪方面的效果不好呢？咱们这款主打的是控油清洁，如果你想要补水保湿或者除螨去黑头的洗面奶，可以看下咱们右下角购物车里的12号链接和13号链接，主播晚点会一一给大家展示、介绍的哟！

弹幕8：那我等等看。

…………

⚠【互动误区提醒】

1. 当有女性用户询问时，主播应耐心了解其需求，根据实际情况推荐合适的产品，不要直接拒绝。

2. 主播不要忽略观众对产品的质疑和提问，要注意回答技巧，善于倾听，站在用户角度思考回复。

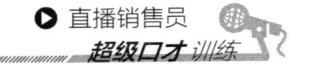

▶ 3.3 产品演示

3.3.1 情景 36：试验演示

【直播情景再现】

某烹饪锅具直播间正在销售几款不粘锅，主播小苏正在向观众展示今天的爆款——××品牌麦饭石不粘锅。她向锅中倒了一点点油和一个鸡蛋，现场操作向大家展示这款不粘锅的性能。公屏上也有不少观众参与互动，有人问锅用久了会不会发黄，有人问锅用完好不好清洗，有人问锅会不会很重，有人问能不能用电磁炉加热这款锅……

【直播公屏分析】

1. 公屏上关注锅用久了会不会发黄、好不好清洗的观众，他们可能对麦饭石的材质不太了解，也可能之前购买的同类产品出现过此类问题。

2. 公屏上关注锅会不会很重的观众，他们比较关注不粘锅的重量，可能是力气比较小的女性消费者或者是买给家里老人使用的消费者。

3. 公屏上关注能否用电磁炉加热的观众，他们可能想买和家里电器相匹配的厨房用具。

【主播互动演练】

主播：欢迎大家走进××品牌麦饭石不粘锅专场直播间！咱们今天给所有新进直播间的家人们送新人福利。这款锅官方价格399元，今天直播间活动价139元，给不给力？大品牌的麦饭石不粘锅，今天只为给家人们送新人福利。第一次来我直播间的家人们看到左上角没？帮主播点个关注，点完关注以后呢，小黄车里边可以逛一下啊，我马上就给大家把这款不粘锅上到1号链接，好不好？

弹幕1：真的只要139元？

主播：大家可以看下，我现在只放了一点点油，油也不是什么特殊的，就是大家家里日常做菜放的油就行。我现在打一个鸡蛋进去，你们看下，真的完全不粘锅，而且没有什么油烟。主播现在展示的就是今天这款特价 139 元的麦饭石不粘锅，这个价格真的是错过就没有啦！

弹幕 2：锅用久了会不会发黄？

弹幕 3：好不好清洗？

主播：首先，咱们这款不粘锅是 ×× 品牌的，大品牌的锅都有正品保障，每个锅的下边都有二维码，你收到货拿手机扫一下立马就可以验真伪。其次，咱们这款不粘锅的材质是麦饭石，轻烟少油，不粘不煳。清洗时放一点清水和一点洗洁精，就像主播现在这样，用湿抹布轻轻松松一擦，立马就干净了！五层加厚复合锅底，涂层里外都不粘，而且时间久了，完全不会发黄、发黑，大家可以放心地入手！

弹幕 4：这个锅会不会很重？

主播：×××宝贝，你看它有多轻，我只用小拇指就能轻轻松松地把它提起来，完全没有任何负担。这款锅最大的尺寸是 32 厘米的，才 1 200 多克，其他小尺寸的就更轻了，所以说不用担心说这个锅会重，女生在家单手颠勺都是完完全全没有什么问题的！

弹幕 5：电磁炉可以用吗？

主播：家人们，不管你家是煤气灶、燃气灶还是电磁炉，都是可以用的，也就是说，这款不粘锅是全炉灶通用的，完全不挑灶具，导热、加热也很快。准备好了的，听主播口令，我喊三、二、一，大家就去 1 号链接抢！抢到就是赚到！

主播：左上角给主播点点关注，点好关注准备好了的在公屏扣"1"。小黄车 1 号链接，准备好手速和网速啊，马上开抢！三！二！一！大家快抢 1 号链接中最大号的尺寸！闭眼入！

…………

【互动误区提醒】

1. 对于将在直播间实验展示的产品，主播一定要提前多操作几遍，切忌在直播中展示失误，给成交转化造成不良影响。

2. 主播实验展示的产品一定要和实际产品相符合，不能过分夸大产品的真实卖点，避免出现不良售后问题。

3.3.2 情景37：对比演示

【直播情景再现】

某厨具产品直播间正在销售几款菜刀，主播小泉正在向观众展示一款锋利好用的菜刀。不少观众纷纷在公屏上提出自己的疑问，有人问菜刀是否能斩骨，有人问能不能切冻肉，有人问菜刀会不会生锈，有人问适不适合拍蒜……

【直播公屏分析】

1. 对于公屏上关注菜刀是否锋利的观众，主播应结合菜刀的卖点在直播间切肉、斩骨头、切冻肉等，对厨房常见食材进行斩切，有针对性地展示菜刀的锋利程度。

2. 对于公屏上关注菜刀是否会生锈的观众，主播除了介绍材质的卖点，还可以讲解一下防止菜刀生锈的日常护理知识。

【主播互动演练】

主播：观众朋友们，家人宝宝们，欢迎所有的亲朋好友、哥哥姐姐、弟弟妹妹们来到咱们××直播间，今天给大家推荐一款锋利、耐用的菜刀。咱们这款菜刀包装上有说明、有介绍、有厂址、有电话，而且咱们的这款菜刀外观属于独家设计，还申请了专利，为的就是让所有家人相信咱们这是正规、安全且独特的产品，让家人们都能放心购买，放心使用。

弹幕1：能不能切冻肉？

弹幕2：切肉斩骨头快不快？

主播：菜刀真的是每家每户都必须要有的用具。买菜刀讲究的是顺手，如果不顺手你就是有两三把刀都没用，只有敢切、敢砍、敢剁的才是真的好菜刀。这款菜刀采用的是冰锻淬火工艺，在1 040度的高温环境下淬火处理，再进行零下200度的低温冰锻，整把刀的材料都非常紧密、稳定，锋利无比。

（主播、助播演示品牌刀和其他普通刀切肉的对比。）

主播：主播现在就切给大家看看，大家看看我现在拿咱们家的菜刀切这块冻猪肉，切肉真的就像切豆腐，手起刀落，"咔咔咔"两下就给你切好了，是不是？

助播：大家再看看我手里的这把普通菜刀，切肉切半天，感觉切下去筋都还连着呢！

主播：再看看我切新鲜肉，非常干脆利索。无论你是像主播这么切肉片也好，切肉丝也好，都是很容易的！咱们甚至当场剁骨头都行，大家看助播手里那把刀切肉都费劲，更别说剁骨头了，咱们家的菜刀如果没有真材实料，还真做不了这对比演示的现场直播给你们看！

弹幕3：会不会生锈？

主播：咱们这款菜刀抗腐抗锈的能力非常好，其中的碳、钒、钼、铬配比非常平衡，使得刀具更加持久、耐用。而且一般的菜刀都需要经常打磨，我们的菜刀抗磨、耐腐蚀，韧性和硬度都比较强，三五年内基本不怎么需要打磨！

助播：你们再看看这把普通的菜刀，刀刃这个地方已经有很明显的损坏了，对不对？还有一些豁口，这些豁口不仅导致菜刀切不动肉，本身也有一定的危险，而咱们的菜刀就不会出现这种情况！

主播：大家在用完菜刀后，可以先用清水冲洗干净，然后切一片生姜，用生姜把菜刀的两面慢慢地擦拭一遍，这样既可以防止菜刀生锈，又可以帮助菜刀除菌。最后，大家记得放置菜刀的时候，要把菜刀悬挂在刀架上，一般是不会生锈的！

弹幕4：拍蒜会不会断开？

弹幕5：用久了会断吗？

主播：家人们放心，咱们这款菜刀拍蒜、拍黄瓜都很容易，不会断开的。刀身经过千万次的锻打，密度和硬度都已经很高了。助播手里那把普通的菜刀上已经有不少划痕和豁口了,而咱们家这把菜刀无论是切还是剁,无论是拍还是砍,都跟新的一样哟!

助播:咱们的菜刀是真金不怕火炼,好产品不怕当面检验。宝宝们别犹豫啦,赶紧下单,回家试试便知真假!

…………

⚠【互动误区提醒】

1. 主播在直播间对比演示竞品时,切勿直接提到对方的品牌名或者通过暗示拉踩对方。

2. 两把菜刀对比演示时所用的肉、骨头在观众们眼中看着必须是同样的东西,不要让观众怀疑实验的真实性。

3.3.3 情景38:场景演示

【直播情景再现】

某女装直播间正在销售几款女士羽绒服,主播小雪为了让观众们感受到羽绒服的保暖效果,在东北的雪地里向大家展示了近期直播间热卖的一款羽绒服。直播间的观众也纷纷在公屏提出了自己的疑问,有人问会不会跑绒,有人问帽子可不可以拆卸,有人问面料防不防油污,有人问可不可以机洗……

【直播公屏分析】

1. 公屏上关注羽绒服会不会跑绒的观众,他们可能比较关注羽绒服的质量、制作工艺的问题。

2. 公屏上关注羽绒服帽子拆卸问题的观众,他们可能比较关注羽绒服连帽和不连帽的造型搭配。

3. 公屏上关注羽绒服防油污能力以及能否机洗的观众,他们可能比较关心羽绒服的清洁方法。

【主播互动演练】

主播：家人们欢迎来到××品牌羽绒服专场，咱们今天来到了冰天雪地的东北，现在在-15℃的室外给大家展示一款非常温暖的羽绒服。刚进直播间的宝子们可以看一下主播身上穿的这款羽绒服，轻巧保暖，并且也不显臃肿，反而非常显高、显瘦，就是现在在东北零下十几、二十几摄氏度的天气都能穿，非常暖和！

弹幕1：挺好看的！

主播：这款羽绒服的版型，我们整体做的是菱格的设计，视觉上往里收，所以很显瘦。颜色呢，我们给大家做了五个颜色，红、白、黑、绿、黄，非常亮眼，穿上后让你保暖又显瘦。不管哪个牌子的羽绒服，不是说绒越多就越好越保暖的，一定要看里边填充的是什么绒，绒也是分三六九等的。我们这款羽绒服内里填充的是含绒量为90%的白鸭绒。我们是专业做羽绒服的，都有专业机构的质检报告，大家可以看看这份质检报告，保真，保正品！

弹幕2：会不会跑绒？

主播：×××宝宝是以前买到过会跑绒的羽绒服吗？宝宝放心，咱们家做羽绒服都已经有七八年了，所有的羽绒服都做了双层内胆，绒在里边锁得死死的，完全不会跑出来。还有扣子和拉链双重防护，防风防雨，穿上可以持续保温保暖！就这么说吧，我现在在室外，正飘着雪花呢，身上穿着咱们家的羽绒服是真的一点儿都不冷！

弹幕3：帽子可不可以拆卸？

主播：宝宝们，咱们这款羽绒服可脱、可拆卸帽子。拉链一拉，两个暗扣一系上，戴上帽子就可以很好地为头部保暖。如果说你们不想要帽子，也可以像主播这样解开扣子，拉开拉链，轻松方便地就把帽子拆卸下来。

弹幕4：面料防不防油污？

弹幕5：会不会很容易脏？

弹幕6：能不能机洗？

主播：我看到很多宝宝很担心羽绒服容易弄脏，而且冬天频繁地清洗羽绒服，羽绒服的保暖效果也会打折扣对不对？别担心，咱们这款羽绒服的面料做的是耐脏污、防油防水的面料，并且非常柔软，你就是吃面条、吃火锅、吃烤串，不小心弄到油了，也只需像主播这样轻轻一擦，就会干干净净，不留痕迹！

主播：咱们这款羽绒服不建议大家机洗哟！大家都知道好的羽绒服都是不能机洗的，羽绒服里边最重要的就是绒，如果机洗会造成里边的绒磨损、硬化，所以咱们这边建议大家可以像主播这样哪里脏了直接擦一下！

弹幕7：羽绒服确实不适合机洗！

主播：宝宝们，咱们现在在冰天雪地的东北给大家测试这款羽绒服，下雨下雪完全不怕，防风防雨，保暖抗风。选好颜色的宝宝们在公屏扣"1"，主播准备上库存啦！以前我们卖698元的，今天主播直接给你们立减300元，398元就能到手啦！听主播口令！五！四！三！二！一！开抢！

…………

⚠【互动误区提醒】

1. 在特定外景直播一定要提前排查好设备的问题，确保主播现场收音清晰、直播网络顺畅、灯光光线明亮等，不要影响直播效果。

2. 主播在进行产品的场景演示时，不要仅仅是把产品简单置于场景之中，而更要引导观众建立与产品间的联系，激发他们的购买欲望。

3.3.4　情景39：现身说法

【直播情景再现】

某家庭清洁用品直播间正在销售一款清洁剂，主播小蔚正在根据自己的亲身经历，向直播间观众讲述去厨房油污事宜，以提高清洁剂的成交率。观众也纷纷在公屏上表达了平常清洁厨房时，经常遇到清洁剂异味重、除菌效果不好、伤器具、去污能力不强等问题。小蔚为加强直播效果，又进行了现场演示。

📺 【直播公屏分析】

1. 直播间可能有家务能手，也可能有不会做家务的厨房新人，主播要重点展示清洁剂使用简单的特点。

2. 对于直播间观众提到的清洁剂异味重、除菌效果不好、去污能力不强等问题，主播可进行现场演示，打消观众疑虑。

💬 【主播互动演练】

主播：各位家人们！欢迎欢迎，小蔚我又来给大家介绍好东西啦！

弹幕1：最喜欢小蔚！

弹幕2：666。

主播：谢谢大家，相信大家在家都或多或少地要做些家务吧？做饭、扫地、抹桌子、洗碗……不知道大家发现没有，跟厨房有关的家务，都是最痛苦的，比如，洗碗和整理灶台，又洗又刷的，油味还大，是不是挺痛苦的？

弹幕3：对对对！我不会做饭，在家里就天天负责洗碗，真的难受！

主播：对啊对啊，小蔚我啊，在家里也是常年待在厨房里洗洗刷刷的，别看活不多，但它不好干啊。就拿洗碗来说吧，有的清洁剂它洗不干净，有的担心残留严重。

弹幕4：有的看起来洗干净了，其实根本洗不干净，我之前看视频，有人做过实验！

弹幕5：我最怕那种味道大的清洁剂。

主播：看来大家在厨房遇到的都是差不多的问题呀。不过家人们别担心，今天小蔚给大家带来了一款超棒的清洁剂，小蔚自己已经用过一段时间了，非常好用！

弹幕6：是什么？是什么？

主播：就是这款××品牌的新款清洁剂"厨房一号"啦！这款清洁剂亲测不伤手，去污能力超强，无残留，无异味，真的很好用。

弹幕7：其他卖清洁剂的也都这么说的。

主播：家人们放心，口说无凭，我这就给大家现场演示一下这款清洁剂的厉害之处。

（主播演示中）

弹幕8：哇，看起来真的很好用诶！

弹幕9：只用了那么一点就可以洗这么多碗啊！

主播：大家看，不仅好用，还十分省心，只需要一点点，溶于水后，洗碗洗盘子顺带擦灶台都够用了！并且我们还有权威机构颁发的证书，这款清洁剂使用后，除菌率达到了99.9%，正常清洗干净后，也不会有残留，使用过程中更是没有异味！

弹幕10：我觉得不错，先买来试试再说！

…………

【互动误区提醒】

1. 主播可以通过自身经历向直播间观众展现清洁剂的实际效果，增强说服力，但注意不要太浮夸，以免引起观众反感。

2. 主播要注意体现清洁剂的核心功能，即清洁能力，不要将时间浪费在其他地方。

3. 主播进行现场演示的时候，要注意说与做的结合，不要只演示不讲解，这样容易冷场。

3.3.5　情景40：竞品比较

【直播情景再现】

某电脑DIY直播间正在热卖一款固态硬盘，主播小金为了真实地向直播间观众展示固态硬盘的性能，正在进行实机测试，并且拿了几个其他品牌的硬盘做对比。直播间有不少电脑DIY发烧友，他们提出的问题都比较专业，也有不少电脑小白，问了一些比较简单的问题。对于这些问题，小金都一一进行了解答。

【直播公屏分析】

1. 公屏上有些观众比较专业，他们对各大硬盘的性能情况比较熟悉，因此他们更加关注价格以及硬盘的真伪。主播要对硬盘质量有信心，并在权限范围内通过一些优惠活动取得价格优势。

2. 有些观众对固态硬盘不大熟悉，主播要兼顾这些观众观看直播的体验，向其介绍固态硬盘在性能上的优势，以及在安装与使用上与传统机械硬盘的不同。

3. 对于询问除固态硬盘之外的问题的观众，主播要适当解答，但不要耽误主要任务。

【主播互动演练】

主播：直播间的兄弟姐妹们，××家的新一代SATA3.0接口的固态硬盘，现在直播间打9折，就500块，卖完即止。

弹幕1：××家的固态硬盘好像一般吧？

弹幕2：现在还卖SATA3.0接口的固态？不都M.2接口了吗？

弹幕3：啥是固态硬盘，硬盘不都一样吗？

主播：首先回答什么是固态硬盘这个问题。固态硬盘的深层次技术原理我就不解释了，总之它相较于传统机械硬盘来说，读写速度更快、质量更轻、能耗更低、体积也更小巧，现在在电脑上已经非常常用了。随着技术的升级，价格也逐渐降了下来。

主播：另外关于品牌啊，××这个牌子是老品牌了，质量其实是很不错的，大家不要被一些刻板印象影响了。还有就是接口的问题，其实现在使用SATA3.0接口的用户还是很多的，尤其是做硬盘扩充的时候，很多朋友都会选择加一块SATA3.0接口的固态硬盘。

弹幕4：其实我也一直用SATA3.0接口的，不过没用过××这个牌子。

主播：大家别急，今天给大家带来的是××品牌的最新款固态硬盘，它比之前的产品更加优秀。为了让大家能看清楚硬盘的性能，我今天还拿了三块其他家的同价位固态硬盘做对比，待会儿就现场给大家上机测试，我相信最后的结果一定可以让大家满意！

弹幕5：那就赶紧上机！

弹幕6：看看再说。

主播：大家看，这是今天上机对比测试用到的平台。为了能照顾到更多观众的使用体验，我们采用一套中高端配置的主机，到时候所有测试的固态硬盘都会在同样的环境下进行测试。我们采集大家最关注的读取速度和写入速度作为参考，测试软件都是完全相同的，尽可能地做到公平公正。

（主播上机测试。）

弹幕7：大家看，结果已经出来了，咱们这块固态硬盘的价位在这几款固态硬盘中，处于中下水平，但是读取速度排第二，写入速度排第一！这性价比绝对没的说！

主播：而且大家刚才也看到了，这款固态硬盘非常小巧，工作时也非常安静，同时它的发热量也小，整个硬盘是一体的，没有活动部件，这也就大大降低了它发生故障的风险。

弹幕8：有多大容量的啊？

主播：这个别担心，常见的120GB、250GB、500GB以及1TB的容量，这款硬盘都有！

弹幕9：今天全场9折吗？

主播：是的，本场直播间内，所有硬盘都9折促销，前50名下单的朋友，再送一把多功能螺丝刀，很超值！

弹幕10：上链接！上链接！

…………

⚠【互动误区提醒】

1. 主播进行对比测试时，要用事实说话，不要刻意贬低、抹黑其他作对比的固态硬盘。

2. 主播不要忽视小白提出的问题，他们的问题虽然有时候过于简单，但他们也可能具有强大的消费能力。

3.4 产品促销

3.4.1 情景 41：特价促销

【直播情景再现】

某零食品牌官方直播间正在热卖零食大礼盒。正值筹备年货期间，主播小亮准备了一些福利活动在向直播间的观众介绍。直播间观众一边看直播一边进行了踊跃发言，他们对礼盒价格、礼盒内容、优惠力度等内容非常感兴趣。

【直播公屏分析】

1. 正值春节囤货期间，直播间观众自然而然会关注零食大礼盒的优惠力度以及礼盒内容，想要以更优惠的价格买到更多喜爱的零食。主播要解释定价理由，说清优惠方式。

2. 关注礼盒内零食内容的观众，他们可能有忌口，主播可向其简单介绍礼盒内的热卖单品，同时也可推荐其他礼盒系列供观众挑选。

【主播互动演练】

主播：直播间的家人们，欢迎来到"爱吃小铺"的官方直播间！

弹幕 1：买年货咯！

主播：各位家人想必都在囤年货吧，那大家来"爱吃小铺"真是来对地方了！今天有神秘福利哦！

弹幕 2：什么什么？

主播：大家都知道我们"爱吃小铺"的零食非常多，大家平时都很喜欢，所以这次年货节呢，我们挑选了店里销量前 30 名的零食，组成了零食大礼包，优惠价卖给大家，让大家一次买好，一次买够，一次满足！

弹幕 3：我就想知道什么价格！

主播：好的，麻烦大家送送礼物，发发弹幕，等直播间热度冲到 10 万的时候，我们就马上开始特价甩卖零食大礼包！限时 1 小时，前 20 分钟内下单的，6 折！中间 20 分钟内下单的，7 折！最后 20 分钟内下单的，8 折！

弹幕 4：666！

弹幕 5：冲冲冲！

主播：家人们给力点！热度到 10 万，马上上链接开抢。不过提醒大家，由于活动火爆，每个账号限购 5 件哦！还请大家理解。

弹幕 6：快快快！马上 10 万热度了！

主播：好的，家人们，热度一到，立马开抢！

弹幕 7：我要抢 5 件！

…………

【互动误区提醒】

1. 促销活动要事先告知直播间观众一个大致开始的时间，不要消耗直播间观众的耐心。

2. 主播要注意介绍清楚促销活动的规则和具体参与方式，不要采取不好参与、不便理解的促销方式。

3.4.2 情景 42：赠品促销

【直播情景再现】

某品牌西装直播间正在热卖几款新款西装。直播间的观众不算活跃，为提高直播间人气，主播小孟先是进行了一波抽奖，然后向直播间观众重点介绍起了本场直播准备销售的西装，并表示有赠品可选。直播间观众逐渐活跃了起来，纷纷开始询问西装的尺码、颜色、版型等问题，也有不少观众比较关心有哪些赠品。

【直播公屏分析】

1. 直播间观众不活跃，可能是直播效果不佳，主播除通过语言、肢体动作等形式提升直播效果外，还可以通过抽奖活动，提高直播间活跃度。
2. 直播间观众关注赠品，说明其有一定的购买欲望，因此主播要注意强调赠品的价值。

【主播互动演练】

主播：欢迎各位兄弟姐妹进入直播间，抽奖马上结束了，刷抽奖口令的家人可以停一停了。

弹幕1：不是说有赠品吗？是什么呀？

弹幕2：主播休想套路我！

主播：大家别着急，本场直播给大家带来了几款休闲西装，男款、女款都有，赠品分别有领带、皮带、马甲、衬衫等超值单品哦！

弹幕3：下单就有赠品吗？

主播：是这样的，大家待会儿直接下单的话，不论价格和数量多少，都能直接获得一份赠品，赠品是皮带和领带二选一；下单消费满599元，赠品是马甲一件；消费满799元，赠品是衬衫一件哟。

弹幕4：消费那么多才能有赠品吗？

弹幕5：你这价格有点贵呀！

主播：大家别急哈，这次的西装，是××品牌的正品西装，是专柜品质。这个品牌的口碑不用我多说了，所以西装的品质肯定是有保障的！

主播：另外，家人们，所有的赠品都是有不同款式供大家选择的，而且都和今天销售的西装整体上属于一个风格。不管是领带还是马甲，其实都是大家穿西装最常见的搭配了，大家在小孟这里买西装，送你衬衫或者马甲，大家就不需要去其他地方再另外搭配了，非常方便。

弹幕6：没有其他优惠了吗？

主播：家人们，本来直播间的价格就已经比外面低很多了，不过考虑到刚才很多朋友都表示想要，那这样吧，前50名下单的朋友，在直播间价格的基础上，再享受 9 折优惠，这已经是小孟能给大家争取到的最大的优惠了！

弹幕 7：我正好缺西装，试试你这儿的。

主播：好的，家人们，大家注意，链接已经上了哈，3 号链接，大家注意别选错了！

…………

⚠【互动误区提醒】

1. 主播不要一次性把所有优惠活动说完，要留有余地，一步一步地满足观众的需求。

2. 赠品促销活动以赠品为主，可以辅以其他形式的促销手段，但不要太多，且要设置一定门槛。

3. 主播介绍赠品时要表述清楚，不要让观众产生困惑，且要选择与西装关联性高的产品作为赠品。

3.4.3　情景 43：抽奖促销

【直播情景再现】

某品牌手机直播间正在热卖某款智能手机，直播火热进行中。主播小欧已经介绍完了手机性能、参数、价格等信息，直播间观众也踊跃发言，除了跟手机性能相关的问题，不少观众也很关注直播间优惠活动相关的信息。

根据事先策划，本场直播将会采取抽奖的形式进行促销，小欧已经安排好了抽奖的形式与奖品内容。

【直播公屏分析】

1. 直播间观众关注抽奖，说明有一定的购买欲望。但有些观众可能只有在抽到很有分量的奖品后才会购买，因此主播要注意奖品内容设置的合理性。

2. 直播间观众热衷于抽奖，这是提升直播间人气的好机会。主播要把握机会，在抽奖活动进行过程中进一步提升直播间人气。

3. 直播间公屏上除了关于抽奖的信息，还有其他问题在不断刷新，说明有新观众不断进入直播间。主播要注意间隔一段时间就介绍一下所卖手机的相关信息，以确保所有观众都能了解到。

【主播互动演练】

主播：欢迎各位兄弟姐妹进入直播间，看过本场直播预告的家人们都知道，今天直播间有大奖！

弹幕1：什么大奖？

弹幕2：可以直接抽奖送手机吗？

主播：我这就和大家说抽奖的事，大家注意听清楚了。今天直播间采取的是办卡抽奖的形式，在直播间办一张面额最小的粉丝卡，点亮主播的粉丝牌，就可以参与抽奖了！

弹幕3：奖品是什么呀？

主播：今天的奖品特别丰厚，首先介绍特等奖。特等奖一共有5个名额，就是本场直播力荐的××牌最新款智能手机，而且是顶配版！

弹幕4：哇！真能抽到手机呀！

弹幕5：当然了，大家赶紧把卡办起来，其他小礼物和弹幕也刷起来，把直播间人气顶到10万后，每增加2万人气，特等奖的名额就增加一名！

弹幕6：666！大家刷起来！

主播：对，大家刷起来！除了特等奖，今天还有一等奖、二等奖和三等奖。一等奖和二等奖是今天直播间卖的手机的折扣券，一等奖7折！限量50位！二等奖8折，限量100位！

弹幕7：那三等奖呢？

主播：三等奖也很实惠，是手机配件，是品牌降噪耳机和无线充电底座！而且三等奖不用下单手机，抽到就送！三等奖限量150位！

弹幕8：哇，三等奖我爱了！

主播：家人们，奖品很给力，现在就轮到大家给点力了，大家把弹幕和礼物刷起来，助力直播间冲10万人气！

弹幕 9：冲冲冲！

弹幕 10：8 万人气了！

弹幕 11：9 万了！马上 10 万！

主播：谢谢家人们，马上开奖，现在只要办了粉丝卡的家人们，在弹幕发送"××手机，强悍内'芯'，战力觉醒！"就可参与抽奖！

弹幕 12：××手机，强悍内"芯"，战力觉醒！

弹幕 13：××手机，强悍内"芯"，战力觉醒！

…………

【互动误区提醒】

1. 主播在解释抽奖规则时不要一口气全念完，要适当地引导观众送礼物、发言等，不要错过提升直播间人气的机会。

2. 主播不要采取不正当的方式引导观众消费，同时要强调直播间不支持未成年人消费。主播要有风险意识，有备无患。

3.4.4 情景 44：限时促销

【直播情景再现】

某品牌男装直播间正在热卖两款高端衬衫，两款衬衫都已经热卖一段时间了，其中一款衬衫卖得十分火爆，另一款则稍显逊色。今天直播间人气很旺，公屏上的弹幕特别多。

根据事前直播设计，主播小静考虑对其中卖得火爆的一款衬衫进行限时促销，另一款则正常销售。直播间观众对两款衬衫的价格、材质、厚度等参数十分好奇，同时也在不断询问衬衫是否有优惠活动。

【直播公屏分析】

1.关注衬衫材质、厚度等问题的可能是本直播间的新观众，主播要注意每间隔一段时间就向直播间观众重新介绍一下衬衫材质、厚度、尺码等方面的参数。

2. 不断询问优惠活动的观众，可能是直播购物的常客，他们下单的不确定性很大，对他们来说，如果没有特别大的诱惑力，很难促使他们消费。

3. 直播间公屏信息刷新得很快，且内容繁杂，这是高人气直播间的常见现象，主播要做好监控。

【主播互动演练】

主播：家人们！我是小静！××牌的高端衬衫又来了！

弹幕1：来了！来了！

弹幕2：好！我就等着买这衬衫呢！

主播：看过我们往期直播的都知道，这两款衬衫卖得非常好，今天直播间两款都有，A款设计前卫，彰显个性，B款简约大方，尽显不凡！

弹幕3：我不想等了！直接上链接吧，我现在就要买！

主播：家人们别急，小静有个消息告诉大家，由于A款衬衫实在是卖得太火爆了，本场直播能拿到的库存有限，因此只能限时销售20分钟。不过B款衬衫库存充足，全场都能热卖！

弹幕4：不会吧？我就想买A款！

弹幕5：我也是！

弹幕6：其实B款也不错。

主播：家人们别急，我知道A款衬衫确实不错，但是就像这位叫×××的家人说的一样，B款衬衫也是很不错的！而且相比A款衬衫的个性设计，B款衬衫更加简约，也更加百搭！

主播：不过呢，小静也能体会到大家更想要A款衬衫的心情，为了向大家表示歉意，今天A款衬衫全部打9折，抢到就是赚到！B款衬衫打8折，性价比更高！

弹幕7：小静万岁！

主播：家人们喜欢小静就点点关注，刷刷礼物吧！下次小静开播，会尽量安排更多大家喜欢的东西！

弹幕 8：好好好！

主播：这边马上上链接了，家人们，A 款衬衫在 1 号链接，限时 20 分钟，全部 9 折！B 款衬衫在 2 号链接，8 折不限时热卖！大家做好准备了！

弹幕 9：冲！

……

⚠【互动误区提醒】

1. 主播进行限时促销时，不要卖完即止，要有其他产品进行同步销售，通过限时折扣的噱头，带动其他产品的销量。

2. 限时促销不一定是库存不足，也可能只是一种促销手段，但主播还是要给观众一个理由，让观众觉得顺理成章，而不能不照顾观众的情绪。

3. 主播不要浪费限时促销期间的流量，要多引导观众点赞、关注、发言等，但要注意方式方法。

3.4.5 情景 45：限量促销

【直播情景再现】

某品牌坤包直播间正在限量销售某款高端坤包，主播小诗自己当模特，给直播间观众进行了多角度的展示，并推荐了一些搭配技巧。坤包本身新颖、前卫的设计加上小诗优雅、得体的展示，再结合小诗的讲解与推荐，使得直播间观众越来越多。观众纷纷针对坤包的价格、材质、内部空间等方面进行了提问，小诗也一一进行了回答。

但根据直播设计，本场直播要对这款坤包进行限量销售，小诗正在向直播间观众进行说明。

【直播公屏分析】

1. 观众进入直播间可能只是被主播本人吸引，又或者被标题、封面等要素吸引，主播要注意引导观众关注坤包。

2. 观众关注的价格、材质、内部空间等问题是和坤包密切相关的，对于这些方面的问题主播要做好认真回答的准备。

【主播互动演练】

主播：欢迎各位朋友来到小诗的直播间，今天给大家带来一款高端坤包，为大家解锁轻奢购物新体验！

弹幕1：主播声音真好听！

弹幕2：这个坤包我在××平台上也收藏了！

主播：谢谢朋友们。×××品牌的这款爆坤包是手提的款式，有6种颜色可选，颜值高，细节好，容量大，各位朋友装手机、香水、小钱包、口红等完全够用了！

弹幕3：我是男的，想给女朋友买，就怕她不喜欢。

主播：别担心，这款坤包是爆款，在各大平台都卖得很火，而且×××这个品牌在坤包这个领域也是排名前列，女生都会很喜欢的，买来送给女朋友正合适！

弹幕4：别废话了，就冲小诗我也要买2个！

弹幕5：我也要2个！

弹幕6：我要1个，快开放购买！

主播：家人们别急，非常感谢大家喜欢我们的坤包。不过这款坤包实在卖得太好了，今天直播间只有300个，待会儿上链接了，大家一定要手速快！

弹幕7：怎么就300个？直播间这么多人，不容易抢到啊！

主播：小诗非常理解您的心情，但是这款坤包确实太好卖了，下批货还得等几天。不过今天开放了预约通道，不着急的朋友，待会儿可以扫码预约，一周左右到货后就给大家发出！

主播：另外，看大家这么热情，今天除了这300个爆款坤包，5号链接的姐妹款单肩包，会给大家9折优惠哦，那款也很不错，大家可以挑选一下！

弹幕8：我就要这个！

主播：好的好的，我马上上链接，考验大家手速的时候到了！

弹幕9：看我的！
…………

⚠️ 【互动误区提醒】

1. 主播不要只顾介绍优惠活动而忽略对坤包本身的介绍，要不时地向观众展示和介绍坤包细节，照顾新进来的观众。

2. 主播不要直接把限量促销的数量全部告诉观众，可预留一些数量备用。

3. 主播不要浪费限量促销的流量，可适当引流至直播间其他在售产品。

3.5 产品介绍经典语句

3.5.1 描述类经典语句

📖 【经典语句1】

大家都知道，湖北的山，湖北的水，湖北的热干面有一点儿烫嘴。本店是湖北武汉老字号，鸭脖鸭翅鸭架子，辣的麻的过把瘾。

📖 【经典语句2】

××零食好吃不贵，原汁原味原生态，健康美味常"香"伴。不看价格不知道，一看价格吓一跳，价格划算让你笑。

📖 【经典语句3】

原野魅力长白山，健康绿色土特产！

3.5.2 比喻类经典语句

📖 【经典语句1】

耳机,是当代年轻人的输氧管;充电器,是当代年轻人的生命线。

📖 【经典语句2】

入口轻柔一线喉,滴滴小雨润心头。

📖 【经典语句3】

牛奶香浓,丝般感受。××,就是这么丝滑。

3.5.3 演示类经典语句

📖 【经典语句1】

此物只应天上有,人间难得几回寻。若问此物何处好,待看主播为君揭!

📖 【经典语句2】

他有千里江陵一日还,我有千万像素前后拍!

📖 【经典语句3】

使用××卫浴,天下莫不惬意。智能芯片节水,冲去一身劳累。

3.5.4 感恩类经典语句

📖 【经典语句1】

把千言万语汇成一首歌,把千恩万谢编成一首诗!

【经典语句2】

祝大家生活如同锦上花，大财小财天天进，一顺百顺发发发！

【经典语句3】

祝直播间的家人们，坐东楼看西楼，吃喝啥也不用愁！

3.5.5 煽情类经典语句

【经典语句1】

时间会告诉我们，陪伴是最长情的告白！我会一直陪着大家，你们不弃，我便不离！

【经典语句2】

对于世界而言，你是一个人；但对于我而言，你是我的全世界！

【经典语句3】

一想到你们，我就觉得我是幸运的。如果没有你们，也就没有今天的我！

3.5.6 哲理类经典语句

【经典语句1】

人生似一杯清茶，细细品味，才能赏出真味道。××出好茶，清甜又回甘，观而赏其妙，闻而悦其香！

【经典语句2】

人生得意须尽欢，莫使金樽空对月，××精酿好酒，有酒不饮白酿酒，有坛不倾杠造坛！

【经典语句 3】

四大皆空，坐片刻无分你我；两头是道，吃一盏各向东西。

3.5.7　励志类经典语句

【经典语句 1】

勤是甘泉水，学似聚宝盆，主播开播第三天，不比智力比努力，不比起点比进步！

【经典语句 2】

纵使黑夜吞噬了一切，太阳还可以重新回来，×××照明灯，照亮你前行的路！

【经典语句 3】

莫等闲，白了少年头，空悲切，下单须趁早，勿留遗憾在直播间！

3.6　产品介绍句式模板

3.6.1　FABE 句式模板

1.因为我们家的羽绒服使用了＿＿（特点），所以它具备了独特的＿＿（功能），这相当于在冬天给您＿＿（好处），我给您拉个近景看看＿＿（证据）。

2.我们的行李箱采用了＿＿设计（特点），这种设计的巧妙之处在于＿＿（功能），您在使用的过程中会感受到＿＿（好处），评论区有很多追评的老客户拍了很多____（证据）。

3. ×××的夏季新品半袖在制造工艺上进行了革新，采用了____的编织工艺（特点），这种编织工艺的好处在于____（功能），这样大家在穿着过程中就不会感受到异物的____（证据），更加舒适。

3.6.2　AIDA 句式模板

1. 家人们，往我手上看（吸引注意），这是一件普通的短袖，但是它却一直有一个让大家都很难受的设计（引起兴趣），就是内里的接缝和品牌标签。这种编织工艺和标签设计，让大家在穿着的时候皮肤感觉很不舒服，我们可以帮大家解决这个问题（激发欲望）。我们家的短袖采用的是桶式无缝编织工艺，衣服内里没有接缝，且不使用缝制的品牌标签，只进行环保印刷，有效解决了异物摩擦皮肤的问题。今天直播间首发 1 000 件，叠加优惠券购买更划算（促进行动）。

2. 昨天我的闺密跟我抱怨说她在三亚旅游的时候，拉杆箱在机场大厅外坏了，把她搞得很狼狈（吸引注意）。外出旅游难免有乏了、累了的时候，会靠在或坐在拉杆箱上休息，这时候要是因为一些问题闹了笑话，难免会破坏大家的好心情（引起兴趣）。我们的拉杆箱采用了最新的抗压和负重设计，在材质上进行了重大升级，承载能力远超同价位产品（激发欲望）。五一假期在即，现在下单可享假期旅行补贴，只需要 399 元就能带走这款黑科技拉杆箱（促进行动）。

3. 直播间的宝宝们，我今天给大家带来了新款×××精华液，对，没错，就是要靠抢才能买到的那一款（吸引注意）。我现在就拆开包装给大家看看，等会上手给大家看看效果（引起兴趣）。就一滴，在胳膊上推开，效果就是这么明显，肤色提亮，肉眼可见（激发欲望）！他们家的这款精华液，采用了上百种微量元素，其中更是有被称作×××的××元素，与人体肌肤的天然保湿因子非常相似。平时要靠抢，今天在我的直播间，给大家准备了 500 套，手快就有（促进行动）！

3.6.3　NFABI 句式模板

1. 全新××配备了____（功能），是在同级别车型中少有的配置（优势），为您行车过程带来了____（利益），这种配置也彰显了您这款车的高贵，更加有____（冲击）。

2. ×××电动四驱越野车具备全球领先的____（功能），目前没有哪一个厂商能够做到这一点（优势），它可以让您的汽车在高速行驶的情况下，哪怕爆胎还能保持可控，降低重大事故的发生率（利益），更好地保护您的生命安全（冲击）。

3. 20××年新款的××手机革新了摄影技术，搭载了全新的自动对焦马达和5 000万的追焦镜头（功能），同价位产品中摄影摄像能力突出（优势），使用××手机可以让您更加随心所欲地拍出高质量的美照（利益），记录生活中朋友、亲人、爱人的精彩时刻（冲击）。

3.6.4　条例句式模板

1. 我们今年新推出的这款扫地机器人具备6大独特优势：一是____；二是____；三是____；四是____；五是____；六是____。

2. 一____；二____；三____；四____。我刚介绍的4大方面，是我们家电吹风在同类型电吹风中遥遥领先的功能。

3. 相比同价位的其他手机，×××手机有不可拒绝的8大购机理由：一是____；二是____；三是____；四是____；五是____；六是____；七是____；八是____。

3.6.5　数字句式模板

1. 各位____（对观众的称呼），直播间今天有特别活动，5号链接的显示器直降____元！一款做工优良的显示器，起码可以使用____年以上，也就是说，您花____元（减免后价格）购买这款显示器，如果您用3年，那就相当于每天只花____元！要是用5年，那相当于每天只花____元！

2. 各位____（对观众的称呼），又到了本直播间的经典环节——爆款推荐！本次环节将为大家推荐各类销量____（产品销量）的爆品，全都是经过市场考验的，全场8折！

3. ____（对观众的称呼）们，普通的____（产品名称），一般只能使用____年，约为____万次。但本直播间的____（产品名称），是____（公司名）公司耗费____年打造的全新一代产品，经过了____次的实验室测试，可放心使用____年以上，质量绝对有保障！

3.6.6　对比句式模板

1. 这个____（产品简称），平时在____（平台简称）平台旗舰店买，有活动的时候也要____（具体数额）元，去线下专柜买就更贵了，一般都是要____（具体数额）元。但是今天在我的直播间只要____（具体数额）元，比双十一的时候还要便宜____（具体数额）元，对比之下是不是比8折还要划算得多？而且这个价格____（品牌名称）品牌几乎没有这么卖过！

2. 不知道大家有没有发现，咱们在超市买的____（产品名称），明明说很厚实、很耐用，但是买回家还是很不经用，一扯就断。如果有人遇到这种情况，你一定要买这个____（产品名称）。它的款式是坚固、耐用的设计，不要超市的____（具体数额）元，只要____（具体数额）元就能带回家！

3. 咱们家做____（产品名称）已经____（具体时间）年啦，咱们做产品有权威、有经验，足够专业且足够自信，所以认准咱们家____（品牌名称）品牌就行啦！

第 4 章

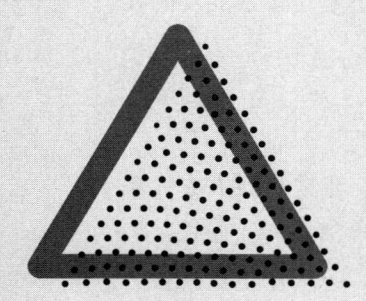

互动话题

4.1 健康主题

4.1.1 情景46：养生

【直播情景再现】

某滋补养生产品直播间正在销售几款燕窝，主播小芒正在向大家展示一款即食燕窝。一时间直播间涌进了不少观众，大家纷纷在公屏聊自己关心的问题。有人问燕窝会不会很甜，有人问吃之前是否需要加热，有人问燕窝是否需要冷藏储存，有人问适不适合送礼……

【直播公屏分析】

1. 公屏上关注燕窝会不会很甜的观众，他们可能比较关注燕窝的含糖量，可能不喜欢太甜的产品，也可能之前买过类似的燕窝产品，想要对比一下口感。

2. 公屏上关注燕窝是否需要加热或冷藏的观众，他们可能比较关注燕窝的食用和储存方法。

3. 公屏上关注燕窝是否适合送礼的观众，他们可能在挑选赠送亲戚朋友的礼物，因此可能更加关注燕窝的包装。

【主播互动演练】

主播：欢迎所有新进我们×××燕窝直播间的仙女们，非常欢迎大家！咱们今天给大家带来的这款燕窝，选用的是东南亚进口的优质燕窝原料。而且咱们每一瓶燕窝的包装上都有一个由权威机构颁发的溯源码认证，只需用手机轻轻一扫，立马就能查询到燕窝的基础信息、营养价值、制作工艺等，让大家吃得更加放心！

弹幕1：为什么要吃这个？

主播：××宝宝问为什么要吃燕窝，今天主播就来简单告诉一下大家好燕窝的养生功效。中医常说食用燕窝有四大好处，分别是养阴、润燥、益气、补中。其中的养阴是指日常食用燕窝可以帮助我们的皮肤保持光泽透亮，还可以滋润肌肤，保持皮肤中的水分；润燥指的是食用燕窝可以调养肺部的燥热，促进五脏六腑的均衡调养；益气功效指的是燕窝可以促进我们体内血液的良性循环，增强我们的精气神；补气是中医常说的补中气，食用燕窝可以增强咱们胃肠的消化能力和吸收能力，进一步促进身体的调养！

弹幕2：会不会太甜呢？

主播：我看到有家人担心这款燕窝会不会太甜，大家担心的是这款燕窝糖分过多，对身体不好对吧？咱们这款燕窝的配料非常简单，主要是燕窝、水、冰糖这3种，微甜但不会特别甜，特别甜的东西吃起来会很腻，而且糖分过多也会加重身体的负担！

主播：而且咱们这款燕窝是不添加任何添加剂的，宝妈、孕妈妈、年纪大的老人都是可以吃的，燕窝本身就是很温和的滋补养生食品，食用是不分群体、不分年龄的，咱们可以长期、有规律地食用这款燕窝来为身体提供营养滋补。

弹幕3：吃之前需要加热吗？

主播：家人们，咱们这款是即食燕窝，吃之前像主播这样直接拆开包装，用配套的勺子挖着吃就可以哟，不用加热。当然，如果说你喜欢吃热一点的，也可以打开盖子之后隔水加热，或者用微波炉加热一下也是可以的！

弹幕4：在家里需不需要冷藏保存？

主播：我看到还有不少家人在公屏问怎么保存，要不要放冰箱冷藏保存？关于这个问题，如果说你在比较热的南方，我建议你买回家可以先放冰箱冷藏；如果室内温度十几度二十度，你直接放到避光的地方储存也是可以的哟。

弹幕5：有礼盒装吗？

主播：家人们，咱们这款现在给大家都升级为礼盒装，主播手上的这个红色的礼盒就是现在的包装，还会给大家再送一个礼品袋。有些家人可能会想在走亲戚的时候送给家人长辈，咱们直接拎起这个礼品袋大大方方的，显得诚意满满对不对？

弹幕6：看着还行。

主播：家人们，还有什么问题大家都可以发到公屏上哟。如果还有宝宝不明白咱们这款燕窝的好处，适不适合家里人吃，大家都可以尽情地在公屏上发出来，主播非常乐于跟大家分享哟！

弹幕7：买来试试。

主播：咱们离福利发放时间还有三分钟！有什么问题赶紧问！三分钟后咱们准时开抢！××元秒回家！养生燕窝，送亲人送朋友送自己！

…………

⚠【互动误区提醒】

1. 主播要注意以养生话题软营销介绍产品，不要强行编造不符合事实的养生知识。

2. 主播在介绍养生话题时，要符合国家法律法规，不要违背直播平台和《中华人民共和国广告法》的规定。

4.1.2　情景47：运动

▶【直播情景再现】

某运动服饰直播间，主播小萌正在向大家挨个展示今天销售的几款瑜伽服，直播间有不少观众准备买一套适合自己的瑜伽服。小萌通过讲解瑜伽服的产品卖点，不断吸引大家在公屏上与她互动。有人问瑜伽服会不会起球，有人问瑜伽服穿久了会不会变形，有人问瑜伽服清洗后会不会缩水，有人问120斤买多大尺寸……

【直播公屏分析】

1. 公屏上关注瑜伽服起球、变形、缩水等问题的观众，他们可能比较关注瑜伽服的面料材质。主播要实事求是地为大家介绍面料材质，同时可以通过用力撕扯瑜伽服等方法向观众直观地展示瑜伽服的优势。

2. 对于公屏上关注尺寸问题的观众，主播要及时作出正确的回复，同时可以引导大家多讨论尺寸问题，不断吸引观众参与互动。

【主播互动演练】

主播：哈喽哈喽，新进来的姐妹们记得给主播点个赞哟！我看到好多新的姐妹，应该是第一次来直播间的吧？主播马上给大家秒一波福利瑜伽服。想抢咱们今天的福利款瑜伽服的姐妹，来，公屏上把"1"扣起来，再给我齐刷刷地刷一波赞啊！我据此看看今天给大家上多少库存，也看看今天的库存够不够给大家发放秒杀福利！

弹幕1：111！

主播：春夏之际是不是好多姐妹要抓紧时间锻炼身体啦？想锻炼出好看的身形、美美的锁骨和美美的马甲线，对不对？想锻炼出凹凸有致的身材让咱们在夏天可以穿小吊带、小裙子，对不对？有没有姐妹在跑步、跳绳的时候，T恤容易飘起来？不美观，对不对？大家在锻炼时还有哪些问题可以在公屏上告诉主播！

弹幕2：对对对，T恤不透气！

弹幕3：跑步的裤子摩擦久了还起球！

主播：咱们今天这款是专门为女生设计的瑜伽服，升级了专业减震，并且非常修身显瘦。有一些上班族的姐妹是不是很容易圆肩驼背？咱们这款瑜伽服背后专门做了交叉细肩带，穿上它能立马打开你的肩膀，舒展你的后背，运动健身的效果也更好！刚刚是哪位姐妹问会不会起球？主播告诉你啊，咱们这是专业的运动面料，高弹力、清爽透气，怎么摩擦它都不会抽丝、起球的！

弹幕4：穿久了会不会变形？

主播：×××姐妹，你问到关键了。像主播这么用力地拉扯、用力地揉搓，它也是完全不会变形的。你放心好了，咱们专业做瑜伽服，瑜伽服一定是能满足运动穿着需求的，无论你是做瑜伽、跑步还是跳操，都可以穿这款瑜伽服，它适合你做各项运动，不会穿着穿着就变形了！

弹幕5：会不会掉色？

（主播将瑜伽服泡水演示。）

主播：来，给大家看一下我这件用水泡过的瑜伽服。不掉色、不缩水，货真价实的专业运动面料。没买过咱们家瑜伽服的姐妹，主播说了也不算对不对？你直接体验，买回家看看面料，满意你就留下，不满意你直接退还给我就可以啦。咱们今天直接把福利给到大家，每一单都赠送运费险，支持七天无理由退换货，不满意不喜欢的直接退，好不好？

弹幕6：120斤穿多大的？

主播：姐妹们，咱们有啥问题赶紧在公屏刷起来！主播身高一米六，体重92斤，穿的是S码，主播试穿的是香芋紫色。这款瑜伽服一共有三个颜色，分别是香芋紫、豆沙绿和月石灰，S码可以穿到100斤，M码可以穿到110斤，L码可以穿到120斤，超过120斤的姐妹可以拍XL，大码很宽松的！

弹幕7：可以冲！

主播：来，还有不知道自己穿多大尺寸的姐妹赶紧问哟！要买的姐妹赶紧扣"1"，咱们马上要上小黄车了。姐妹们听好了，今天上衣、裤子、背心，一整套200元都不要，150元也不要，今天一整套直接99元！马上上车，秒一波福利，主播倒数三个数，抓紧时间去拍！

…………

⚠【互动误区提醒】

1. 主播在通过运动话题与观众互动时，如果要进行动作演示，不要违反平台规则，以免被封禁。

2. 主播抛出的互动话题一定要简单易答，不要询问观众一些比较难回答或者打字比较多的问题。

4.2 生活话题

4.2.1 情景48：衣

【直播情景再现】

某大码女装直播间正在销售几款潮流女装，主播小漫正在向大家展示一款大码女装外套，准备向观众们介绍衣服的细节。正值春节之际，不少观众准备购置新衣返乡，大家纷纷在公屏聊自己关心的问题，有人问尺码标不标准，有人问穿了会不会显胖，有人问颜色有没有色差，有人问外套会不会缩水……

【直播公屏分析】

1. 公屏上关注尺码是否标准以及穿了不会显胖的观众，她们可能比较关注大码女装的穿着效果，对衣服的尺码关注度比较高。

2. 公屏上关注大码女装色差的问题的观众，她们可能比较关注直播间的呈现效果与实际效果的差距，比较担心实物和卖家秀的差距。

3. 公屏上关注外套会不会缩水的观众，她们可能比较关注外套的材质、质量以及清洗方法等问题。

【主播互动演练】

主播：大码姐妹们，临近春节，大家是不是在找一款暖和又显瘦的外套回家走亲戚时穿？可能在别人的眼里，你一直都给大家留下的是一个很不错很优美的印象，但是如果过年在家或者走亲戚串门穿得邋里邋遢的，要么穿一套松松垮垮的睡衣，要么穿一件灰扑扑的棉衣，在别人眼里的形象肯定是大打折扣的，对不对？

弹幕1：对！新年还不知道穿啥！

主播：所以回家过年走亲戚串门咱们还是要穿得漂漂亮亮、精精神神的。大家看，主播身上穿的这件卡其色外套，无论是搭裤子还是搭裙子都可以，搭我里面的这条连衣裙,这个颜色绝不绝、好不好看?咱们回家就是要把气质和品位穿出来,大大方方、漂漂亮亮地迎接新的一年,对不对?

弹幕2:这件外套确实好看!

主播:好,我看到大家的热情了,那咱们这款卡其色外套现在给大家上一波库存,299元的价格,大家随意去我们专柜比较。我们这款外套全部是做成加厚加绒的,毛领也用的是很高级的毛,主打的就是有档次、高品位,并且是做的带腰身的版型,为的就是让大码女生穿出显瘦显高显气质的效果!

弹幕3:尺码是否标准啊?

弹幕4:穿了会不会很显胖?

主播:大家不知道穿哪个尺码的可以在公屏告诉我你的身高和体重,主播看到了会告诉大家选什么码以及怎么穿搭!大码姐妹们,给自己一个尝试的机会,给自己一个变美的机会。春节将至,咱们如果要买特别高级、奢华的衣服,去线下商场不准备一两千块钱压根买不到这么好的,但在我的直播间两百多元就能轻轻松松带回家,而且咱们有运费险,不合适随时退!

主播:××妹妹问瘦子能不能穿?主播说实话,这一款确实是主打大码姐妹穿的,没有120斤的姐妹可以再等等,主播还有几款版型不一样的待会儿给大家讲解哟!

弹幕5:实物有没有色差?

主播:姐妹们,咱们直播间展示的是什么颜色你们拿到手就是什么颜色,担心的可以立马点进小黄车3号链接看一看买家秀,看看大家在家里穿着拍出来的照片,是不是和主播身上穿的颜色一模一样!

弹幕6:外套会不会缩水?

主播:会不会缩水?××姐妹,我告诉你啊,不会的。这款外套不会缩水也不会起球,并且不会洗一两次颜色就变得跟旧衣服一样。你放心好了,这个颜色真的是肉眼可见的高级!

…………

【互动误区提醒】

1. 销售大码女装的直播间不要采用肥胖、壮实等字眼，可以用大码姐妹、大码宝宝等称呼直播间的观众。

2. 主播要确保直播间的链接里有合适的买家好评照片，不要放一个差评比较多的链接。

4.2.2 情景49：食

【直播情景再现】

某零食直播间正在销售几款热门的曲奇饼干，主播小纯正在向大家展示其中一款巧克力曲奇饼干。直播间的观众纷纷在公屏上提出了自己的问题，有人问巧克力味道会不会苦涩，有人问饼干配料表信息，有人问快递过程中饼干会不会碎掉，有人问是否为独立包装……

【直播公屏分析】

1. 公屏上关注巧克力口味的观众，他们可能比较关注巧克力饼干的味道，主播可以从饼干的香味、口感等方面进行细致的描述。

2. 公屏上关注配料表的观众，他们可能比较关注饼干的糖分、碳水化合物、能量等营养成分问题。

3. 公屏上关注饼干在快递过程中会不会碎掉的观众，他们可能比较重视运输中的问题。

【主播互动演练】

主播：哈喽，家人们晚上好！一天不见，不知道大家有没有想我呀？想我的可以在公屏扣"1"！大家平时有没有早上起床上班上学太匆忙，稍微慢一点就来不及吃早餐的情况？或者有没有哪位家人一到下午三四点左右就饿得肚子叫、胃疼，想吃下午茶的，有没有？来！有这种情况的家人直接给我公屏继续扣"1"！

弹幕1：1。

弹幕2：111！

主播：这个时候你就非常需要咱们家今天推荐的这款方便、快捷、好吃的巧克力曲奇啦！如果想窝在家里的沙发上边追剧或者看综艺，边吃一点小点心还不想长胖的，一定要试试咱们家这款巧克力曲奇，配上一杯奶茶或者咖啡，就能吃得开开心心、舒舒服服的！

弹幕3：巧克力味会不会很苦啊？

主播：你们平时买的巧克力会有点苦涩对不对？这回你们放一万个心，咱们这款巧克力曲奇有非常浓郁的奶香和麦香，口感松松脆脆且不油腻，巧克力夹心微苦、微甜刚刚好，既不会太甜腻也不会太苦涩，全家老小吃都很适合哟！

弹幕4：没吃过。

主播：还没吃过咱们家这款巧克力曲奇或者不知道到底好不好吃的家人以及新粉们在公屏把"1"扣起来。今天这波福利直接给到我们所有的新粉，我们来一波专场福利价——29块9！30块不到的价格在直播间买一箱送一箱。你没听错，29块9咱们今天买一送一！

弹幕5：配料有啥？

弹幕6：配料表健不健康？

主播：我看到有不少家人非常关注咱们这款饼干的配料，对不对？好！大家可以把所有关心的问题都打在公屏上，主播挨个给大家说明一下！大家仔细看这份配料表，小麦粉、牛奶、可可脂巧克力、食用植物油、白砂糖、可可粉、乳清粉、食用盐、食品添加剂，咱们的配料表真的是干干净净、安安全全的，你们完全不用担心品质！

主播：大家去外面超市、大卖场看一下，同款巧克力曲奇一箱是39块钱，不会少一分钱的对不对？咱们今天直播间29块9下单，给你们买一送一发两箱，大家自己拼手速去抢，谁抢到就是谁赚到，宝贝们抓紧时间！

弹幕7：寄快递时曲奇会不会碎掉？

主播：家人们，咱们每一箱曲奇都是这样小袋的独立包装，方便咱们出门随手放几袋在包包里。我看到有家人担心寄快递时曲奇会碎掉，这个请大家放心，咱们每个包裹都会给大家填充减震防压的泡沫，确保给大家安安全全地送到家，好不好？还没下单的家人们赶紧冲一下福利哟！

…………

⚠️ 【互动误区提醒】

1. 若直播的产品是日常生活中比较常见的零食，主播一定要清楚超市、卖场的零食价格，做到准确无误，不要因疏忽弄错价格导致直播出现失误。

2. 如果主播要通过猎奇式的饮食话题来吸引观众的注意，一定要事先了解与这些食品相关的法律规定，不能违反法律法规。

4.2.3　情景 50：住

📺 【直播情景再现】

某家居用品直播间正在热卖几款乳胶床垫，主播小思正在向大家介绍一款近期销量比较火爆的床垫，并准备向观众们进一步展示床垫的细节。正值品牌活动，一时间直播间涌进了不少观众，大家纷纷在公屏提出自己关心的问题，有人问床垫用久了会不会变形，有人问床垫的乳胶味会不会很重，有人问买回来需不需要通风处理，有人问这款床垫适不适合小孩子睡……

🖥️ 【直播公屏分析】

1. 公屏上关注床垫是否容易变形的观众，他们可能比较关注床垫的回弹性以及床垫的耐用度。

2. 对于公屏上关注乳胶味道以及是否需要通风处理等问题的观众，他们可能比较关注乳胶床垫的乳胶含量及气味对人体的影响，主播可以在直播间讲解处理味道的方法。

3. 公屏上关注床垫适不适合小孩子睡的观众，他们可能比较关注床垫软硬程度对小孩子成长的影响。

【主播互动演练】

主播：新进直播间的家人们，主播今天直播间优惠好物送不停哟！接下来给大家带来一款重磅好物——乳胶床垫！好的床垫对于我们的睡眠质量来说实在是太重要了，只有睡眠好了咱们的精气神才会好对不对？特别是现在有不少的年轻人都有颈椎病、腰椎间盘突出等问题，所以选择一款适合自己的好床垫是非常重要的，毕竟睡眠好了，白天工作、学习才更有精力！

弹幕1：是的是的，睡好真的很重要！

主播：咱们这款床垫的设计讲究人性化，所有与人体接触的范围都采用波浪形设计，目的是能够更好地贴合人体的各个部位。咱们躺在床垫上的时候，整体的重量会通过第一层的面料向四面分散，进一步减轻人体的局部压力，这样咱们在睡觉的时候才能更舒适、更快地入眠。直播间今天只要×××元！×××元你在线下任何一个家居店根本买不到如此高品质的床垫！

弹幕2：床垫用久了会不会容易变形？

主播：家人们，咱们这款床垫不管用多久、睡多久都是不会轻易变形的哟！咱们这款乳胶床垫具有高回弹、高贴合的特性，即使你家里有小朋友，喜欢在床垫上蹦蹦跳跳也是不容易变形软塌的。今天在咱们直播间下单的家人们，主播给你承诺90天包换的服务，90天内有任何的质量问题，比如床垫不回弹、塌陷等，随时享受免费的换货服务！

弹幕3：乳胶味会不会很重？

弹幕4：买回来需不需要通风处理？

主播：我看到有些家人比较担心乳胶的味道。天然乳胶会有轻微的味道，主播建议咱们快递到家之后可以把床垫拆开放到阴凉的地方通通风，散散味道，放个两三天再使用就可以了哟，通风后的床垫味道会变淡些！

弹幕5：床垫适不适合小孩子睡？

主播：××家人你说的小孩子是多大的小朋友呢？如果是太小的婴儿是不建议睡这款床垫的，咱们这款乳胶床垫适合三岁以上的小朋友和大人睡眠。当然，乳胶过敏的家人们就不要尝试了哈！大家还有什么问题尽管问，咱们马上就要上链接开抢啦！

……

⚠【互动误区提醒】

1. 当产品中含有特殊材质时,主播要提醒直播间观众注意是否会过敏等问题,体现主播的人文关怀,不要导致不良的售后影响。

2. 主播如果要向观众介绍床垫的高回弹卖点,不能只是口头讲解,要通过实验对比让观众产生直观的认识。

4.2.4 情景 51:行

【直播情景再现】

某休闲鞋类直播间正在销售几款运动跑鞋,主播小影正在边试穿边为大家讲解其中一款热卖运动鞋的卖点。一时间直播间涌进了不少观众,大家纷纷在公屏上提出自己的疑问,有人问运动鞋的减震效果好不好,有人问穿这款运动鞋会不会臭脚,有人问运动鞋透气性如何,有人问运动鞋适合春夏穿还是秋冬穿……

【直播公屏分析】

1. 公屏上关注运动鞋减震效果的观众,他们可能比较关注鞋子在运动时的稳定性,需要能够保护双脚的运动鞋。

2. 公屏上关注运动鞋透气性及臭脚问题的观众,他们可能比较关注运动鞋的防汗透气等问题。

3. 公屏上关注运动鞋适合春夏穿还是秋冬穿的观众,他们可能比较关注运动鞋的材质及保暖效果。

【主播互动演练】

主播:古人言,千里之行,始于足下。直播间有没有家人爱跑步、爱打球,非常爱运动的？咱们今天给大家带来一款品牌好鞋，鞋底很轻、很软，跑步或者做其他运动都非常的舒适。清晰的鞋底凸纹能提升鞋的抓地效果，防滑耐磨，安全系数非常高，更好地保障咱们的运动安全。

弹幕1：减震效果好不好？

弹幕2：正好缺运动鞋！

主播：来，镜头给到鞋跟的细节。大家仔细看下咱们这个鞋跟，专门给大家做了缓震设计，减轻咱们双脚运动的负担，让咱们在运动的时候能更加省力。今天在直播间买一双鞋，咱们再给你送一双鞋垫，黑色、白色鞋垫是一样的品质，送的鞋垫颜色随机，给大家送福利！

弹幕3：会不会臭脚？

弹幕4：透气性怎么样？

主播：家人们担心运动鞋会不会臭脚。咱们这款鞋做的是拼接网面、革料结构，能强化咱们鞋面的支撑效果和稳定性，舒适透气，让你运动不闷汗、不臭脚。好的鞋细节都是不怕深究的，主播今天里里外外都给你们扒开，让家人们都能看得清清楚楚，买得明明白白，穿得放放心心。

弹幕5：适合春夏还是秋冬穿？

主播：××宝宝，不好意思，主播刚看到你的消息。咱们这款鞋比较适合春夏穿，鞋面材质是拼接网面的，冬天穿可能会透风。不过大家冬天进行跑步、打球等运动的时候也是可以穿的，因为运动起来脚不会冷的啦！

…………

⚠【互动误区提醒】

1. 主播可以通过多提运动、出行相关的话题，引导大家在直播间公屏上多评论、多互动，同时要把握好提问的角度，不要将直播间的节奏带歪，要紧紧围绕商品。

2. 对于公屏上漏掉的信息，主播可以先表示歉意再进行解答，以表现出对观众在公屏提出的问题的重视和尊重。

4.3 兴趣话题

4.3.1 情景 52：摄影

【直播情景再现】

某品牌数码配件直播间内，主播小疆正在安装一台手机云台稳定器。他把云台稳定器从折叠状态展开，将手机夹到固定位置，打开摄像功能，开始为观众展示手机云台稳定器的稳定效果。大家都在公屏上讨论这款稳定器，有人问重量，有人问稳定器的稳定效果，有人讨论稳定器的补光功能，有人讨论亮度调节和色温调节功能……

【直播公屏分析】

1. 询问手机云台稳定器稳定效果的观众，他们应该对手机云台稳定器有了一定的了解，希望云台能够实现自己的心理预期。主播要先了解他们的使用场景，再提出针对性建议。

2. 询问补光效果的观众，他们可能是直播行业的相关从业人员或者喜爱自拍的女性。

3. 询问重量的观众，他们应该有过一些使用云台稳定器的经历，对于长时间使用稳定器对手臂造成的负担比较担心。

【主播互动演练】

主播：喜欢用手机摄影的朋友们注意了，今天我给大家带来一款手机云台神器，×××的三轴手机云台。

主播：三轴增稳，智能跟拍，且便携可折叠。如果你平时喜欢拿手机拍自己的生活，记录一下生活瞬间，这个手持神器千万不能错过。

弹幕 1：重量怎么样？

弹幕 2：好不好用啊？

主播：这款手机云台稳定器的重量为 0.7kg，适合用于直播、拍 Vlog、拍活动、拍户外、拍动物、拍风景等。

主播：这款三轴增稳的云台，采用了新的控制算法，可根据云台姿态进行实时补偿，就是在运动过程中也能消除画面抖动，提高稳定效果。

弹幕 3：有次我们爬山带了个稳定器，结果太沉，没用又背回来了。

弹幕 4：我拍我儿子在公园玩，结果全是糊的，晃得没法看。

主播：是的，这款云台重量轻，稳定效果好，用它来拍摄家庭活动是再合适不过的了，不需要你有多么高超的摄影技术，就能高质量地记录家庭时光。

主播：这款云台还配备了补光套装，可以实现三挡亮度调节和三挡色温调节，让你在自拍时更加随心所欲。

弹幕 5：偶尔玩玩这种小东西也挺有意思的。

弹幕 6：亮度调节和色温调节好评，实用！

主播：今天在我们直播间，×××的三轴手机云台，特惠价 299 元，喜欢的朋友们不要错过，下单我们的 9 号链接啊！

弹幕 7：试试。

…………

【互动误区提醒】

1. 主播要了解摄影相关专业知识，不要不懂装懂，不然互动失败不说，还可能会带来负面影响。

2. 主播要对摄影感兴趣，不能假装有摄影的爱好，欺骗观众的感情。

3. 主播在讨论自己对于摄影设备的看法时，不要激化不同品牌偏好者的矛盾，更不能攻击他人。

4.3.2 情景 53：旅游

【直播情景再现】

某户外用品直播间内，主播小迪正在给观众演示野外露营帐篷的使用方法。

很多有兴趣的观众在公屏上发言，帐篷质量怎么样？好不好撑起来啊？防不防水？防不防晒？防不防潮？防不防蚊子？通风情况怎么样？收起状态的体积有多大？便于携带吗？有没有灯？有没有充气垫啊？有没有异味……

【直播公屏分析】

1. 询问帐篷质量的观众，他们多是担心帐篷不耐用，容易在野外损坏。

2. 询问帐篷收起状态的体积和便携情况的观众，他们可能有一定的野外露营经历，且喜欢短途旅行。

3. 对于询问帐篷是否有充气垫和灯的观众，他们可能对野外露营装备有一定的要求，主播可挑选相应的产品进行介绍或者为其搭配相关装备。

【主播互动演练】

主播：直播间里有多少人是在野外露营过的朋友，大家扣个"1"让我看看好吗？

弹幕1：111。

弹幕2：经常去。

主播：人不少啊！有过野营经历的朋友都知道，帐篷挑不好，野营基本就报废一半。没个睡觉的地方，又湿又潮还有蚊子，谁有心情再去玩儿啊？！

弹幕3：没错，上次那个帐篷没把我气死。

弹幕4：你们这款帐篷怎么样？防水防潮吗？

弹幕5：有没有防蚊网纱？

主播：我们家这款帐篷采用了190D防水牛津布，可防雨防露水，还配备有防蚊网纱，防水层下有聚酯纤维，内部防晒层可遮阳、防晒。

弹幕6：好不好开帐啊？

主播：我们家帐篷已经迭代到第10代速开液压杆，帐篷可以弹压开帐，3秒速开，决不让您在旅游时为扎营犯难！

弹幕7：好不好带啊？

弹幕8：里面有没有灯？

弹幕9：有没有充气垫？硌不硌人？

主播：帐篷收起时只有 75cm 长，15cm 宽，七八岁的小孩都可以轻松提走。咱们这一款帐篷是没有配灯和充气垫的哦，需要灯和充气垫的朋友们看 14 号链接，这款帐篷配备了灯和充气垫。

主播：如果需要单独购买帐篷用灯和充气垫的朋友，可以看我们的 20 号链接。

…………

⚠️ 【互动误区提醒】

1. 主播要对帐篷的尺寸进行详细描述，不要夸大尺寸。
2. 主播要真实地呈现帐篷的质量水平，不要弄虚作假。
3. 主播要具备旅游装备的相关专业知识，不要不懂装懂，以免班门弄斧。

4.3.3　情景 54：美食

【直播情景再现】

某品牌食品直播间内，主播小欢正在制作一款速食螺蛳粉，她将螺蛳粉的包装拆开，一边向观众展示各种配料，一边将螺蛳粉下入锅中。公屏上的弹幕飞快地滚动，大家都对这款美食很感兴趣，已经闻到味了，臭不臭？看起来很好吃啊！多买有没有优惠？

【直播公屏分析】

1. 对于积极、热情发言的观众，他们大多兴致较高，主播要注意多和他们互动来调动更多人的积极性，从而带动直播间气氛。
2. 对于问螺蛳粉臭不臭的观众，他们可能是在玩梗，主播不要在意，跟大家一起玩就好了。
3. 询问多买有没有优惠的观众，他们可能日常生活中比较喜欢螺蛳粉，会更注重口味和性价比。

💬【主播互动演练】

主播：今天给大家带来的是这一段时间爆火的×××螺蛳粉。都说螺蛳粉臭，今天主播豁出去了，就是臭了直播间，也得给你们现场做一碗看看！

弹幕1：三思。

弹幕2：勇！

弹幕3：螺蛳粉好臭的。

主播：我现在把包装拆开给大家看看，这里面有米粉100克，调料包200克。这个调料包里面有螺蛳粉汤料包、木耳黄花菜酸豆角萝卜干包、酸笋包、辣油包、花生腐竹包、酸醋包。

主播：我现在就先把米粉下到锅里，（煮8-10分钟，煮至米粉能够轻易被筷子夹断，再将调料包都加进锅里，拌匀即可开吃。）

弹幕4：已经闻到味了。

弹幕5：还没吃就看饿了。

弹幕6：等不及了。

主播：好，咱们的螺蛳粉煮好了！我现在就来替大家试吃一下。哇，好香啊，这个味道真是又臭又香，让人欲罢不能！

主播：这个酸笋好脆，酸酸的很好吃。腐竹是焦焦的，咬起来嘎嘣嘎嘣的。哇，家人们，真的好吃啊！

弹幕7：别说了！

弹幕8：快说多少钱，我马上下单，你骑马给我送过来！就现在！

主播：这个螺蛳粉真的很好吃，今天在我们直播间，大家可以先点点关注领一张满30元减5元的优惠券，多满多减啊，上不封顶。

主播：来，喜欢的朋友们，准备了，9号链接，三、二、一，冲！

弹幕9：开冲。

…………

⚠️【互动误区提醒】

1. 主播销售螺蛳粉或者说销售食品类的产品时，不能只有简单的语言介绍，一定要结合吃和展示的动作，将观众带入进来，才能让语言发挥相应的作用。

2. 主播在试吃或者展示螺蛳粉的时候，一定要注意卫生问题，不能因为卫生问题影响人们对于食品的印象。

4.4 工作话题

4.4.1 情景 55：职业

【直播情景再现】

某西装品牌官方直播间正在热卖几款职业正装，主播小桂正在直播间向观众介绍西装。小桂在直播间安排了一男一女两个模特，分别展示西装的上身效果，还考虑到购买西装的客户以白领群体为主，便通过一些职场心得来打开话题。一时间，直播间人气不断上涨，公屏上观众踊跃发言，有的关心模特身材，有的在说跟西装品牌相关的话题，还有些在问关于西装尺码、材质、颜色、价格等方面的问题。

【直播公屏分析】

1. 观众关心西装尺码、材质、颜色、价格等信息，属于正常的询问，主播应认真回答。

2. 有些观众关注模特身材，这也比较常见，主播不需要过多在意，可酌情回复，注意不要出现不尊重他人的言论。

3. 有些观众在讨论品牌相关的话题，正面的言论主播可以忽略，负面的言论应及时制止。

【主播互动演练】

主播：欢迎各位家人们！欢迎来到小桂的直播间！雅致经典，睿智生活，

××品牌毕业季西装大卖！全场9折！

弹幕1：来了来了！

弹幕2：怎么才9折啊？

主播：直播间的家人们，现在毕业季了，刚毕业准备找工作的扣"1"！

弹幕3：1！

弹幕4：1！

弹幕5：111！

主播：已经工作了的扣"2"！

弹幕6：2！

主播：大家知道我为什么这么问吗？因为不管是刚毕业的家人，还是已经工作了的家人，都即将或已经处在人生中的一个重要阶段，进入了与学生时代完全不同的职场生涯。我们常说，"不要等待机会，而要创造机会"，今天小桂就给大家提供一个机会！

弹幕7：不是卖衣服吗，咋又说这个了。

主播：是这样的，家人们，不管大家是去面试还是去上班，是不是都要考虑给领导留下一个好印象呢？现在一般面试都是穿正装的，这不就是机会吗？

主播：家人们，穿什么样的西装，那可是有讲究的。你穿得太差了，显得没档次；穿得太好了，一是没必要，二是显得太张扬。而小桂给大家推荐的西装就不一样了，档次不低，又很低调，属于很有内涵的西装哦！

弹幕8：我买这款西装就能过面试吗？

主播：当然不能保证你直接过面试啦，过面试还需要你自己其他方面的努力，但是会为你加分不少哦！而且啊，本场直播买了西装的，我们会送一段小视频，里面详细讲解了西装的搭配技巧、系领带的技巧等，非常有用哦！

弹幕9：这个好，这个好！

主播：现在是毕业季，西装全场9折促销，大家抓住机会哦！

弹幕10：我要下单！

…………

【互动误区提醒】

1. 主播要从西装这个话题点出发，扩大其辐射范围。职场是一个不错的话题，主播可进行扩展，但要注意不要输出不正当的价值观，要体现西装对于职场的重要性，尽快将话题带到促成交易上来。

2. 主播在与观众互动时，不能谈论与就业歧视相关的内容。

3. 主播在通过职场话题来体现西装重要性时，要注意不要过分夸大其词，以免引起观众反感。

4.4.2 情景56：人际

【直播情景再现】

某收纳品直播间正在火热直播中，主播月儿正在向观众推荐几款精美的礼品包装盒。月儿在工作台上一边亲手展示包装礼品，一边和公屏观众积极互动。公屏观众十分热情，纷纷询问礼品盒的大小、包装方式、承重能力等相关信息。

【直播公屏分析】

1. 公屏观众关心礼品盒的大小，说明主播展示的礼品盒比较单一，主播可以拿出不同尺寸的礼品盒进行展示。

2. 公屏观众关心包装方式，可能是怕包装程序复杂，主播应清晰、明确地向观众展示包装方式。

3. 公屏观众关心承重能力，可能是担心礼品盒的质量，主播可通过介绍材质、承重演示等方式向观众展示礼品盒的承重能力。

【主播互动演练】

主播：欢迎各位家人们！欢迎来到月儿的直播间！（展示礼品包装中）

弹幕1：月儿我来啦！

弹幕2：主播这是在干什么？

主播：是这样的家人们，马上就是中秋佳节了，咱中国人啊，到了这一天，不仅要吃月饼，还会给家人、朋友等送些礼物以表心意。俗话说"礼多人不怪"嘛！月儿手里就是一款精美的礼品包装盒了！

弹幕3：买东西不都是自带包装盒的吗？

弹幕4：是啊，何必单独买个包装盒呢？

主播：是这样的，自带的包装盒啊，要么太简单，显得没档次；要么太浮夸，不仅溢价严重，还不适合送给特定的人。自己买包装盒就没这些烦恼啦，不仅可以自己选款式、大小，还可以在上面留言，这样就更能体现出你送的礼物是花了特别的心思的，收到礼物的人也会更加开心哦！

弹幕5：有道理，以前我都没想过这些。

弹幕6：好像自己包装是会显得更加有心意一些。

主播：是啊，大家可别小看了这一点点心意，这对大家拉近人际关系可是很有用的哦。我把这些包装盒的包装方法现场教给大家，大家一看就会了！

弹幕7：主播有大一点的吗，我看你手里这个好小！

主播：有的有的，今天直播间一共有5款不同尺寸的包装盒（拿起其他尺寸包装盒），几乎可以满足大家送礼物时包装的所有需求哦！

弹幕8：主播能送我一个吗？

主播：这位观众很可爱啊，我刚说完送礼物你就让我送你一个，不过都开口了，怎么能不满足？那就今天直播间前20位下单的家人，买一送一！

弹幕9：谢谢主播！

主播：好了，很快就要上链接了，大家做好准备。月儿祝大家节日快乐，也希望大家都向在意的人送出心意满满的礼物后，能收获可贵的人际关系！

弹幕10：主播说得真好！

…………

⚠【互动误区提醒】

1. 主播要抓住包装盒的特点进行话题展开，但不要过分引导话题，将话题向给家人、朋友赠送礼物，庆贺佳节等方向进行引导后，就尽快促成交易。

2. 主播不要被观众发言带节奏，要明确直播主题，既要巧妙回答观众问题，又要及时与包装盒销售建立联系。

3. 主播不要轻易许诺观众，直播间的抽奖、打折、赠送等优惠活动，要在得到商家许可的情况下巧妙抛出，这样既满足了观众的要求，又没有脱离直播设计。

4.4.3　情景 57：压力

【直播情景再现】

某玩具直播间正在热卖一款解压玩具，主播小慧正在向观众展示玩具的解压效果。由于玩具造型可爱，解压方式特别，一时间引来很多观众进入直播间观看，观众对玩具的造型创意、材质构成、颜色款式等方面的信息都非常感兴趣。小慧一边以"压力"为话题与观众进行互动，一边顺带着回答了观众的各种问题。

【直播公屏分析】

1. 公屏观众关心玩具的造型创意，这是一个打开话题的好机会，主播可借此向观众解释一下玩具的设计理念。

2. 公屏观众关心玩具的材质构成，说明观众可能担心玩具的质量，或者担心是否对人体有害，主播要解释清楚。

3. 公屏观众关心玩具的颜色和款式，说明观众希望有更多的选择，主播可适时拿出更多颜色和样式的玩具展示给观众。

【主播互动演练】

主播：各位宝宝好！欢迎来到小慧的"解压俱乐部"！

弹幕 1：啥玩意儿？

弹幕 2：今天换直播风格了吗？

主播：是这样的家人们，现在的社会啊，生活、工作节奏太快了，咱们大人有生活压力，小孩呢有学习压力，有时候想去放松一下吧，要么没时间，要么心疼钱。小慧也一直有这样的苦恼，直到我通过朋友介绍，了解到了"软龙公仔"，顿时少了很多烦恼，所以我今天就把它推荐给大家！

弹幕3："软龙公仔"是什么东西？

弹幕4：就是个毛绒玩具吗？

主播：这"软龙公仔"可不是普通的玩具，它是名副其实的解压神器哦！"软龙公仔"的形象设计来源于知名漫画作品，是作者授权上市的官方周边，采用软胶材料制成，可以反复按压复原，又搭配了鲜艳的颜色，还内置发声机关，玩起来非常有趣！

弹幕5：这怎么就能解压了？

弹幕6：对啊，不过还是蛮可爱的。

主播：是这样的家人们，这个玩具解压的地方就在于它的"弹"，不管你怎么挤压、捶打、揉搓，它都会在发出一声非常搞笑的叫声以后，慢慢恢复原样，一点也不会变形。它的五官和身体都经过了精心设计，不同力度的挤压，可以产生不同的面部表情，越玩越上瘾啊！

弹幕7：还有别的样式吗？拿出来看看！

主播：有的有的（拿出其他颜色和样式的玩具），这系列解压玩具都采用了360°的圆角打磨，光滑不硌手，而且得益于它的软胶材质，不管是大人还是小孩，随便摔打都不会损坏，质量绝对有保障！

弹幕8：我想给朋友买几个了。

弹幕9：我自己就想玩。

主播：大家想要的就赶紧下单哦，就在6号链接，已经开放购买渠道了！

弹幕10：小慧你再玩一会儿，我看你玩就觉得解压！

主播：好的呀家人们，不过喜欢的话还是给自己买一个亲身体会哦！

…………

⚠️【互动误区提醒】

1. 主播以"压力"引出话题就好，不要一直强调"压力"这个话题，进而影响观众心情。

2. 主播不要限制玩具的适用范围，不管是大人还是小孩，都是潜在客户。

4.5 感情话题

4.5.1 情景58：爱情

【直播情景再现】

某男装品牌直播间内，主播小澜正在向观众介绍自家冬季新款羽绒服。她让男模特换上羽绒服，同时给他搭配了一条围巾，并亲手给他围上。公屏上有很多人在发言，有人在讨论羽绒服，有人在讨论围巾，有人在说主播和男模特的"CP感"……

【直播公屏分析】

1. 人们对于爱情是有着特殊感觉的，通过"爱情"这一话题也比较容易调动起大家参与话题的积极性。

2. 当观众被带入爱情故事或爱情回忆中时，他们的关注点还在情感本身，还未发生转变，这时主播要注意巧妙引导（他们将注意力转回到商品的展示上来）。

【主播互动演练】

主播：我现在给大家介绍的这款羽绒服是我们家的冬季新品，长短款都有，白鹅绒填充，充绒量超过×××克！采用了立体分片式袖型，参考人体工学设计，符合人体运动时的舒适状态，让大家告别冬季羽绒服的禁锢！

弹幕1：冬天裹不紧不暖和，裹得紧太难受。

弹幕2：抬胳膊时后背紧不紧？

主播：我现在让我们的模特给大家试穿一下，看看上身效果。小王你来试穿一下这款羽绒服，拿件你的码子。

弹幕3：男模特多高？

弹幕4：我老公175cm、75kg，能不能找个身高、体形差不多的模特试试。

弹幕 5：我穿 L 码的，试试 L 码的看看。

主播：男模特脱鞋 178cm，咱们现在给大家试的这件是 XL 码的。黑色羽绒服，搭配宝石蓝的牛仔裤，阳光帅气，干净利落。

主播：我再给他搭配一条灰黑条纹的围巾，一个学院风的帅气大男孩！不知道直播间里有多少女粉丝啊，你们给你们的对象就挑这件，再配上这条围巾，绝对没错！

主播：以前我读大学的时候，给对象送围巾都是手织的，没入冬就开始织，织一个月才织好。织好了两人约个安静的地方，亲手给他戴上。大冬天的虽然冷，不过也甜甜蜜蜜的。

弹幕 6：我也是，青春啊。

弹幕 7：主播跟男模特看起来很有"CP 感"。

弹幕 8：后来呢？结婚没？

主播：后来？后来就是孩子他爹了，哈哈哈，围巾围住了，还能跑哪儿去？！

弹幕 9：幸福久久。

弹幕 10：我好好地看直播，还被喂一嘴狗粮！

主播：大家迟早都会找到自己的幸福的。单身的男生买这件羽绒服，单身的女生买这条围巾，有对象的就拿一套，主播把自己的幸福分享给大家！

主播：今天直播间特惠价，羽绒服只要×××元，围巾只要×××元，关注主播再领优惠券下单即可！

…………

⚠【互动误区提醒】

1. 主播要根据直播间的气氛插入相应的话题，不要生拉硬扯，容易搞得观众一头雾水。

2. 主播不能对与爱情话题相关的负面社会新闻发表过多个人言论，更不能任由个人喜好随便发言。

4.5.2　情景59：交情

【直播情景再现】

某茶叶直播间内，主播小楠正在向观众们介绍一款礼盒装的铁观音。她一边捧着铁观音礼盒朝镜头展示，一边向大家介绍这款铁观音的品质等级。很多喜欢喝茶的观众都在公屏上提问，正宗铁观音吗？哪里产的？是不是新茶？好喝吗？一包能泡几次？一共多少克？什么香型的？茶叶完整吗……

【直播公屏分析】

1. 询问茶叶产地、完整性以及是否正宗的观众，他们应该是茶叶爱好者，对茶叶有一定的了解。

2. 对于询问茶叶口味和香型的观众，他们已经形成了较为固定的饮茶习惯，主播在介绍香型和口味时不要将思维局限于当前的茶叶产品。

3. 询问茶叶的冲泡次数和克重的观众，他们可能有较大的饮茶需求，更加关注性价比。

【主播互动演练】

主播：有好茶喝、会喝好茶，是一种福气。

主播：茶文化是我们的传统文化，用平凡的话说，就是忙里偷闲，苦中作乐，在喝茶间享受那一点美与安宁！

弹幕1：绿茶不错，很清新。

弹幕2：不喜欢喝茶，感觉有点显老。

主播：君子之交淡如水，茶人之交醇如茶。喝茶不仅仅是一种兴趣爱好，更是结交新朋友、拓宽人际关系的一种方式！

主播：大家生活中谁还没有个求人办事、欠人人情的时候？礼尚往来是交往的必要基础。礼物选得好不好，十分重要，你花了大价钱，对方却根本不了解你送的礼物，那岂不是花钱办蠢事，事倍功半？！

弹幕3：送礼送茶，倒是不会有大错的。

弹幕4：空手而来，多半失意而归。

主播：今天我给大家介绍一款佳品铁观音，匠心品质，五星兰花香，送礼不会错，自己喝更不亏！

弹幕5：哪的茶？是不是新茶？

弹幕6：这礼盒，茶叶有多少？

弹幕7：味道怎么样？正不正宗？

主播：这款特级铁观音产自安溪，茶园在西坪产区，是秋季的新茶！

主播：茶叶的重量可选，这个标准礼盒的铁观音是250g，还有一个500g的同款礼盒。都是正宗的铁观音，一芽两叶，出茶率不到40%，用料好，炒茶技艺好，茶香茶味没的说！

弹幕8：买点试试。

主播：喜欢的茶友看我们的14号链接，直播间特惠价×××元，关注主播去主页领取优惠券更便宜！

…………

⚠【互动误区提醒】

1. 主播要学习茶叶的知识和茶文化，在直播中要注意自己的仪表和言语，不能让观众产生割裂感。

2. 主播不能过分卖弄文化，以免引起观众的反感情绪。

3. 在回答观众的相关问题时，主播要体现出专业水平和细致服务，不能不懂装懂，也不能懂装不懂。

4.5.3 情景60：友情

【直播情景再现】

某酒类直播间内，主播小澳正拿着两罐不同口味的预调鸡尾酒向观众们展示。小澳主要负责销售预调鸡尾酒、果酒、起泡酒等这些年轻人喜欢的酒。他把两罐不同口味的预调鸡尾酒分别倒入玻璃杯子里，一边介绍，一边品尝。公屏上弹幕在不断刷新，有人问酒的口味，有人问酒的价格，有人问酒的酒精度……

【直播公屏分析】

1. 预调鸡尾酒、果酒、起泡酒的消费群体大多是年轻人，他们充满青春活力，在网络世界很活跃，很喜欢发言互动。

2. 对于询问预调鸡尾酒口味的观众，他们可能对某些口味的酒有较强的偏好，主播可为其推荐购买方案。

3. 对于询问价格的观众，他们可能更愿意为了优惠而多做一些小事，主播要注意对他们进行引导。

【主播互动演练】

主播：家人们，我今天给大家带来的是一款果味预调鸡尾酒。直播间有多少喜欢鸡尾酒、果酒的小哥哥、小姐姐，发弹幕让我看到你们好吗？男生扣"1"，女生扣"2"。

弹幕1：111，兄弟们让我看到你们。

弹幕2：2，买了跟室友一起喝，嘿嘿。

主播：看来直播间里女生稍多一点嘛！大家平时都喜欢喝什么口味的酒？

弹幕3：葡萄味的最好喝！

弹幕4：白桃！

主播：这款鸡尾酒一共有14种口味，不管你是喜欢草莓、蓝莓、葡萄、青橘、桃子还是荔枝味，全都有！

弹幕5：选择困难症福音，盲选。

主播：好朋友一起聚餐的时候，去酒吧玩耍的时候，外出做烧烤的时候，喝上一罐，带着点微醺的感觉。大家一起碰杯，一起谈天说地，一起大声哭、大声笑！想想那是多畅快的感觉啊！

弹幕6：大学的时候就是这样，一群志趣相投的朋友，肆意畅快啊！

弹幕7：楼上不要伤感，我现在就是大二，嘿嘿。

弹幕 8：那时的好朋友，在分岔路口也渐行渐远了。

主播：天下没有不散的筵席，如果散了，那就再组一场！跟自己赌一把，马上联系自己的那些好朋友，约个最近的时间，出来喝一场！

主播：酒我管了！现在就下单，全场满 150 元减 15 元，我再多送你一打×××啤酒！来，9 号链接，三、二、一，冲！

弹幕 9：骑自行车去酒吧，该省省，该花花！

…………

⚠️ 【互动误区提醒】

1. 主播在与观众进行友情话题相关的互动时，要真情实感，不能虚情假意。
2. 主播要描述、营造一种打动人的友情故事氛围，不要生拉硬扯、生搬硬套。
3. 主播要有多元化的观念，要有包容和尊重的心态，不能随意评价观众的个人感情。

4.6 娱乐话题

4.6.1 情景 61：歌曲

【直播情景再现】

某影音用品直播间正在热卖一款高保真耳机，主播小琳在直播间播放一些近期热门的流行音乐作为背景音乐，同时也给直播间观众介绍了耳机的参数。直播间进来不少观众，有耳机小白，也有高保真发烧友。一时间，公屏弹幕飞速刷新，各种问题层出不穷。有的问题比较简单，如耳机的连接方式是有线还是无线？耳机有没有降噪功能？耳机是否附带麦克风？还有些问题就显得很专业，比如三频各自表现怎么样？我听古典的，这款合适吗？啥接口的？阻抗多少？附带转接头吗……

【直播公屏分析】

1. 有观众问耳机的连接方式、有无降噪功能、是否附带麦克风等，说明他们买耳机更加注重其功能性，日常使用场景更多的是通勤、会议等。

2. 询问"三频、接口、阻抗"等问题的，一般都是耳机发烧友，他们追求"Hi-Fi"（"Hi-Fi"即High-Fidelity，意为"高保真"）级听歌体验，更加在意耳机在听音乐这项功能上的表现，更加注重细节。

【主播互动演练】

主播：欢迎各位朋友来到直播间，直播间正在播放热门流行歌曲，弹幕发送"点歌—歌名—歌手"，即可点歌哦！

弹幕1：我要听《×××》！

弹幕2：点歌—×××—××。

主播：大家平时应该都很喜欢听音乐吧，大家都喜欢听什么类型的音乐呢？

弹幕3：我听流行音乐，最喜欢×××的歌。

弹幕4：我喜欢摇滚，最近在听××乐队的歌。

弹幕5：我酷爱古典，毕竟经典永不过时。

主播：看来大家都是爱听音乐的朋友啊。那想必大家都知道，为了好好听音乐啊，这设备可是至关重要的。现在社会技术这么发达，音源网上都有，播放器的话大不了就用手机呗，现在很多手机的"推力"也还可以，所以啊，耳机，就成了影响听歌体验的关键设备了。

弹幕6：对啊，现在耳机那么多，我都有选择困难症了。

主播：那您的好运这就来了，小琳今天给大家带来了××品牌的最新款"惊鸿"系列耳机，"惊鸿"系列得益于××品牌十多年专注耳机领域的技术成果，全新进化，焕新而来，是一款无短板的中高端Hi-Fi产品！

弹幕7：××又出新耳机了？

弹幕8：这款耳机我之前在××平台看过测评，好像是不错。

主播：是的家人们，全新的"惊鸿"系列经过了专业调音，采用人体工学设计，具有天然原石质感，使用了最新的电子分频技术，绝对惊艳你的耳朵！

弹幕9：主播你说这些我不懂，我就想说我手机能用吗？

主播：当然能用了，不管你的手机是安卓系统还是IOS系统，你的设备是手机还是电脑，都是可以使用的！而且为了照顾更多的使用群体，"惊鸿"系列一共有两款，一款功能更加丰富，附带高清麦克风，让您工作娱乐两不误；另一款更加纯粹，只为音乐而生，不附带麦克风，但使用的是不一样的高纯度镀银线，还是可更换的，能让声音更加通透。

弹幕10：都是有线的吗？没有无线款？

主播：不好意思哦这位朋友，××这个品牌的耳机目前都是有线的，这也是追求更加极致的音质的结果。如果您想要无线耳机，也可以去1号到9号链接看看，那些是很好用的无线耳机哦！

弹幕11：直播间有优惠吗？

主播：当然有了，今天××品牌耳机两款都是8折大促销，数量有限，先买先得。大家抓紧下单吧，链接已经上了！

……

⚠ 【互动误区提醒】

1. 不论是专业的还是比较业余的问题，主播都要耐心解答，不能顾此失彼。

2. 主播要提前掌握好与耳机相关的知识，不要显得不专业，要避免因自己缺乏相关知识而导致冷场，更不要就有关专业问题和观众争论。

3. 主播要把两款耳机的区别讲解清楚，并说明这样设计的理由，不要模棱两可，要让观众在清楚了解产品的前提下放心地进行选择。

4.6.2 情景62：电影

▶ 【直播情景再现】

某影音用品直播间正在热卖一款投影仪，主播小米正在直播间向观众展示。

不少观众反映投影仪往往有虚标、分辨率低、对焦慢、色彩不准等问题，小米为了解答观众的困惑，同时对投影仪做最全面的展示，现场利用直播间的投影仪给直播间观众实际演示了一下投影效果。但这又引发了观众的一些其他疑问，有人说都是直播效果，有人说家里没有这么好的使用场景，还有人说演示的和实际发货的不一样……诸如此类的弹幕在直播间公屏上快速滚动着。

【直播公屏分析】

1. 有观众反映投影仪常有虚标、分辨率低、对焦慢、色彩不准之类的问题，他们可能使用过其他品牌的投影仪，又或者看了相关的测评视频，主播应用事实说话，让观众相信直播间销售的投影仪是质量上乘、经得住考验的产品。

2. 公屏观众对直播效果进行质疑是正常现象，主播要通过一些手段进行佐证，让观众相信投影仪的品质，也相信主播的诚意。

【主播互动演练】

主播：欢迎各位朋友来到直播间，最近《××××》上映了，大家去看了没？

弹幕1：我看了我看了！还不错。

弹幕2：没时间去看啊，平时太忙了。

主播：对啊，我也还没去电影院看呢。大家是不是经常想去看电影，但又觉得没时间呢？又或者没人一起看，就懒得去了？

弹幕3：对呀对呀，一个人去没意思。

弹幕4：我都是在家用电脑看的。

弹幕5：我一直用手机看，但是屏幕太小了不大舒服。

主播：对呀，手机和电脑确实无法带来完美的观影体验，所以今天小米给大家带来了好东西，那就是××牌新款投影仪！

弹幕6：投影仪啊，我没有用过诶，效果咋样？

主播：投影仪的效果当然好啦，最主要的就是大屏，看大片可带劲了，而且还不限场地，只要有面墙，随时都能看！

弹幕7：好像投影仪一般清晰度都不行吧，而且还挺贵的。

弹幕8：好像很多投影仪亮度也不太行。

主播：放心吧家人们，这款投影仪我自己用过了。不管是清晰度还是亮度，都非常到位；不管是白天还是晚上，都是真彩高亮的，绝不虚标！

弹幕9：颜色怎么样啊？

主播：看色彩就看覆盖比，这款投影仪的覆盖比超高，具体的专业参数我就不念了，大家去详情页看就行，反正绝对不偏色！

弹幕10：什么分辨率的啊？我之前用过一个，说是超清，结果只有720P的分辨率，看着可糊了！

主播：放心哦家人们（打开投影仪给观众实际演示），这款投影仪是实打实的1 080P超清分辨率。大家看，画面细腻、生动，一点都不糊，非常清晰！

主播：另外，这款投影仪还支持全自动梯形校正，大家买回去随手一放，出来的画面都是方方正正的，根本不用自己调整。此外，音质也进行了升级，可以带给大家不输电影院的观影体验！

弹幕11：这么好，肯定很贵吧？

主播：原价确实有点小贵哈，不过本场直播拿到了平台的特殊补贴，直接减免300元，还申请到了9折优惠，并且这两者是可以叠加使用的，也就是先减免，再打折，综合算下来是非常实惠的哦。这个优惠力度，双十一都不一定有啊！而且只限本场直播，要是错过了，哪怕还是我们的直播间，都没有这个优惠了哦！

弹幕12：我有点想买了！

弹幕13：我也是！

…………

⚠️【互动误区提醒】

1. 主播在用投影仪给观众做演示的时候，要有版权意识，不要播放平台不允许播放的视频作品。

2. 主播不要只口头回答观众的疑问，要拿出"干货"，让观众信服。

3. 主播要注意体现优惠活动的"稀缺性"，不要只是平淡地念出优惠规则，而要给观众营造一种"现在不买后面就没这么便宜"的感觉。

4.6.3 情景63：电视剧

【直播情景再现】

某休闲食品直播间正在热卖一款纯肉零食大礼包，主播小豪将大礼包拆开后，一一给直播间观众进行展示。为了活跃直播间气氛，小豪想到了最近热播的电视剧《×××》，就以此为话题与观众聊了起来，许多感兴趣的观众也加入了讨论，一时间直播间人气高涨，小豪适时地向观众推荐起了零食大礼包。

观众对零食大礼包也有兴趣，纷纷询问是哪个牌子的，还问里面有什么东西，小豪抓住机会，做了波广告，零食大礼包很快被抢售一空。

【直播公屏分析】

1. 直播间的观众活跃可能是由于对电视剧《×××》感兴趣，因此主播要抓住机会，适时开始推荐产品，因为这种火爆不会持久。

2. 公屏观众关心零食大礼包的品牌，说明他们担心非品牌零食的品质没有保障，主播要做出合理解释。

3. 公屏观众关心零食大礼包里面的东西，这是一种好奇心，同时也是担心大礼包有"滥竽充数"之嫌疑，主播要打消观众的疑虑。

【主播互动演练】

主播：各位老铁666啊，看到你们心直动啊，要问我为什么心动啊，观众人美还挺内秀啊！

弹幕1：666！

弹幕2：你是个人才！

弹幕3：你这是最近那个电视剧《×××》里面的台词吧？

主播：哈哈，被各位兄弟姐妹们看出来了，对，就是《×××》里面的台词，我稍微改了下。

弹幕4：主播也在看这个剧啊？我也在看。

弹幕5：我也是。

主播：当然了，这么火爆的剧我当然要追了，不然怎么和家人们找共同话题啊？不过说起看剧啊，大家说，看剧最重要的是什么？

弹幕6：最重要的当然是剧了！

主播：好吧，这位朋友真幽默，是我的问题。那我换个说法，大家说最好的看剧伴侣是什么！

弹幕7：是好朋友！

弹幕8：不，是男/女朋友才对！

弹幕9：我觉得是小零食。

弹幕10：我也喜欢看剧的时候吃点东西。

主播：哈哈，有人陪伴一起看剧当然很重要，不过不管是好朋友，还是男/女朋友，小豪我暂时是无能为力了，但是小零食倒是可以满足大家！

弹幕11：我闻到了带货的味道！

主播：哈哈，没错，各位兄弟姐妹们，小豪今天带给大家的，就是一份超值的纯肉零食大礼包！

弹幕12：咋是大礼包啊，大礼包里面谁知道都有啥？

主播：问得好，接下来就是展示小豪口才的时候了，各位听好了。小豪推荐的大礼包里面，有虎皮凤爪牛肉干、香卤鸡蛋大鸭腿、麻辣猪肉片、泡椒小凤爪、风味玉米肠、猪肉脯、鱼豆腐、鸭脖鸭架鸭锁骨（极快又富有节奏地念出）！

弹幕13：666！

弹幕14：主播好语速！

主播：谢谢大家哈哈，主播不仅语速快，发福利也快，待会儿从上链接开始，20秒内，注意了，只有20秒，20秒内下单成功的有缘人，直接买一送一！

弹幕15：哇塞！

弹幕16：我的食指已经蠢蠢欲动了！

…………

【互动误区提醒】

1. 主播在用电视剧引出话题时，要注意不要过分与观众讨论角色、剧情，尤其是不要上升到演员，以免给直播间带来不利影响。

2. 话题从电视剧到小零食的转折要自然，切忌硬推荐，主播可以用一些幽默的方式来过渡话题。

3. 主播展示语速的同时要注意咬字清晰，有节奏感，不要一通乱念，引起观众反感。

4.7 旅游主题

4.7.1 情景64：亲子旅游

【直播情景再现】

某户外用品直播间正在销售几款野餐包，主播小琳正在向大家展示一款热卖的野餐包的细节，她准备向直播间观众详细介绍这款好用不贵的野餐包。小琳不断地用话题引导，直播间的观众积极互动问着各自较为关心的问题，有人问野餐包放烧烤串会不会容易被扎破，有人问野餐包会不会渗水，有人问野餐包味道会不会很重，有人问野餐包散味怎么样……

【直播公屏分析】

1. 对于公屏上关注野餐包是否容易破损的观众，他们可能对野餐包的防护软垫的功能比较关注，主播可以结合材质、外观设计等详细讲解。

2. 对于公屏上关注野餐包渗水问题的观众，他们可能比较关注野餐包储存带液体的食物的功能，主播可以将保温野餐包的正确使用方法进行详细的讲解。

3. 对于公屏上关注野餐包味道的观众，他们可能将野餐包用来盛放味道较重的食物，主播可以多加强调内衬材质的优势。

💬【主播互动演练】

主播：宝宝们，欢迎来到×××直播间，咱们今天是一整期的户外用品专场直播。最近天气越来越好了，太阳也越来越温暖了，直播间是不是有不少爸爸妈妈打算趁着春天来了，带着家里的宝宝一起出去春游呢？

主播：今天首先给大家介绍的是这款保温野餐包。这是一款非常实用的包包，春天来了，出去踏春，放点水果、瓜子、点心什么的，或者放点咱们自己在家做的奶茶、果汁、饭团、汉堡什么的都可以，29L的超大容量包包，一家人出行想吃的想喝的都装得下哟！

主播：而且咱们这款野餐包最大的功能卖点就是12小时的冷藏保温功能，能长效锁温。我知道有些爸爸妈妈很喜欢给孩子带一些烤串、炸鸡之类的出去，找一个小公园自己动手做一些吃的对不对？咱们这个包可以让你轻松装下充足的新鲜食材，并为你的食材保温保鲜，让你们出去玩也吃得舒舒服服的！

弹幕1：这款野餐包放烧烤串会不会很容易被扎破啊？

主播：×××宝宝，你算是问到关键了，你是不是想用野餐包带点烤串出去野餐烤着吃？你放一百个心，咱们这个野餐包外边采用的是防油、防污的牛津布，更耐磨，里面是加厚的铝膜材质，不容易被锐物戳破的，而且里边如果不小心沾到烤串的油，用湿纸巾轻轻一擦立马就能干干净净哟！

弹幕2：装冰袋会不会渗水啊？

主播：宝宝们，咱们这个野餐包里里外外一共有三层材质，最外层是牛津布，中间一层是针织棉，最里边是铝膜，三层防护不渗水。如果你们夏天出游想带一点冰冰的饮料出去喝，你们就可以像主播这样，先放两个冰袋在底层，保温效果真的杠杠的！而且呢今天在咱们直播间下单的朋友们，主播再送你们五个冰袋，直接福利拉满给到大家！

弹幕3：野餐包有没有味道？

弹幕4：放了榴莲之类的水果会不会散不了味？

主播：宝宝们，咱们家的野餐包都是大工厂机器生产后就直接装箱发货的，所以收到货之后可能会有一点点的味道，你们可以拿到家里通风的位置打开散散味。而且咱们这款包包的开口也挺大的，你们如果放了一些榴莲、海鲜等味道比较大的食物，也没啥关系，放着通通风就可以了！

弹幕5：冰袋怎么送？

主播：咱们今天专场直播主要是为了迎接新粉、回馈老粉，直播间的宝宝们花一秒钟给主播点点关注、两秒钟亮亮粉丝灯牌，主播马上让大家39元秒杀这款野餐包，冰袋随包装给大家一起发过去哟！还没点关注的宝宝们记得左上角点点关注！

…………

⚠ 【互动误区提醒】

1. 主播互动时要围绕野餐包的功能用途，构造出家人出游、亲子旅游的日常化场景，要通过引发粉丝的共鸣从而促成交易，不要生搬硬套不合适的场景。

2. 主播要在直播间不断地告诉粉丝"你需要"，刺激粉丝需求，不要一味介绍产品功能。

4.7.2 情景65：景观旅游

【直播情景再现】

某装饰眼镜直播间正在热卖几款防晒墨镜，主播小敏正在向观众们展示一款品牌墨镜。正值夏季，南方沿海城市迎来旅游热潮，不少观众决定购买防晒效果好的墨镜去海边游玩时佩戴。大家纷纷在公屏提出自己的疑问，有人问墨镜是否防紫外线，有人问墨镜佩戴是否分男女，有人问墨镜镜片会不会容易起雾，有人问哪个颜色更好看……

【直播公屏分析】

1. 对于公屏上关注墨镜是否防紫外线的观众，他们可能比较关注墨镜的防晒功能，主播可以结合防晒指数等专业数据进行详细讲解。

2. 公屏上关注佩戴是否分男女以及哪个颜色好看的观众，他们出去游玩可能比较注重墨镜的穿搭。

3.公屏上关注镜片起雾问题的观众，他们可能比较在意不同场景下镜片的佩戴效果。

💬【主播互动演练】

主播：又是炎热的一天，欢迎大家来到××品牌直播间。先欢迎一下新进直播间的宝宝们，欢迎我们的××宝贝进入到咱们直播间，还有咱们的××宝贝是第二次来了对不对？欢迎大家！没点关注的可以先点点关注哈，今天我们直播间有个惊喜福利哦，所以现在所有宝宝们先停留在直播间哈，不会让你们失望的！

弹幕1：欢迎欢迎！

主播：最近的天气越来越热了，大家要注意防晒哦。一些出去游玩的宝子们，特别是到海边城市游玩的宝子们，一定要注意在海边的防晒。不只是裸露在阳光下暴晒的身体要涂防晒霜，咱们的眼睛也一定要好好地保护好，眼睛也一定要做好防晒哟！正好主播今天给大家带来了一款非常适合在海边沙滩游玩时戴的防晒墨镜！

弹幕2：墨镜是不是真的能防紫外线？

弹幕3：墨镜能不能反光？

主播：这款墨镜最大的特点就是它采用的是德国进口的高清偏光镜片，可以有效地阻隔紫外线，UV400防护，镜片的偏正率高达95%，轻松应对咱们在海边度假时刺眼的太阳光，让咱们在海边散步时视野也能非常清晰哟！而且，咱们这个镜片上还专门做了OAR减反射膜层，通过八层镀膜技术大幅度地提升了墨镜反射太阳光线的功能，使我们在太阳光下的视感也能更加舒适！

弹幕4：这款墨镜分男女吗？

弹幕5：男生能不能戴？

主播：宝子们，这款墨镜别看主播是女生试戴的，其实男生也是能轻松驾驭这款墨镜的！这是2023年最新款的太阳镜，也是很多知名明星种草的一个款型，是一款经典的oversize款产品。整体是一个非常经典的飞行员款型的设计，外观简约、大气，整体线条流畅、利落，造型比较立体，可以很好地修饰咱们的脸型！而且镜片两侧的圆形金属装饰钉更加凸显干练，彰显了品牌的独特构造，非常适合大脸、圆脸的家人戴，特别修饰脸型。宝子们，在海边旅游的时候拍照就选择这款，色系不俗，高级精致！

弹幕6：镜片会不会很容易起雾啊？

弹幕7：我之前买的墨镜，戴口罩会起雾！

主播：咱们这款墨镜的镜片采用的镀膜技术还有一个很惊艳大家的功能，那就是模拟荷花拒水的原理，当水珠落到镜片上的时候，可以像荷叶上的水珠一样立马掉落。所以大家不用担心下雨天、起雾天，镜片会不会很容易有雾气的问题，包括一些宝子们要在海边玩水，有海水溅到镜片上咱们一样能保护好眼睛，大家只管放心大胆地玩耍！像××宝宝说的戴口罩墨镜起雾的问题，你放心，你可以试试咱们家的这款墨镜，戴口罩墨镜起雾这个问题就能轻松解决！

弹幕8：哪个颜色好看？

主播：咱们这几款眼镜的颜色都是比较经典百搭的，白色时尚清新，烟灰色霸气张扬，卡其色尽显温柔气质，真的是谁戴谁好看，巨百搭、显脸小，没化妆的姐妹戴起来简直就是素颜神器。这是夏天出游一定要入的一款墨镜，男女老少都可以戴，还有儿童款也在直播间的链接里，这款墨镜就适合一家人出去玩的时候戴！别走开，咱们马上给大家秒一波福利！马上开价福利给到大家！

…………

⚠【互动误区提醒】

1. 主播在通过旅游话题与大家互动时，要尽快建立旅游与墨镜之间的关系，不要主次不分。

2. 产品的数据一定要真实、准确，数据的类型要丰富，直播间的背景可以用动态的数据图或者表格图给大家演示防晒的功能，不要弄虚作假。

4.7.3 情景 66：民俗文化旅游

📺【直播情景再现】

某珠宝手串直播间正在销售几款民俗手串产品，主播小玥正在向大家展示一款碧玺手串。碧玺手串的原材料主要出自新疆、云南等地，旅游旺季时期小玥的线下门店也会接待不少购买手串的游客。直播间有不少观众对于民俗文化的手串非常感兴趣，大家纷纷在公屏上聊自己关心的问题，有人问手串有没有证书，有人问手串的珠子品质好不好，有人问手串的珠子是否透亮纯净，有人问手串有没有瑕疵……

🖥【直播公屏分析】

1.公屏上关注手串证书的观众，他们可能比较关注手串原材料产出地等真实情况。

2.公屏上关注手串珠子是否透亮纯净、有无瑕疵等问题的观众，他们可能比较看重手串的品质以及佩戴的效果，可能是比较懂行的观众。

💬【主播互动演练】

主播：欢迎来到我的直播间，我的直播现场在云南省××市××路××号的门店里哟，如果近期有打算来咱们这儿旅游的宝宝可以直接来我的店里选购。今天要给大家介绍的是咱们当地的特色民俗文化手串——碧玺手串，大家听说过没？选用的是非常好看的珠子，寓意也非常好哟！新进来直播间的家人们，没有给主播点关注的，赶紧给主播点一下关注哈，到时候有什么问题可以随时来问我！

弹幕1：下周打算来云南旅游看看！

主播：现在主播手里给大家展示的是下边小黄车1号链接的碧玺手串。大家看咱们这款手串的珠子大小均匀、水润光滑，珠身通透，而且颜色也非常纯正，佩戴在咱们的手腕上给人一种华而不俗且不失单调之感，真的是高级感满满的哟！咱们的珠子都是经过高超的打磨技术不断地抛光、精细化处理，才能呈现出璀璨多彩的色泽，家人们戴在手上一定赏心悦目、明媚动人哟！

弹幕2：手串有没有证书？

主播：咱们的每一款、每一条碧玺手串都是经过专业鉴定的，鉴定一般分为人工鉴别与仪器测试两个方面，由CMA认证机构进行专业的鉴定之后，出具非常详细的权威鉴定书。咱们每一条手串都有独立的身份编码，支持大家用手机扫码、电脑或者官网查询验证，想要的家人们抓紧时间在公屏上刷"想要"！我看看今天的库存够不够！大家也可以旅游的时候来到咱们店里线下购买，咱们都是保真的民俗手工手串，是非常具有纪念意义的手串！

弹幕3：珠子品质好不好啊？

弹幕4：珠子透亮度高不高？

主播：我看到有家人问到的问题非常专业啊。大家不用担心手串的品质问题，收到货以后第一时间先看一下品质和花纹，我相信你一定会被这么好看的手串惊艳到。大家也知道，越是晶莹剔透的碧玺它的这个品质肯定越好越纯，你们看看主播手上的这条手串是不是又亮又通透？还有三分钟就给大家上优惠券啊，领券到手价格是×××元，今天在直播间大家自己都凭手速去抢，谁抢到就是谁赚到啊。品质真的不是我说，非常的好看，非常的有档次！

弹幕5：会不会有瑕疵？

主播：家人们，咱们都是鉴定后仔细包装发货的，鉴定不只是为了每一条手串货真价实，还是为了确保每一颗珠子都完好无损。但是呢大家在日常佩戴的时候还是要稍微注意下，碧玺的脆度还是比较高的，如果遇到强度较高的磕碰那还是有可能导致珠子上出现一些小裂痕的，所以大家记得不要去跟很尖锐的物体碰撞。好，优惠券已经加上了，大家抓紧去抢啊，想要的姐妹现在抓紧时间去拍一下吧。抓紧时间还有20单库存了啊！来云南旅游的朋友们记得可以来咱们家线下门店，咱们还可以现场看看咱们当地的民俗文化手工艺手串是怎么做出来的。

…………

⚠ 【互动误区提醒】

1. 主播可以向观众们讲解一些民俗文化小故事，或者产品由来的故事，通过有趣的故事引入直播，但不要讲价值观导向不恰当的故事。

2. 主播在用民俗文化打开话题时，要注意体现出对民俗文化的尊重，不要发表过于主观的个人评价。

▶▶ 4.8 女性话题

4.8.1 情景67：时装

【直播情景再现】

某潮流女装直播间正在热卖一款百褶裙，主播小可从短视频引入话题，和观众聊穿搭、聊时尚、聊设计。另外，小可还给直播间的观众介绍了一些百褶裙的常见搭配技巧，并请直播间的一位模特现场进行了换装演示，把直播变成了一场"时装表演秀"。一时间吸引了非常多的新观众进入直播间，公屏上弹幕飞速刷新，直播间热度空前。

【直播公屏分析】

1. 直播间的观众活跃可能是被"时装表演秀"吸引的，主播要抓住时机转移观众注意力。

2. 有很多新观众进入直播间，因此主播要对百褶裙进行重复介绍，最好编一些广告语，让新观众有兴趣，老观众不厌烦。

3. 公屏上弹幕刷新快，主播可能来不及看清，因此，主播可以在直播间将百褶裙的关键信息用文字或图片等形式展现出来，循环播放。

【主播互动演练】

主播：各位家人们你们好呀！小可又来和你们聊穿搭、侃时尚、推好物啦！

弹幕1：姐姐我来啦！

弹幕2：小可今天推荐什么？

弹幕3：我就等着你开播呢！

主播：哈哈，谢谢大家的喜欢，我最近啊，刷××视频的时候，看到了一款非常好看的百褶裙，那个视频里搭配得非常好看。经过我和工作室的努力，本直播间和×××品牌达成了合作，拿到了2000条好看的百褶裙，又精心挑选了其他可与之搭配的小单品，今天一起推荐给姐妹们！

弹幕4：拿出来看看！

弹幕5：对对对，先瞅瞅再说！

主播：不急不急，让小可先卖个关子，大家不要走开，注意看！今天给大家准备了特别节目！

弹幕6：还有节目？

主播：当然了，灯光音乐准备就绪，大家别眨眼！

（模特上演"时装表演秀"）

弹幕7：哇！是秀啊！

弹幕8：666！

弹幕9：模特姐姐好好看！

弹幕10：她穿的百褶裙我好喜欢！

弹幕11：配的小衬衫和帆布鞋也好好看！

…………

主播：哈哈，怎么样？好看吧？喜欢吗？所有模特身上穿的，不管是小衬衫、百褶裙还是帆布鞋，今天都有卖哦！不过呢，百褶裙要多一些！

弹幕12：我要裙子！

弹幕13：我要那款衬衫！

弹幕14：我要鞋子！

主播：哈哈，家人们别急，马上就上链接了，百褶裙在1号链接，衬衫在2

号链接，帆布鞋在 3 号链接，大家想怎么搭就怎么搭。

主播：大家留意下公屏上的滚动信息，上面有客服的联系方式，关于质量、款式、尺码等问题，都可以找客服细聊哦！

弹幕 15：再来一遍秀！

弹幕 16：对对对！我还要看！

主播：别急嘛家人们，表演秀待会还有，不过需要家人们的支持哦。大家多刷刷弹幕，更重要的是，给小可冲冲销量！直播间点赞每增加 5 万个或者成交量每增加 500 件，表演秀就会返场！

弹幕 17：那还等什么，冲冲冲！

…………

⚠【互动误区提醒】

1. 主播在向观众预告表演秀时，不要直接把商品介绍出来，最好让表演秀先开始，等结束了再具体介绍，适当利用一下观众的好奇心。

2. 表演秀的设计要符合平台规范，要注意尺度，避免低俗。

3. 主播不要无条件满足观众要求，要设置一些门槛，引导观众积极发言，提升直播间热度，从而实现更高的成交率。

4.8.2 情景 68：星座

【直播情景再现】

某时尚饰品直播间正在热卖一套十二星座主题手链，主播小玫已经和观众聊了几分钟的星座话题了，然后她适时向观众展示了十二星座主题手链，这引得非常多感兴趣的观众积极讨论。有些观众只对星座好奇，在问每个星座对应的出生时间；有些观众也对手链感兴趣，更加关注手链的价格、材质、防水性、颜色等。

【直播公屏分析】

1. 不少观众对星座好奇，但主播不能一直与观众聊星座，可在直播间公屏上滚动播放每个星座的相关信息。

2. 关注手链的价格、材质、防水性、颜色等信息的观众，他们在期待主播对手链的详细介绍，想要对手链有深入的了解。

3. 公屏上还有一些其他发言，这是由星座话题引起并展开的，主播可适当回复，但不要过多关注。

【主播互动演练】

主播：家人们晚上好！欢迎来到小玫的直播间！

弹幕1：小玫晚上好！

弹幕2：主播真漂亮！

弹幕3：我等半天了！

主播：欢迎欢迎。今天在手机上看有关星座的内容多看了会儿，来晚了几分钟，不好意思哈。

弹幕4：看星座？

主播：是啊，我是狮子座。

弹幕5：主播还信星座呢？

主播：也不是信啦，就是觉得好玩，十二星座的来源啊，各个星座之间的配对啊，多有意思啊！

弹幕6：确实，我也喜欢研究星座。

弹幕7：我不是很喜欢诶。

主播：其实啊，喜不喜欢、相不相信，并不重要，有时候它更多的是一个象征意义。今天小玫就要给大家带来一套×××品牌的十二星座手链套装，一套十二款，每款都根据其中一个星座的内涵精心设计，买给自己或者送朋友、送恋人都很合适哦！

弹幕8：原来如此，可是我都不知道自己是什么星座诶！（可以买其他配对的星座手链吗？）

主播：哈哈，不知道自己星座的家人，可以看直播间右上角的滚动信息哦，很清晰的，实在不行还可以动手上网查一查，很简单哦！

主播：另外这位叫作××××的朋友说得很对，不一定要买自己星座的款，可以买相配的其他星座的主题手链，这思路也很赞哦！

弹幕9：说到底这手链是什么材质的啊？防不防水，掉不掉色呀？

主播：家人们请放心，这套手链的材料是925银，且所有手链都经过73道工序手工打造，颜值、品质俱佳，色泽纯正，不惧水洗，不会褪色。不过这么好看的手链，建议大家还是不要长期泡水哦。

弹幕10：多少钱呀？

主播：好的，大家注意了，十二星座系列手链，每款都是3××元哦！今天直播间有折扣，下单满300元可以直减50元，所以现在不到300元大家就可以把心仪的手链带走啦！

弹幕11：上链接，买买买！

…………

【互动误区提醒】

1. 主播用星座打开话题时，切忌深聊，尤其注意不要往迷信、玄学等方向引导。
2. 主播不要沉迷于与观众聊星座话题而忘记介绍手链，促成交易才是主要任务。
3. 关于直播间的优惠活动，主播要进行清楚、完整的介绍，不要模棱两可。

4.8.3 情景69：情感

【直播情景再现】

某潮流服饰直播间正在热卖一款亲子装，为呼应亲子装的产品特性，主播小雪特意将直播间的灯光调成暖色调，又以"亲情"为切入点，打开了话题，与直播间观众进行了友好互动。直播间观众反馈热情，有人对衣服的图案十分好奇，有人特别在意衣服的颜色，有人询问小孩子那件衣服的尺码，也有人关注衣服的材质，一时间，各式各样的弹幕在公屏上飞速刷新。小雪高兴的同时，也在认真回答观众提出的问题，解答观众疑问，直播间氛围十分温馨、和谐。

【直播公屏分析】

1. 有些观众在意衣服图案，他们可能担心图案寓意不好或不理解图案具体含义，主播可解释图案立意。

2. 有些观众在意衣服颜色，主播可以解释一下不同颜色代表的含义。

3. 有些观众在意小孩衣服的尺码，主播可以解释不同尺码对应的身高体重，让观众放心选购。

【主播互动演练】

主播：欢迎各位进入直播间的朋友们，小雪太感谢你们的到来啦！

弹幕1：主播好！

弹幕2：直播间怎么这个色调？

弹幕3：这灯光有种过年的感觉啊。

主播：是这样的啊朋友们，今天直播的主题是"亲情"，所以特意打的暖色系灯光哦，这样显得更加温馨，而且这个灯虽然是暖色调的，但是不伤眼睛哦。

弹幕4：亲情主题？

弹幕5：具体是啥意思？

主播：我知道看我直播的观众中女士比较多，因为小雪就是个宝妈，所以也吸引了很多宝妈观看。这不，儿童节就要到了，各位妈妈们，今天小雪给大家推荐的是一套亲子装，等到儿童节的时候啊，叫上老公和孩子一起穿上，多棒啊！

弹幕6：亲子装啊，我以前也买过。

主播：是吧，其实不光是儿童节，平时只要有空，一家人一起出门，不管是购物还是郊游，穿上这样一套亲子装（拿出亲子装展示），走到哪里都是一道靓丽的风景线，而且还能增进家庭成员之间的感情！

弹幕7：这衣服上面那个图案是啥意思？

弹幕8：咋一件衣服就一个字母啊？

主播：是这样的，这套亲子装一共有三件，分别是爸爸、妈妈、小孩穿的，上面印的分别是英文字母"I"、图案爱心、英文字母"U"，连起来就是"我爱你"的英文读音啦，一家三口肯定是"你爱我，我爱你"的嘛。

弹幕9：虽然有些老套，但是很经典！

弹幕10：颜色也是红色，蛮喜庆。

弹幕11：有其他颜色吗？

主播：也有其他颜色的哦！不光有红色，还有黄色和橙色，都是暖色系的，一家人穿上，看上去特别温馨！

弹幕12：我想给我家买一套，我老公前阵子就说想买这种亲子装。

弹幕13：这衣服啥材质的，透不透气啊，现在天挺热的？

主播：放心家人们，这套衣服是纯棉的材质，十分透气，现在这个季节穿很合适！

弹幕14：有优惠吗？

主播：当然有啦！小雪哪次不给家人们送福利啊？今天在直播间下单全部8折哦，希望大家买了亲子装，家庭美满，生活如意，永远幸福！

弹幕15：那就整！

⋯⋯⋯⋯

⚠【互动误区提醒】

1. 主播可从亲情角度入手渲染情感，但要注意语言的艺术，不要不经意间形成道德绑架，要真心实意地让观众体会到亲情的美好。

2. 关于衣服的颜色，主播不要只告知有哪些，要对颜色加一些修饰，并解释颜色含义，赋予颜色价值。

3. 如果观众不认同主播对衣服颜色、图案等元素所代表的含义的解释，主播不要与观众争论，要有礼貌地表示这是衣服设计师的意思；如果观众发言过激，按平台规定处理即可。

4.9 财经话题

4.9.1 情景70：金融

【直播情景再现】

某图书销售直播间内，主播小杨正在向观众们介绍一些书籍，他选择了房地产这个大家比较关注的领域进行详细介绍。观众们都很感兴趣，大家在公屏上就相关问题进行了热烈的讨论，房地产市场未来的发展如何？房价与金融的关系怎么理解？某些专家的言论到底有没有道理？

【直播公屏分析】

1. 对于房地产这类民生问题，大家都有自己的看法，也有很高的评价和发声欲望，主播要注意营造良好的讨论氛围。

2. 很多观众的发言并没有经过深思熟虑，大多时候是在传达一些个人的情绪。

【主播互动演练】

主播：朋友们，你们现在所在城市的房价是个什么水平？这两年降幅明显吗？

弹幕1：一些平台上降了一两千元，自己去问的时候降得更多一点。

弹幕2：降了，两三千元左右吧，再等等。

弹幕3：为啥你们都降了，就我这涨了，涨了快一千元了！

弹幕4：过两年是个啥情况？疫情完了还要涨？还有没有机会买房啊？

主播：准备买房的朋友们应该做过一些功课了吧，房地产的居住属性已经完全不足以支撑它自身的价格了，之所以过去一二十年一直在涨，除了经济的不断发展，更多的是它的金融属性不断被挖掘出来！

主播：这一点做了功课的朋友们都没意见吧？我在这儿分享一点自己的看法，大家交流交流。既然房地产的金融属性不断被挖掘出来，而且它已经走到了现在这个价位，××国的前车之鉴，我们能不吸取教训吗？

弹幕5：一荣俱荣，一损俱损。

弹幕6：买不起，金融不金融的，我也没法参与。

主播：大家不要太悲观，我们的金融市场一定是会健康发展的。经济要有活力，房地产行业从粗放发展到高质量发展是一个必然过程。至于金融市场的问题，我的看法是相关政策其实已经把答案告诉我们了，时间换空间，居住属性和金融属性都能得到满足。

弹幕7：买房就是典型的追涨杀跌。

弹幕8：主播完全是臆想，自欺欺人，自由落体肯定会出现，这是规律。

主播：我的这些看法其实很多来自×教授的这本《×××房地产与经济》，这本书从古代讲到今天，旁征博引，中外结合，对我们国家的房地产进行了全面的剖析，看完我感觉自己豁然开朗了。

主播：这本书在15号链接，直播间的书友们可获得7折优惠！喜欢的朋友可以好好研读一下，我觉得肯定会受益良多。

主播：能够敏锐地察觉机会，能够谨慎地躲避危机，对我们来说同样重要！

…………

⚠【互动误区提醒】

1. 主播可以与观众们交流、讨论，沟通见解，但不能口无遮拦，将自己的个人观点大肆宣扬。

2. 主播可以有个人的意见和看法，但绝对不能攻击、抹黑社会主流价值观念和政府相关政策规定。

3. 主播要注意及时将观众的关注重点转移到相关专业书籍上来，不要做无用功。

4.9.2 情景71：投资

【直播情景再现】

某珠宝首饰直播间内，主播小周正在向观众们介绍一款 Au9999 的投资金条，小周一边介绍这款金条的投资价值，一边向观众们展示它的相关证明材料。很多观众都在公屏上讨论关于黄金投资的看法，有人说黄金是最好的投资品，有人说黄金现在的保值性也不高了，有人分享了自己对于买入黄金的见解……

【直播公屏分析】

1. 对于黄金很多人都有一定的了解，很多喜欢购买投资金条的观众一般都具备两个朴素的观点，一个是保值性，另一个是传承性。

2. 那些对黄金价值持负面态度的观众，在一定程度上会影响直播间的氛围，主播要使用专业的经济知识加以反驳，并要提高控场能力。

【主播互动演练】

主播：朋友们，你们以前买过黄金吗？买工艺黄金的人多还是买投资黄金的人多？大家发个弹幕我看看。

弹幕1：买过金首饰，戴了几次没怎么戴了。

弹幕2：家里传下来的有些，不知道现在值多少钱。

弹幕3：我妈买的小金条，套了好多年了，去年刚解套。

主播：金首饰这类属于工艺黄金，投资黄金就是像我手中的这种金条，上面有标识，还带着证书。买了投资黄金的朋友们，现在黄金价是每克 419 元，你们算算自己赚了多少！

弹幕4：我妈那个估计有个三五十克吧，当年好像是每克 300 多元买入的，这两年涨得很快，解套后赚了一些，哈哈哈哈。

弹幕5：我家那些金条没你手中这么规整，还有几件首饰，现在也不知道值多少。

弹幕6：哈哈哈哈，我买得早了，当年每克 200 元左右的时候入手的，现在估计涨了一倍吧。

主播：恭喜恭喜啊，每克200多元入手那真是高手，有福气，这么多年虽然货币贬值不少，但是你这黄金可涨了不少啊！

主播：家里的老黄金要是想卖的话，可以来主播的线下门店，直播间的朋友我都给合理的回收价！

弹幕7：现在黄金也没有以前那么保值了，还不如买点股票和债券收益高。

主播：要论保值率的稳定性，可能这世界上还真没有东西能比得过黄金！股票是收益高，但是风险也高，一不留神就可能血本无归，越是散户越容易失误！黄金就不一样了，收益率能追平通货膨胀率，且比银行利息高，如果没有人恶意做空，基本上保本不会有问题。

主播：我的两个朋友就是一个全仓买了黄金，一个全仓买了股票，这两年疫情，买股票那个亏得都要崩溃了！买黄金的那个，在所有人的日子都过得很艰难的时候，他的黄金直接涨了将近20%！这简直是一个天上，一个地下！

弹幕8：别提了，去年我的股票一整年都是绿的，我都不敢跟我老婆说。

弹幕9：债券也是一样的，一整年几乎都是绿的，完全给我希望干没了。

主播：买黄金还是相对较稳的，尤其要买投资黄金。去年美联储一直在加息，而且发言说未来不要想着降息，这还会再推一波金价！

主播：要买投资黄金的朋友一定要认准大品牌，我手中的这款就是中国××出的投资金，央企出品，证书齐全，支持回购！

主播：不管你是收藏还是投资，都没有问题，需要用钱了随时都能变现！这款分别有10g、20g、50g、100g、200g、500g的，大克重，收藏更方便！

主播：未来两三年的经济形势前景不明，买点黄金心不慌啊！需要的朋友看我们的8号链接，今天买，明天我们专人给您送货上门！

…………

⚠️ 【互动误区提醒】

1. 主播在不具备投资方面专业知识的时候，不要不懂装懂，不然很容易就会露馅，可以邀请一些专业人士作为嘉宾来共同直播。

2. 主播不要大肆宣扬自己的投资选择，更不能给出具体的投资组合，否则后续盈利亏损问题很容易带来纠纷。

4.10 家教话题

4.10.1 情景72：亲子教育

【直播情景再现】

某创意玩具直播间正在热卖几款儿童益智玩具，主播小童正在拆开一箱儿童磁力棒积木玩具，准备向直播间的观众们展示该积木玩具的各种玩法。临近六一儿童节，直播间涌入一波打算给孩子购买益智玩具的家长，一时间公屏上也出现各种各样的问题，有人问玩具的零件太多会不会很容易丢，有人问玩具的磁力大不大，有人问玩具的材质安不安全，有人问玩具怎么消毒……

【直播公屏分析】

1. 公屏上关注玩具零件会不会很容易丢的观众，他们可能担心玩具的零件太多、太小容易丢，比较重视玩具的重复使用问题。

2. 公屏上关注玩具磁力大小、材质安全与否的观众，他们可能比较关注玩具的工艺问题。

3. 公屏上关注玩具消毒问题的观众，他们可能比较关注玩具的清洁方式。

【主播互动演练】

主播：家人们，再过几天就是儿童节了，还有没有不知道儿童节给孩子们买什么礼物的爸爸妈妈？大家可以积极地在公屏上互动哟！主播现在就帮助你们解决这个难题。大家看一下，主播现在手上拿的呢，是一款可以用很久而且一点也不贵的益智小玩具。一些不知道该怎么跟小孩子互动的爸爸妈妈们，你们有福啦，这款玩具真的是又能解放你们，又能和孩子们亲密互动，而且最大的意义就是能教宝宝们学东西，什么认颜色、学字母、学数字、学图形等，咱们这个玩具都可以帮大家做到哟！

弹幕1：让我看看是什么好东西！

主播：这是一款百变磁力棒儿童积木，一共是29件套，能帮助孩子打造自己的奇趣王国世界。首先呢，它一共有赤橙黄绿青蓝紫7种颜色，一些还没上幼儿园的宝宝们就可以通过这些鲜艳的玩具来认识颜色哟！

主播：再就是咱们这个磁力棒积木玩具里边配备多种不同样式的说明图纸，宝宝们可以参考说明图纸，拼接出A、B、C、D等字母，还可以拼接出三角形、正方形，正方体、长方体，就连圆柱体也不在话下，让咱们的萌娃宝宝们在动手的过程中就能学到很多知识。咱们这个磁力棒积木玩具还有超强吸力，能让宝宝们认识到磁铁的原理，引导孩子打开科学的大门！

弹幕2：零件这么多会不会很容易丢？

弹幕3：磁力大不大？

主播：××家人，不用担心咱们这个玩具的零件会不会丢哈，今天在直播间拍下的家人，主播给你们送一个大的收纳桶，宝宝玩好了直接往咱们这个桶里一放，三两下就能收拾好。而且咱们这个磁力棒都是专业级别的磁铁工艺，耐摔、耐玩，孩子每天拿出来玩一整天都不怕！

弹幕4：什么材质？安全吗？

主播：咱们这个采用的是安全无毒的ABS热塑型高分子材料，轻便耐用，手感非常舒服，再加上每一根磁力棒都经过了精心打磨，真正做到了圆角顺滑，表面光滑无毛刺，而且每一根磁力棒的尺寸都是加大加粗的，不用担心宝宝会误吞、误食。我知道家长们是担心宝宝的健康、安全问题，所以咱们做的玩具一定是安全、无害的！

弹幕5：怎么消毒？

主播：咱们这款玩具日常用消毒湿巾或者酒精棉进行擦拭消毒即可，日常的酒精消毒就可以避免细菌的滋生了。千万不要用水煮高温消毒哟，咱们的玩具在太高的温度下可能会变形哈！

弹幕6：玩具还是要消毒才行！

主播：马上就是儿童节了，所以今天直播间的价格真的是超级划算。宝爸宝妈们做好准备，咱们这个日常价格都是99元一套，今天咱们直播间喜迎儿童节，给大家派发福利，一套只要59元，是接近5折的价格！活动仅限今天，且限量 200 件，宝爸宝妈们拼手速的时候到了，后台准备好上链接！
…………

⚠️ 【互动误区提醒】

1. 主播要站在家长的角度多强调玩具对孩子的益处，不要只介绍玩具的趣味性。

2. 主播在介绍玩具趣味性的时候，要注意与孩子的学习和智力发展相联系，不要过多强调"玩"的属性。

4.10.2　情景 73：孩子学习

📺 【直播情景再现】

某文学读物直播间正在销售几本课外读物，主播小娜拆开了一本全新的课外读物，准备向直播间观众们展示这本书的细节。正值九月开学季，有不少学生家长打算给家里的孩子购买一些课外读物，辅助孩子的学习和成长，大家纷纷在公屏上提出自己的问题，有人问书是不是正版的，有人问书有没有配音频，有人问适合多大年龄的小朋友阅读，有人问新书有没有味道……

🖥️ 【直播公屏分析】

1. 公屏上关注新书是否为正版的观众，他们可能比较在意书籍的版权问题，比较担心印刷内容的准确性。

2. 公屏上关注新书有没有配音频的观众，他们可能买给识字量不多的小朋友，需要音频辅助孩子阅读。

3. 公屏上关注新书味道的观众，他们可能比较关注新书的味道对孩子健康的影响。

【主播互动演练】

主播：哈喽，欢迎大家进入我们×××直播间。大家可以看一下主播背后的小绿板，上边展示的是咱们最近热卖的几种儿童图书，都是有利于父母教育和孩子学习的图书。大家都想让孩子快乐地成长，咱们开播马上要介绍的是一本非常经典的儿童读物，记得点点关注哟！

弹幕1：点了点了！

主播：来，家人们，咱们今天直播间主推的就是主播手里的这套《大侦探福尔摩斯》。先给大家介绍一下，这套书一共有5册，里边讲的都是一些益智类型的破案故事，并且这本书的每一个字都是有拼音的，如果您家的小朋友认识的字不是很多，但只要认识拼音都是可以慢慢学着读懂这本书的。每一章节都是一个非常精彩的小故事，咱们大人可以在休息的时候带着小朋友一起学着推理故事情节，从小就锻炼小朋友的逻辑思维能力。这些有趣的推理故事还可以提升小朋友的阅读兴趣，让小朋友从小就培养出爱读书、爱思考的好习惯！

弹幕2：有没有音频？

弹幕3：能不能扫码听？

主播：咱们这套书暂时没有配备音频，没办法扫码直接听哟。咱们建议已经能认识拼音的小朋友读，或者是家长们在休息时间带着孩子一起读，陪伴孩子共同成长哟！而且咱们这套书的颜色也是比较鲜艳的，里边还配有很多很有意思的插画，许多小朋友都很喜欢，我们家小朋友带到学校去大家都抢着看呢！

弹幕4：适合多大年龄的孩子阅读？

主播：如果您是新进来的家长，不知道怎么拍，不知道自己家小朋友适合看哪一本书，您可以把孩子的年龄打在公屏上，主播来给您做推荐。主播手上的这本适合5岁以上的小朋友阅读哟，5岁以上的小朋友您可以用讲故事的方式读给他听，7岁以上会拼音的其实是可以看着拼音自己阅读的。

主播：如果有5岁以下小朋友的家长，我建议如果是幼儿园小班及小班以前的小朋友可以拍咱们右下角小黄车的3号链接；如果是幼儿园读中班、大班的小朋友可以去拍咱们的1号链接，1号链接会比较适合咱们幼儿园的小朋友。看这些书可以提前给小朋友打基础，有利于小朋友的学习和成长哟！

助播：大家还有什么问题可以打在公屏上，主播就不再多说了，倒计时 3 个数，你们抓紧时间去抢！还有什么问题大家抓紧时间问哟！

弹幕 5：新书有没有奇怪的味道？

弹幕 6：是不是正版？

主播：家人们，咱们的新书，采用的是环保印刷，可能微微有一些味道，都是正常的，但不会给小朋友造成什么影响的哈！不放心的家长拿到手后可以晾一晾。

…………

【互动误区提醒】

1. 主播可以借助儿童教育相关研究的成果来体现儿童课外读物的重要性，让家长认识到课外读物的必要性，不要只介绍书的内容。

2. 如果观众询问新书的异味，主播应大胆承认新书略微有味道，但都是环保印刷，不会影响孩子的健康，不要遮掩、欺骗。

4.10.3　情景 74：父母压力

【直播情景再现】

某乳品直播间正在热卖几款学生奶粉，主播小雪正在拆开一盒优质的品牌奶粉，打算给直播间的观众展示和讲解奶粉的细节。直播间观众纷纷在公屏问自己关心的问题，有人问偏胖的小孩子可不可以喝奶粉，有人问奶粉可不可以补钙，有人问喝奶粉可不可以长高，有人问长期喝奶粉会不会上火……

【直播公屏分析】

1. 公屏上询问偏胖的小孩子可不可以喝奶粉的观众，他们可能对学生奶粉的成分不太清楚，比较担心奶粉会促使小孩子长得更胖。

2. 公屏上询问奶粉是否有助于补钙及长高的观众，他们可能比较关心奶粉中含有的营养元素具体有哪些，比较关注喝奶粉对孩子的益处。

3. 公屏上询问长期喝奶粉会不会上火的观众，他们可能担心长期喝奶粉会有副作用。

【主播互动演练】

主播：我看看直播间有多少家长朋友们现在比较关注孩子营养问题、挑食问题？当父母、当家长的除了工作、生活的琐事，孩子的成长带给咱们的压力也不小！今天主播我话不多说，给所有直播间的家人们带来一款××品牌的高钙、低脂的学生奶粉。大家都知道这个品牌的奶粉含有优质的营养成分，主要用来满足咱孩子当下成长的需求。这款奶粉可以一定程度上缓解咱们家长朋友们的育儿压力！

弹幕1：孩子确实不爱吃饭，营养跟不上了。

主播：因为现在确实有不少小朋友比较挑食，好多蔬菜、水果他都不怎么爱吃，从而导致小朋友们多多少少都有一些营养跟不上的情况，久而久之呢发育可能就会比其他同龄的小朋友要迟缓一些，家长朋友们是不是也跟着着急得不行？咱们这款奶粉能够给孩子同步提供多种不同营养，主要针对中小学生的生长发育特点进行研制，富含维生素A、维生素B_{12}、叶酸等。是不是有一些小朋友的肠胃不太好，消化能力也不好，爱挑食，导致日常的营养摄入无法满足成长需求？像这样的话，长此以往孩子上课也不容易集中注意力了，学习成绩也不好了，这些都是让家长朋友们很头疼的问题啊。直播间有没有家里孩子有这些问题的？有的话你给主播在公屏上扣个"1"、扣个"有"！

弹幕2：偏胖的小孩子可不可以喝？

主播：我们这款奶粉不管你家的宝贝是上小学还是初中，是上高中还是大学，都是可以喝的，而且里面每一小袋它都是独立包装的，既营养又卫生！偏胖的小朋友可以放心喝哟，咱们这款奶粉主要就是补充补充成长必需的营养呢！

弹幕3：喝这款奶粉可不可以补钙？

弹幕 4：喝这款奶粉可不可以长高？

主播：家人们，咱们这款高钙、低脂的奶粉，富含钙元素。大家都知道钙是构成人体骨骼和牙齿的重要成分，咱们这款奶粉有助于补钙，更好地促进孩子的成长！

弹幕 5：长期喝这款奶粉会不会上火？

主播：现在什么都比不上健康重要，对不对？只要孩子的营养跟上来了，身体就有抵抗力了，家长的忧心压力也会小点儿。咱们这款奶粉是可以长期喝的，好喝不上火，而且大家仔细看这款奶粉的配料表，里边的营养成分一清二楚，你们都是可以看到的。现在已经上链接啦，大家不清楚配料表的可以点进链接去仔细地查看，马上给大家改到秒杀价格 39 元啦，大家现在认准 1 号链接。还有问题的家人们抓紧时间公屏扣出来，运营马上给我上库存，上秒杀价。时间不等人，家人们，倒计时三！二！一！

…………

【互动误区提醒】

1. 公屏上有些类似于"喝这款奶粉能不能长高"的问题，主播要注意识别直播规范，注意避免答复不能直接承诺的内容。

2. 主播在介绍奶粉的卖点时，要注意与父母养育孩子的痛点问题相结合，不能一味介绍产品的好处。

4.11 心理话题

4.11.1 情景 75：焦虑

【直播情景再现】

某品牌玩具直播间内，主播小倩正在销售一款毛绒熊玩具，这款毛绒熊是他们和×××品牌的联名款。小倩把这个毛绒熊抱在怀里，一边轻轻地摸着它的头，一边挥动它的胳膊跟观众打招呼。公屏上很多人很喜欢这只毛绒熊，有人说这只熊好可爱，有人问毛绒熊是什么材质的，有人问尺寸，有人问能不能送小男孩，有人问有没有香味……

【直播公屏分析】

1. 询问毛绒熊材质和味道的观众，他们担心毛绒熊的质量和安全问题，或者个人存在一些皮肤接触过敏的问题。

2. 询问毛绒熊大小的观众，他们可能需要主播提供一些直观的参照物来挑选合适的尺寸。

3. 询问毛绒熊能不能送小男孩的观众，很明显他们需要给小男孩送礼物，主播应根据观众的需求给出建议。

【主播互动演练】

主播：家人们，大家看我手中这只与×××品牌联名的毛绒熊玩具，非常呆萌、可爱，摸起来超级舒服！

弹幕 1：可爱啊！

主播：这个毛绒小熊的毛短短的、软软的，摸起来有一种温暖的感觉，很治愈，好像内心中有些东西被安抚了。

弹幕 2：我超喜欢抱着毛绒玩具的那种感觉，超安心的！什么焦虑和烦恼都没了。

主播：对，没错，我就很喜欢抱着它。平时直播工作闲下来的时候，我就抱着它，感觉能瞬间把我的心情安抚下来，那些焦虑的、急躁的情绪一下子就平静了，很管用的！

弹幕3：毛绒小熊有魔法，能安抚你的心。

主播：哈哈哈哈哈哈，是的，它就是我的小英雄！

弹幕4：小熊是什么材质的啊？

弹幕5：有没有香味啊？我看×××他们家的毛绒玩具都是有香味的。

主播：毛绒小熊的材质是涤纶，绝对安全、健康！

主播：这款小熊分为无香型和有香型两类，有香型的香味是草莓味，大家可以根据自己的喜好进行挑选。

弹幕6：我想要个大一点的，你手中这个我觉得小了。

主播：有5个尺寸，我手中这个是30cm高的，还有20cm、40cm、50cm、60cm高的。

弹幕7：想送我侄子，他6岁，能不能行？

主播：小男孩也没问题，这款小熊有粉色的还有棕色的，送小男孩、小女孩都是没问题的！

主播：喜欢的姐妹们，看我们的5号链接啊，今天还能领优惠券，券后价格只要×××元！来，三、二、一，走起来，姐妹们！

弹幕8：好可爱啊，给闺密买一个！

…………

⚠【互动误区提醒】

1. 主播在通过情感类话题与观众互动的时候，不能虚情假意，要有真情实感。

2. 主播要最大限度地与观众共情，不能对观众的遭遇或故事表现出麻木、冷漠。

4.11.2 情景 76：抑郁

【直播情景再现】

　　某休闲食品直播间内，主播小歌正在给大家介绍一款从比利时进口的巧克力礼盒。这款巧克力礼盒包装精致，造型独特，同时价格也比较高。直播间有很多人在公屏上发言，有人问为什么这款巧克力这么贵，有人问甜度怎么样，有人问送礼合适吗……

【直播公屏分析】

　　1. 如果要通过抑郁这类心理疾病话题实现与观众的互动，就要关注公屏中的发言，寻找适当的切入点。

　　2. 女性群体比男性群体更为感性，共情能力也更强，主播在互动时，尽量挑选昵称和名字更像女性的观众。

【主播互动演练】

　　主播：家人们，今天我特意给大家带来了从比利时进口的×××巧克力，金装巧克力礼盒，每一口都是奢华体验！

　　弹幕1：有排面！

　　弹幕2：我最喜欢×××家的巧克力了。

　　主播：主播本人就特别喜欢吃巧克力，不知道大家看没看过《阿甘正传》这部电影？阿甘在长椅上抱着的那个盒子就是巧克力，他说妈妈告诉他，人生就像一盒巧克力，你不知道下一块是什么味道。

　　弹幕3：阿甘！我很喜欢阿甘！

　　弹幕4：还有那根飘落的羽毛，我也记得那个情节！

　　主播：其实阿甘和巧克力帮了我。有一段时间我心理状况出了点问题，被确诊为轻度抑郁，那个时候真是对什么都提不起兴趣，最后是阿甘救了我，也让我喜欢上了巧克力。

弹幕5：巧克力真的有种魔力，它能让人变得开心！

弹幕6：没错！我每次难过的时候就会吃巧克力。

弹幕7：抱抱主播，恢复了以后要热爱生活啊，我们都爱你。

主播：谢谢大家，我也希望家人们每天都开开心心的，永远不要有坏心情！

主播：如果你感觉生活很无趣，像白开水一样，千万不要放弃。就像阿甘妈妈说的，人生就像一盒巧克力，你不知道下一块是什么味道！

主播：我们的×××金装巧克力礼盒也是一样的，精心打造了7种口味，包括牛奶巧克力、焦糖果仁牛奶巧克力、焦糖黑巧克力等。

弹幕8：牛奶巧克力，我的最爱。

主播：还没有关注的宝宝们点点关注，然后点击领取屏幕中间的优惠券！今天直播间优惠价，×××金装巧克力礼盒只要×××元，在我们的35号链接！

…………

【互动误区提醒】

1.当主播通过抑郁等心理疾病类话题与观众互动时，一定要做足功课，不能一知半解地大发评论，否则很容易引起观众反感。

2.主播要调动自己的情绪，挖掘自身的真情实感，与观众产生共鸣，不能假装共情，更不能虚情假意。

4.11.3　情景77：伤心

【直播情景再现】

某食品饮料直播间内，主播小柏正在销售一款新口味的可乐。很多人在直播间公屏上发问，有人问是不是广告上的那款，有人问好喝吗，有人问甜度怎么样，有人问跟经典款比起来哪个更好喝……

【直播公屏分析】

1. 询问可乐是否为广告同款的观众，他们应该是该品牌的粉丝，有关注相关的宣传和活动。

2. 询问新口味与经典款口味区别的观众，他们应该是经典款可乐的忠实消费者，有一定的尝鲜意愿。

【主播互动演练】

主播：有没有喝过这款清柠口味可乐的家人？清柠口味是今年新出的口味，柠檬与可乐的激情碰撞，搭配出独特的清爽口感，在大热天喝一罐冰镇的可乐，想想都觉得爽啊！

弹幕1：前两天在商场买过，味道不错，我挺喜欢的。

弹幕2：冰镇可乐，简直一绝啊！

主播：我现在先替家人们尝一尝啊，新款的清柠可乐。

弹幕3：怎么样，好喝吗？

主播：柠檬的味道很清新，但并不酸，甜味也恰到好处，我很喜欢这款可乐！

弹幕4：跟经典款比起来呢？

主播：跟经典款相比，这款更加清爽，喝完感觉有一种舒畅感！

主播：就是那种，晚上跟朋友们一起出去玩，压压马路，聊聊天，吃顿小烧烤，配上冰可乐，把所有不开心全忘了的感觉！

弹幕5：冰可乐配烧烤！

弹幕6：没有什么是一顿烧烤解决不了的事，如果有，那就两顿！

主播：对，没有什么好伤心难过的。打工人、干饭人，一顿不行就两顿，一瓶不行就两瓶！

弹幕7：然后体重过了200斤，哈哈哈。

主播：今天在我们直播间，所有的宝宝都能领到满40元减5元的优惠券。喜欢这款清柠可乐的家人们，点击3号链接下单啊！3号链接！

....

【互动误区提醒】

1. 主播在利用伤心这一话题跟观众进行互动的时候,不能真的营造出伤心的直播氛围,这样并不利于销售活动。

2. 主播应该用积极的、开心的口吻来化解伤心,带动观众们的情绪,不能真的沉浸在伤心的情绪里。

4.12 美食话题

4.12.1 情景 78:热门美食

【直播情景再现】

某调味食品直播间正在热卖几款拌饭酱,主播小芒正在拆开一盒非常下饭的香菇牛肉酱,打算向观众们介绍拌饭酱的卖点。直播间的公屏上滚动着大家关心的问题,牛肉酱会不会很辣?牛肉酱会不会很咸?开盖后能保存多久?一瓶大概能吃多长时间……

【直播公屏分析】

1. 对于公屏上关注牛肉酱会不会辣或者咸的观众,可能比较在意拌饭酱的口味,不太能接受过辣或者过咸的酱料,主播可以结合拌饭酱的吃法和用量给大家提出建议。

2. 对于公屏上关注开盖后保质期的观众,可能比较关心拌饭酱开盖后的储存方式以及储存时间,主播可以结合拌饭酱的实际储存条件给大家介绍。

3. 对于公屏上关注一瓶拌饭酱能吃多久的观众,主播可以结合饮食习惯和拌饭酱的用量给大家进行详细讲解。

【主播互动演练】

主播：家人们，欢迎来到咱们的直播间。是不是有很多喜欢点外卖的家人有时候点的餐食因为没啥味道就有点吃不下，或者晚上搞个夜宵想简单吃两口的？今天废话不多说，先给大家展示一款真的是家家户户必备的美味拌饭酱，加到大米饭、大面条子里边贼下饭！主播现在吃的拌面里边加的这个酱，就是咱们这款香菇牛肉酱。它里面是真材实料的一粒一粒的牛肉，里边的牛肉和香菇都是非常鲜的，然后再加上一些辣油，就非常非常下饭。我跟你们说，一点也不夸张，主播家里面已经吃了不下 10 瓶这款拌饭酱了。

弹幕 1：正好家里的酱吃完了！

主播：特别是我们每天早上吃早饭的时候，吃个馒头喝碗粥，加一点这个香菇牛肉酱，或者你晚上自己煮点夜宵吃的时候，下点面条，就跟主播这样把面条煮软，然后放两勺香菇牛肉酱拌进去，真的是下饭得很！所有家人们听清楚啦，这款香菇牛肉酱原价 39 块 9 一瓶，你去超市、菜市场调料店都是 39 块 9 一瓶，今天主播给你们 29 块 9 发两瓶，29 块 9 的价格给你买一送一，送一模一样的，两瓶到家好不好？

弹幕 2：会不会很辣？

主播：家人们，咱们这个是香辣口味的，但不会很辣，因为要照顾到大部分人的口味。咱们不是都像重庆人、四川人那么能吃辣对不对？所以咱们这个就是微辣，要是直播间有家人买回去觉得不够辣，你自己再加点辣椒面放到面条里也可以的！

弹幕 3：咸不咸？

主播：家人们别着急，你们有啥问题直接发弹幕，主播一个一个给你们回答！咸不咸？我看到××家人在问是吧？你拌饭、拌面条放上一两勺就可以的，不会很咸。另外，我跟你说，你带一瓶到办公室去，中午点外卖的时候，你和同事分享，他们肯定会问你这么好吃又下饭的拌饭酱在哪儿买的，好吃不贵还贼下饭！

弹幕 4：开盖之后能放多久？

弹幕 5：要不要冷藏？

主播：咱们这款拌饭酱开盖之后，最好是放到冰箱冷藏，这样可以放半个月左右的时间。如果说你们那边天气不热，只有十几二十度，那放一个星期也是没关系的，注意将其放在避光、阴凉一点的地方就行。

弹幕6：一瓶能吃多久？

主播：主播很爱吃拌饭酱，早上吃饺子、粥得放上一两勺，中午点外卖米饭里边得放上一两勺，晚上吃拌面得放上一两勺，照这么吃也能吃一个多星期。你们可以按照自己的需要来，一般一瓶吃一两个星期是没问题的。咱们这款拌饭酱开盖后确实也不能放太久，得趁新鲜赶紧吃哟！

…………

⚠【互动误区提醒】

1. 主播在展示拌饭酱拌面条的时候，要吃出美味又下饭的感觉，不要表演痕迹过重。

2. 主播在与其他地区热点美食进行对比时，不要发表负面评价。

4.12.2　情景79：地方美食

【直播情景再现】

某方便速食品直播间正在热卖几款螺蛳粉，主播小欧正在拆开一包螺蛳粉打算给大家展示细节。由于近年来大家对螺蛳粉这一柳州地方美食非常热衷，一时间直播间涌进了不少观众，大家纷纷在公屏上聊到自己关心的问题，粉条是不是免煮的？开水能否泡熟？螺蛳粉会不会很臭？是否为正宗的柳州地方美食……

【直播公屏分析】

1. 对于公屏上关注粉条是不是免煮以及能否用开水泡熟的观众，可能比较关注螺蛳粉的烹饪技巧，主播可以在直播间展示美食的完整做法。

2. 公屏上关注螺蛳粉会不会很臭的观众，他们可能之前对螺蛳粉的特点有一定的了解，也可能不是太能接受螺蛳粉的臭味。

3. 对于公屏上关注螺蛳粉是否为柳州正宗地方美食的观众，主播可以结合品牌和柳州的渊源进行解释。

💬【主播互动演练】

主播：我看今天直播间有多少人是喜欢吃臭豆腐、螺蛳粉这种闻起来臭臭的、吃起来香香的美食的？有多少人？家人们弹幕发起来，让主播看看大家的热情有多高！今日带给大家的是咱们柳州特色地方美食，等一下，等主播我先擦一下口水，因为这款螺蛳粉真的是主播我吃过的最好吃的了！

弹幕1：螺蛳粉真的好吃！

主播：这款螺蛳粉的原料都是经过层层筛选，从粉到螺蛳肉、青菜、木耳、腐竹、酸笋，从配料到汤底，全都是由精挑细选出来的精品食材制作而成，好吃的螺蛳粉的用料是特别讲究的。咱们这款螺蛳粉所用的米粉是由当地农民人工种植的稻子制作而成，不施化肥，不打农药，而且制粉工艺也是非常有讲究的，制作的全程无任何添加剂、防腐剂！一定让大家吃得开心，吃得放心！

弹幕2：粉是免煮的吗？

弹幕3：开水能不能直接泡熟？

主播：家人们，螺蛳粉是需要煮熟吃的哟，开水泡不熟的哈！很简单，大家可以先把水煮沸，然后将粉饼放进去煮，煮到用筷子夹起来看到粉已经变软了，再把调味酱包、辣油包、酸笋包、配菜包、白醋包依次放进去继续煮两分钟，喜欢吃脆脆的花生的家人，可以出锅之后再把咱们这个花生放到碗里，喜欢吃软一点的可以把花生和调料一起倒入锅中。大家在煮的时候还可以加一些青菜、煎蛋、火腿肠，都是非常好吃的哟！咱们这款螺蛳粉的汤汁浓郁，真的放啥进去都好吃！鲜、香、酸、辣，粉条和酱料用料都不含糊，一定让你们吃得非常过瘾！

弹幕4：会不会很臭？

弹幕5：真的是越臭越好吃！

主播：家人们，我看到有人问会不会很臭，正宗的螺蛳粉真的是闻起来臭吃起来香，越吃越让人无法自拔！其实螺蛳粉臭是因为酸笋，酸笋是通过煮熟、发酵等工序制作而成的，所以味道会比较特别。如果你不太能接受太臭的食物，可以煮熟之后不放酸笋包，这样螺蛳粉味道就不会很大的哟！不过加了酸笋的味道会更好，主播建议你买回家试试，试试就知道螺蛳粉的快乐了！

弹幕6：是不是正宗的？

主播：这款螺蛳粉真的是柳州当地很有名的土生土产的地方美食品牌，大家看一下主播手里的这个包装袋，这里原产地写的就是柳州，吃螺蛳粉一定要认准发源地为柳州哟！大家如果经常刷视频就会发现，有不少网红、明星的直播间近期都在推荐这款螺蛳粉！可能直播间有很多家人们之前也吃过不少的螺蛳粉，但是真正地道的，能让我们吃完一直回味一直想念的螺蛳粉真的少之又少，那么相信我，今天这款就是吃了以后能让大家忍不住无限回购的螺蛳粉！

…………

【互动误区提醒】

1. 通过地方美食进行直播间话题互动时，要遵循当地对地方美食直播的行为规范、注意事项等内容，不要违反直播行为规范和准则。

2. 在进行地方美食直播时，应尽量避开"这是当地最好吃的美食""只有××地的才是正宗地方美食"这样的描述，不能引起直播间观众的反感。

4.12.3　情景80：国外美食

【直播情景再现】

某进口酒类直播间正在热卖几款进口啤酒，主播小薇正在向大家展示一款醇厚的精酿小麦啤酒，准备向观众们进一步展示酒体的细节。直播间有不少观众对这款进口啤酒表示出浓厚的兴趣，大家纷纷在公屏上提出自己的问题：啤酒会不会有沉淀物？啤酒会不会发酸？啤酒的保质期是多久？进口啤酒如何查真伪……

🖥【直播公屏分析】

1. 公屏上关注啤酒沉淀物、发酸等问题的观众，他们可能比较关注啤酒的口感，对啤酒的相关知识比较了解。

2. 公屏上关注啤酒保质期的观众，他们可能是打算趁直播间活动期囤货的观众，比较关注啤酒的储存方式等问题。

3. 公屏上关注进口啤酒如何查询真伪问题的观众，他们可能比较关注进口食品的卫生、品质等问题。

💬【主播互动演练】

主播：家人们，又见面了！欢迎大家来到××直播间，我是你们今天的好物分享官小薇。话不多说，首先给大家带来的是一款醇厚、好喝的进口啤酒，有喜欢喝啤酒的家人们在公屏上扣"1"，和主播互动起来哟！我看看直播间有多少期待咱们这款进口啤酒的家人们！

弹幕1：111！

主播：如果说这个世界上有一个国家的酒比水还便宜，大伙儿相信吗？这个国家就是今天给大家要带来的进口啤酒的原产地——捷克！我手里的这瓶啤酒可就厉害了，在捷克当地真的是非常的有名。

弹幕2：家里确实要买啤酒了！

主播：现在我给大家打开酒瓶先看一下。打开之后呢，香味确实是浓郁、醇厚的，家人们仔细看下这个酒体，是属于比较浑浊一点的，这就证明这款酒的天然酵母是比较多的。主播自己也经常买这款进口啤酒，真的非常好喝，口感很好，酒精度数也不算高，才4.2度，即使是几个小女生聚会喝一喝，也完全不用担心喝了会发胖。咱们今天直播间活动下来还不到10块钱一瓶，捷克进口啤酒，主要就是好喝、爽口！

弹幕3：会不会有沉淀物？

主播：大家也都知道，好啤酒的原材料是非常有讲究的，酒花、酵母、麦子这三个原材料是缺一不可的，所以咱们的这款酒底下一般是不会有沉淀物的，即使有，也是原材料经过沉淀后的正常现象，大家不用担心，可以正常饮用！

弹幕4：啤酒会不会发酸？

主播：××宝宝，一看您就特别懂行，很懂啤酒，对不对？咱们这款捷克进口的小麦啤酒会有一点点的微酸，但是不会特别酸，如果你们买回家发现酒有变质的酸味，没关系，你们联系咱们这个小店客服给您处理哟！

弹幕5：保质期是多久？

主播：咱们的啤酒保质期都是一年。如果说有直播间的宝宝现在想囤一批啤酒等着节假日聚餐的时候喝一喝的，今天在直播间下单的话，活动力度非常大，大家买回家后，常温储存是可以放一年的哟！大家还有什么问题可以在公屏上提问主播，主播一一为大家解答哟！

弹幕6：进口的怎么查真伪？

主播：捷克这个国家呢，水质特别的好，而且当地还有非常有名的萨兹啤酒花，了解啤酒的人都应该会知道这个酒花是挺不错的，如果你也喜欢喝小麦啤酒，这款捷克进口的小麦啤酒是真的很不错的选择哟！给大家看看这是捷克××品牌的授权书，啤酒都是原装进口的，大家放心，快递的每个包装里都会给大家附上进口证明，大家也可以登录官网扫码查询，一定让大家买得放心，喝得安心！对了，未成年人不可饮酒哟！大家一定要注意，小孩子是不可以喝酒的哈，即使咱们这款啤酒的度数不是很高，但未成年人还是不要购买哟！

…………

【互动误区提醒】

1. 主播在直播间介绍酒类产品时，要注意直播间的规则，不得在直播间试喝，涉及酒类直播要特别注意平台的规则。

2. 主播在直播介绍酒类产品时，要反复强调未成年人不可饮酒、孕妇不得饮酒、饮酒后不开车等注意事项。

3. 关于进口啤酒的相关奖项不可杜撰、不可胡编不存在的奖项，主播在直播间介绍的奖项尽量保证是能够在互联网上查询到的官方奖项。

4.13 星座话题

4.13.1 情景81：星座与性格

【直播情景再现】

某美妆用品直播间正在热卖一套指甲油，指甲油一共有十二个颜色，主播小青考虑到指甲油颜色丰富，而且有十二个色系，于是想到了十二星座。小青根据十二星座的对应专属色，赋予了不同颜色指甲油的不同含义，并以此为话题与直播间的观众进行积极互动。观众有问不同星座对应专属色的，也有问不同颜色各自有什么具体含义的，还有些观众更加关注指甲油本身，他们在意指甲油的功效、固色能力、气味、变干速度、卸甲方式等信息。

小青一边回答观众的问题，一边亲自给观众演示指甲油的上手效果，直播氛围很好，最终的成交量也很可观。

【直播公屏分析】

1. 对于关注星座对应专属色的观众，可能对星座文化不太熟悉，主播可向直播间观众介绍一下相关内容。

2. 对于关注不同颜色各自含义的观众，可能对美术、设计方面的知识不太了解，主播可适度分享相关知识。

3. 关注指甲油功效、固色能力、气味、变干速度、卸甲方式等信息的观众，他们可能更在意指甲油产品本身，这也是主播要介绍的重点内容。

【主播互动演练】

主播：各位家人们下午好，欢迎来到小青直播间！

弹幕1：小青下午好！

弹幕2：小青今天穿得好鲜艳啊！

弹幕3：来了！来了！

主播：哈哈，小青不光今天穿得光彩照人，还做了特别准备哦！大家看我的手（展示已经涂了指甲油的手指），有没有发现什么特别的地方？

弹幕4：小青你太夸张了吧，五个手指头五个色！

弹幕5：你这是买了多少家的指甲油啊！

主播：哈哈，其实我就买了一套哦，也是我今天要跟大家分享的，××家的"十二绚彩"系列，这套指甲油，一共有十二个款式，十二个颜色哦！

弹幕6：哈哈，主播你只有十个手指头啊，还是你打算一个月换一个颜色！

主播：没有哦，哈哈，其实这款指甲油虽然有十二种颜色，但其实设计的时候，颜色是很有讲究的，十二种颜色分别对应十二星座的专属色哦！

弹幕7：什么？十二星座还有专属色？

弹幕8：好像是的，但我不记得了。

主播：哈哈，小青跟大家介绍一下，十二星座是有专属色的哦，就好像白羊座的专属色是红色，这套指甲油里就有红色款；金牛座的专属色有青色，对应我们的青色款；双子座的专属色是褐色，对应我们的褐色款……当然了，指甲油上面的颜色不是纯粹的红色、青色、褐色这些颜色，都是做了特别的调色的，以更加适应涂在指甲上的效果。

弹幕9：怪不得你左手都涂满了！

弹幕10：我其实不太关注星座诶。

主播：不关注也没关系哦，其实啊，颜色背后，不仅有星座，还能体现出其他含义，尤其是和人的性格息息相关。例如，我们常说红色代表热情，蓝色代表忧郁，粉色代表可爱等。所以，不纠结十二星座，单纯从自己的性格、自己的喜好出发，有这么多的颜色可以选的指甲油套装，也很让人心动哦！

弹幕11：这指甲油可以单买吗？非要一下买一套吗？

主播：当然可以单买啦！不过买一套更加优惠哦！

弹幕12：我还是比较在意这个指甲油干得快不快、味道大不大、留色久不久。

主播：你放心吧家人，你别看我说了这么多噱头，但都是建立在这套指甲油自身过硬的品质上的。指甲油是××品牌的，大牌子值得信赖，健康不刺鼻，可以 45 秒快干，7 天到 14 天的持久养护，卸甲也很方便，快速成膜，非常好剥。最重要的是，这套指甲油富含小麦水解蛋白，具有坚韧、保湿甲面的作用，对指甲非常好哦！

　　弹幕 13：其实我对十二星座专属色这个说法很有兴趣，我是狮子座的，专属色是黄色，我本人也是个自信大方的人，我要买黄色款！

　　弹幕 14：我要红色的！

　　弹幕 15：我要试试黑色的！

　　…………

【互动误区提醒】

　　1. 主播在找星座、颜色、性格、指甲油之间的联系时，不要生搬硬套，要转折自然，前后联系。

　　2. 对于直播间观众的调侃，主播不要太过在意，可用幽默的方式化解尴尬。

　　3. 主播不要忽视对指甲油产品本身的介绍，将话题转移到指甲油上面后，应重点介绍产品的主要特性。

4.13.2　情景 82：星座与情感

【直播情景再现】

　　某潮流配饰直播间正在热卖一套主题戒指，这套戒指以十二星座为主题设计，一套共十二枚，主播小娴正在向直播间观众展示戒指，并说起了星座话题。直播间不少观众都对星座感兴趣，弹幕飞速刷新。

　　小娴从星座出发，说到了亲情、友情、爱情等各类情感，明确了戒指的用途，也引起了直播间观众的共鸣。直播间不少观众表达了想要购买的欲望。

【直播公屏分析】

1. 对星座话题感兴趣的，可能是比较年轻的观众，其中以女性为主，主播要抓住年轻女性观众的敏感点，介绍戒指寓意。

2. 直播间观众能对亲情、友情、爱情等各类情感话题共情，但不代表会下单，主播除营造氛围、激发情感外，还要多介绍戒指本身信息，用产品信息吸引观众。

【主播互动演练】

主播：刚才已经为大家介绍过了，今天直播间的主题是"找到你的守护星"。小娴为大家带来的，就是一套以十二星座为主题的戒指，一套一共十二枚，每一枚戒指都是根据各个星座的特点精心设计的哦！

弹幕1：十二星座啊，好梦幻啊！

弹幕2：对啊，这个主题好！

主播：哈哈，是的呢。你看比如我手上的这枚狮子座戒指（拿起戒指展示），上面除点缀的花纹外，还雕刻了狮子座的英文单词"Leo"，戴上这枚戒指，尽显狮子座的阳光、热情与自信！

弹幕3：确实好看。

弹幕4：我是白羊座的，对狮子座的戒指也很喜欢，好纠结怎么买。

主播：不用纠结，家人们。大家思路可以打开点，除了买自己对应星座的戒指，还可以买和自己星座契合度高的戒指对不对？另外，你还可以给家人、朋友、对象买，只要你知道他们的星座，就可以买对应的主题戒指送给他们呀！

主播：大家想想，如果你是一个狮子座的女生，你男朋友是射手座的话，你买一枚狮子座的戒指给自己，买一枚射手座的戒指给男朋友，星座的契合加上戒指的寓意，他一定会感动的！

弹幕5：对呀！对呀！主播你提醒我了！我要给自己和男朋友买一对！

弹幕6：我也要给女朋友买！

弹幕7：我想给自己和室友买，嘿嘿！

主播：对嘛，而且，这套戒指虽然是主题戒指，但是其做工一点也不比那些常规戒指差哦。这套戒指全都采用了特殊合金制成，坚硬、耐用还不留痕，表面是镀银处理，光滑、细腻也不硌手，品质绝对"杠杠的"。

弹幕8：我送给闺密，她肯定会喜欢的。

主播：对的，不管是朋友还是恋人，时不时地互相送点小礼物，可以很好地增进感情哦。生活需要调味品，不然就会枯燥，大家买点小礼物送给对方，情感就会慢慢升温！

弹幕9：嗯嗯，主播快上链接吧，我迫不及待要下单了！

弹幕10：我也是！我也是！

主播：好的，链接马上就好，就在12号链接，大家赶紧！

弹幕11：冲冲冲！

…………

⚠️【互动误区提醒】

1. 主播介绍主题戒指的时候，不要夸大戒指的功能，不要强加戒指对气运等方面的作用。

2. 主播不要限定戒指的用途和适用对象，要强调观众自己以及其家人、朋友等都可以使用。

3. 主播在介绍互赠戒指可以增强情感时，要真诚，不要刻意表演，避免引起观众反感。

4.13.3　情景83：星座与人际

【直播情景再现】

某男装直播间正在热卖一套主题领带，主播小金向直播间观众展示了领带的样式后，又介绍起了领带的各种佩戴方法。直播间观众正在不断增加，公屏上的发言也在快速刷新，不少观众对领带的主题含义、材质、搭配等内容非常感兴趣。

🖥【直播公屏分析】

1. 对领带主题含义感兴趣的观众可能是星座研究爱好者，主播可从星座的角度出发展开话题。

2. 对领带材质感兴趣的观众可能比较关心领带的质量，主播可着重了解一下这方面内容。

3. 对领带搭配感兴趣的观众可能是职场人士，需要经常用到领带，主播可介绍一些领带搭配等方面的内容。

💬【主播互动演练】

主播：刚才小金已经为大家现场演示了5种常见的领带佩戴方式，都非常实用哦，大家学会了吗？

弹幕1：学会了！

弹幕2：谢谢主播。

弹幕3：有的有点难，我还没学会。

主播：没关系，没学会也不要紧，扫描直播间右下角的二维码，里面有详细的视频教学哦！

弹幕4：主播，既然你教了这些，今天卖的是领带吗？

主播：是的，这位家人真聪明，今天带来的就是一套十二星座主题的领带哦，一套共十二条，每一条都很好看！（拿出主题领带）

弹幕5：十二星座？

弹幕6：是的，大家把自己的星座打到公屏上！

弹幕7：我是白羊座！

弹幕8：射手座在这儿！

弹幕9：狮子座！

主播：看来大家都还蛮懂星座的嘛！这套星座主题领带象征意义很强，为大家的生活和事业带来满满的正能量！

弹幕10：主播，我不懂星座啊，我是四月底出生的，是什么星座啊？

主播：四月底是金牛座哦，坚韧金牛，有勤劳忠厚、亲切稳重的寓意哦。还有，大家不懂星座的，可以看直播间顶部的滚动信息，这里标注了不同星座的出生时间段哦！

弹幕11：这款领带怎么搭啊？正式场合会不会不太合适？

主播：放心，家人们，这套领带如大家所见都是深色设计，只要不是特别严肃的场合，日常生活、上班穿戴都没问题的，还能增加整个人的时尚感！其实不管是生活中还是工作中，大家佩戴领带，可以给人家一种专业、利落的感觉，对大家的人际交往、工作交流非常有帮助的！

主播：而且全部领带都采用了涤丝面料，多次洗涤都不会掉色，有高温记忆定型功能，随意收纳不会起皱，布料质地厚实，款式美观大气，很超值哦！

弹幕12：好家伙，我有点想买了！

弹幕13：我也是！

主播：大家抓紧时间哦，链接早就上了，就在8号链接，今天领带数量不多，卖完即止哦！

…………

⚠ 【互动误区提醒】

1. 主播可为观众演示领带佩戴方法，教学佩戴技巧，但不要从头教到尾，尤其是不要忽视语言的作用，要边教边说。

2. 主播可将星座知识以文字、图片等形式展现在公屏上，避免无休止地回答观众关于星座的问题。

3. 主播要扩展领带的作用，加强领带与星座、人际交往的联系，不要将三者孤立开来，这样体现不出领带的设计意义，也无法体现领带价值。

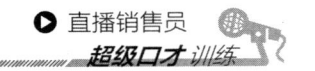

4.14 新闻话题

4.14.1 情景 84：经济新闻

【直播情景再现】

某潮流品牌直播间正在销售他们的秋季新款服装，主播小凌拿着一件咖白格夹克给观众们讲解，他把夹克正反面的细节都一一向大家展示，并耐心地回答大家的问题。不久前新闻报道了一些事情，给服装行业带来了一定的影响，小凌主动跟观众们聊起这件事，了解大家的想法。

【直播公屏分析】

1. 主播与观众就经济新闻进行互动时，可能会有观众在公屏上发表未经查证的信息，主播要注意维护讨论的秩序。

2. 有些观众对自己的发言并无责任概念，可能添油加醋或者胡编乱造，主播要注意控制。

【主播互动演练】

主播：家人们，下面给大家介绍的是这款咖白格夹克，无性别设计，无论男女，出街必备！

弹幕 1：还蛮帅的。

弹幕 2：墨镜一戴，谁也不爱！

主播：这款夹克是微阔版型的设计，单排扣的咖白格撞色。我给大家看看细节啊，家人们，所见即所得啊！内外做工是一样的，在我们家没有说内里做工就差的这种事情！

弹幕 3：我好像听懂了你在说什么，又好像没听懂。

主播：哈哈哈，其实家人们应该或多或少地听说某明星主理的服装品牌被处罚的新闻，以次充好，质量差且价格高，涉及多个代工企业。这事在我们行业内，确实产生了一定的影响，可以说有人欢喜有人愁。

弹幕4：你不如直接报×××身份证号好了。

主播：其实这种事大家也都多多少少猜到了，毕竟明星不像我们是全职专业搞潮牌的，他们很忙的，打理生意的精力自然就分不到多少了。

弹幕5：冲着喜欢××明星去的，不过这次有些太过分了。

主播：其实这件事对我们这些做潮牌服装的企业来讲可以说是一个机会，更多的消费者转移视线，那么像我们家一样的服装品牌就能进一步发展，我们也能给大家带来更好的、更优秀的服装设计作品。

弹幕6：你们家设计还不错，我买了一段时间了。

主播：我们家的衣服不存在所谓样品和出厂品的差距，直播间里所见即所得。不管你们想看哪里，我敢把衣服的每一个细节都给你们展示！就像这件小香风的咖白格夹克，家人们看看这里面的做工，没有任何多余的线头，走线均匀、细密！

弹幕7：这件还不错。有没有优惠？

主播：这件小香风咖白格撞色夹克，今天直播间优惠价499元，直播间可以领取一个满500元减50元的优惠券，喜欢的家人们关注5号链接，我们马上给大家上架！

弹幕8：那就是还得凑一件，有没有小东西？

弹幕9：有点贵，但确实不错。

主播：没领优惠券的抓紧领券，购物车里加一双袜子，直接下单减50元，来，准备了！三、二、一，上链接！

…………

⚠【互动误区提醒】

1. 涉及具体人物的经济新闻，主播不能说出相关人物的个人信息，否则有可能会牵扯法律纠纷。

2. 主播在与观众分享经济新闻的过程中，不能出现如幸灾乐祸、落井下石等负面态度，要积极正面，传播正向能量。

4.14.2 情景85：科技新闻

【直播情景再现】

某电子教育品牌直播间内，主播小高正在销售一款新型学生平板，这款学生平板具备多种功能，可以为孩子的学习提供助力。小高与直播间的家长们就孩子未来的发展探讨了很多，他们谈到了当下最火的人工智能程序ChatGPT，讨论了ChatGPT对孩子们学习和就业的影响。

【直播公屏分析】

1. 孩子的学习是家长关心的重中之重，在当前的教育水平下，他们更倾向于寻求全面的、完整的、专业的家教辅导产品。

2. 很多家长会有教育焦虑，他们担心自己的孩子得不到优秀的教育资源，所以在孩子的教育花费上从不斤斤计较。

【主播互动演练】

主播：直播间的家长们，家里孩子的学习怎么样？平时你们辅导功课难不难？

弹幕1：别提了，没把我气死！

弹幕2：根本没时间，也辅导不了，不然也不来你这儿了。

主播：现在孩子的家庭作业都不少，大人又没时间、没精力。社会发展很快，要想不被落下，学习就得抓紧！

弹幕3：没错，感觉没过几年，社会上很多东西都变样了。别说小孩了，大人不学习都跟不上发展。

弹幕4：不能让孩子没出发就输了啊！

主播：给孩子辅导功课也得跟上时代的变化，有钱人家可以请各种专业人士做家教，咱们普通人给孩子辅导也能借助科技获得更好的资源！

主播：我今天要给各位家长介绍的就是这款学习机，它同时又是家教机、点读机、早教机，不仅能学习英语、数学、语文等学科，还内置了著名教育专家×××的正版教材解析资源。九门功课同步学，科学分层教学体系。

弹幕5：小孩子天天盯着这个会不会近视？

主播：这款学习机使用了新一代的护眼屏，拥有多项护眼技术，屏幕像书本一样，柔和不刺眼！

主播：未来我们更少不了跟屏幕打交道，时代发展越来越快。家长们有没有关注最近火爆的人工智能程序ChatGPT？它的问世可以说是掀起了巨浪，大家可以想想，如果未来很多工作被人工智能代替，人们被动从劳动中进一步解放，那么孩子们未来的就业就会面临完全不同的状况。

弹幕6：ChatGPT很厉害，我在网上看了它回答问题，甚至还能写论文。

弹幕7：这一次感觉确实有点东西，不像之前都是吹得厉害。

主播：所以说，孩子们的学习，现在绝对不能落下！没时间给孩子辅导功课的家长们，选择这款学习机完全没有问题，全科名师资源，AI智能护眼系统，为孩子们的学习全程保驾护航！

弹幕8：什么价格，后续资源更新吗？

主播：我们的学习机提供持续的教学资源支持，每隔一段时间就会推送新的资源和软件，这些您完全不用担心。

主播：关注孩子学习的家长们，看9号链接，今天直播间特惠价1 999元！

…………

⚠【互动误区提醒】

1. 主播在跟观众交流科技新闻时，不能张冠李戴、人云亦云，要仔细查证、了解，否则很容易闹出笑话。

2. 如果遇到自己完全陌生的科技新闻，主播不能不懂装懂，更不能胡编乱造。

4.15 房产话题

4.15.1 情景86：房价

【直播情景再现】

某家用电器直播间正在热卖几款液晶电视机，主播小京正准备向观众们展示一款豪华的大屏液晶电视机。目前也正值家装旺季，直播间有不少观众询问主播关于活动期间的优惠福利，以及电视机能否挂在墙上？性价比如何？值不值得入手等，还有人担心售后质保服务的问题……

【直播公屏分析】

1. 对于电器类商品，讨论房价是能快速拉近主播与观众之间关系的聊天话题，因为很多观众（在购买了新房后大多需要选购新电器）。

2. 当下，人们的买房压力大，很多观众在选购家用电器时力求能省则省，主播要注意这一消费观念。

【主播互动演练】

主播：买液晶电视机就一定要选×××，全面屏，超高清，超智能！欢迎各位来到直播间，主播现在给大家带来的是一款超薄金属一体成型的液晶电视机，超高清的画质给你超震撼的视听享受！

弹幕1：能不能挂墙上？

弹幕2：刚买的新房，不想要传统的放电视柜上的那种。

主播：直播间里有多少刚买房的家人？有的在公屏上扣"1"和主播互动起来呀！××家人你是刚买的新房子是吧？你买的房子多少钱一平方米呀？

弹幕3：××三环内，两万多元吧。

主播：××三环内，两万多元，改善款，好房子啊！好房子一定得配上咱们这款高级、上档次、奢而不华的××品牌液晶电视机啊！咱们这款全面屏电视机不管你是挂在墙上还是放在电视柜上，画质色彩都是一流，能让你在家就能感受到大自然的真实色彩！

　　弹幕4：性价比高吗？

　　弹幕5：值得入手吗？

　　主播：家人们，现在房价高，大家的压力都不小，装修不管是软装还是硬装都得花不少钱！咱们家的这款液晶电视机，你可以在各个平台去比较，多看看，多选选，我一定给大家省钱，绝对是性价比很高的！

　　弹幕6：音响效果如何？

　　主播：DTS虚拟全景声，双解码的技术，能让你在家就可以享受电影院般的全方位立体环绕声哟！

　　弹幕7：售后质保几年？

　　主播：我看到××家人是不是担心售后问题？今天只要在直播间下单的家人们，签收三十天内有任何问题都可以免费退换货，还送大家五年的质保服务，五年内非人为损坏的机身问题，咱们都是可以免费检修的。

　　…………

【互动误区提醒】

　　1. 主播通过房价话题与观众互动时，要对房价信息有一定的了解，不能胡编乱造。

　　2. 主播要注意不能跑偏，互动时要及时将观众的关注点引回到电视机上来。

4.15.2　情景87：房贷

【直播情景再现】

　　某珠宝首饰直播间内，主播小周正在向观众们介绍一款黄金转运珠，这款转运珠采用了Au9999足金材质，既可以买来做饰品佩戴，也可以当作投资。小周很热情地跟直播间的观众们讲解黄金的好处，还列举了背房贷和买黄金的例子来帮助大家理解。公屏上很多人询问关于转运珠的问题，能不能回收？怎么回收？买了真的运气会变好吗？

【直播公屏分析】

1. 询问转运珠能否回收和如何回收这类问题的观众，他们可能有购买转运珠的需求，但是在回收价值这一方面还有顾虑。

2. 一些就主播提出的背房贷和买黄金这两个例子持反对意见的观众，他们可能是单纯地想要发表意见，逞口舌之快，也可能是因为利益对立从而故意唱反调，主播保持关注即可。

【主播互动演练】

主播：家人们，兔年来了，新的一年，新的好运！今天我给大家带来了兔宝宝转运珠，不管你去年过得怎么样，今年一定得是有好运的一年！

弹幕1：去年别提了，失业加生病，丧极了，急需要转运！

弹幕2：我本命年，买来图个安心。

弹幕3：去年好不容易买了房，结果倒站在了利率的高点附近。现在提前还款也还进不去，真是倒霉。

主播：我看很多家人们都说房子的事，房贷利率现在是降了，几乎是近十几年来历史较低水平，前两年高点利率上车的家人们确实让人心疼啊！大几十万的贷款，多几个点，30年就多出至少一辆奔驰车的钱啊！

弹幕4：我的是6点几的利率，但现在有人是3点几的，人都傻了。

弹幕5：关键现在价格还降，双重打击啊！

主播：这两年房价是略微下降了，现在买房子已经不如买黄金保值了！疫情这几年，金价涨了不止100元，折合百分之二三十，房贷利率呢，从高点几乎是"腰斩"。100万的资金，要是选择晚两天上车，先买黄金，这两年后可就直接变成一百二三十万了，可要是当时选择了上车，这会儿估计亏了不止5%！

弹幕6：唉，是啊。

主播：我们家这款转运珠的材质是Au9999足金，糅合了3D硬金工艺，打造出一只可爱的软萌小兔子形象。时尚吸睛，闪耀动人，带着满满的正能量。

弹幕7：可爱捏。

主播：这款转运小金兔，不仅可以当作饰品佩戴，还可以当作投资。明年到了，咱还可以卖掉，也许能小赚一笔。

弹幕8：能回收吗？

弹幕9：怎么回收？

主播：家人们，如果家里有金饰想要回收的，可以直接前往我们的线下门店，我们安排了专业的回收人员，会按照当日金价给您回收。

主播：喜欢这款转运珠小金兔的家人们千万不能错过，送家人、送朋友、送自己，转运、投资都可以！来，家人们，看咱们的6号链接，咱们直接上链接！

…………

【互动误区提醒】

1. 主播在与直播间观众讨论房贷相关问题时，不能不懂装懂，更不能曲解国家相关政策法规。

2. 主播要保持开放、宽容的心态，不能因为某些观众的发言而情绪失控，但也要控制直播流程、把握直播节奏，不能被弹幕干扰了正常的直播工作。

4.15.3　情景88：买房

【直播情景再现】

某家装饰品直播间正在销售一套超清复刻的名士字画艺术品，主播小艺正在给直播间观众展示这些字画的样式，并且对字画的来历、内涵等进行了解释说明。直播间观众数量不是很多，小艺为提升直播间人气，抛出了一些引人注目的话题供观众讨论，还和观众进行了几轮有奖游戏互动。经过小艺一系列运作，直播间人气逐渐上升，最后的成交量也比较可观。

【直播公屏分析】

1. 直播间观众数量不多，可能是观众对字画艺术品不感兴趣，也可能是主播的讲解太过生硬和枯燥，没有趣味性，直播效果不佳。主播此时不能继续按照原来的安排进行，需要立即作出改变。

2. 后续直播间人气提升，说明主播对直播内容的改变取得了效果，主播要把握机会，适时推荐字画艺术品。

【主播互动演练】

主播：直播间的家人们，平时会不会对房间装饰有烦恼呢？不管是租房还是买房，肯定都希望自己的家里漂漂亮亮的，对吧？租房还好说，尤其是咱自己买的房，不管是刚买的还是买了很久的，好的装修风格不仅可以彰显主人的品位，还可以让住的人更加舒适哦！

弹幕1：确实。

弹幕2：我就是刚买房，不知道咋装修，所以才到卖装饰品的直播间看看。

弹幕3：我当时直接打包给装修公司了，住着也还行。

主播：家人们，现在虽然生活水平上来了，但是买一套房子对一般人来说还是很吃力的，所以装修还是得多思考一下。今天呢，小艺给大家推荐的是一套我国历史上著名诗人、画家×××的艺术作品，这里面有书法作品，也有水墨画作品哦！

弹幕4：那肯定是假的字画吧！

主播：家人说笑了，那要是真迹也不可能直播卖是不是。是这样的，这些字画都是根据博物馆的原作来超清复刻的，虽然是复刻的，但也不简单哦！每一幅字画啊，都经过了亿级像素高解析超清扫描设备的扫描，再用纳米级艺术微喷和先进的定色技术进行着色，让这些超清复刻的字画既完美还原原作细节，又确保色彩恒久不变，精准重现大师风采！

弹幕5：那我走现代化的装饰风格，配这些字画不搭吧？

主播：不会哦家人，其实现在还是很少有整间房子都是古色古香的装饰风格嘛，更多的是在偌大的房子中独取一隅，如书房啊，阳台啊什么的，这才叫"闹中取静"嘛！大家想想，大家空闲的时候，在一个古色古香的角落里，泡上一杯茶，捧上一本书，晃着摇椅听着音乐，那是多么惬意的一件事情啊！

弹幕6：换别的风格，您别说还真没那味儿！

弹幕7：主播说的就是我向往的样子！

主播：是呀家人们，而且这样一处充满艺术气息的地方，不管来什么朋友，都可以邀他坐一坐，聊一聊，舒适的环境能更好地让人放松哦！

弹幕8：你这就只有×××的字画吗？

主播：不止哦，家人们，只是今天×××的字画是直播间的主推产品。大家也可以通过链接，点击进入我们官方的网店哦，也有很多其他文学家、艺术家的作品，而且我们还支持定制哦，不管是书法还是绘画，山水画还是花鸟画，还包括油画，都是可以定制的！

弹幕9：但是挂几件假画总觉得不太合适啊，被懂行的人看出来多丢脸啊！

主播：家人们，说句难听的，真要是挂真迹，又有几个人挂得起呢？这玩意儿追寻的是一个意境，是大家心中的一片净土。当然了，大家要是实在介意，那就定制啊，大家把自己写的诗句，自己想象的画作，把各种诉求告诉我们的客服，会有专人为大家完成作品哦！我们的定制品都是真人创作，而且都是专业对口的现代书法家、艺术家来完成的，虽然名气可能不是很响亮，但是效果绝对让大家满意！

弹幕10：好像也是，多少钱一幅？我买几幅。

主播：家人们，×××的超清复刻作品呢，是×××元一幅。如果全套打包带走的话，是××××元，在7号链接。大家要是想要其他的艺术家的作品或者定制字画的，可以扫描直播间右下角的二维码，会有专人对接哦！

弹幕11：还有点贵呢！

主播：别担心，家人们，小艺哪次直播不给大伙送福利啊？今天小艺也来做个文化人，和大家玩个诗词相关的游戏，我给大家出经典古诗词的上半句，大家在公屏上回答下半句，系统判定前10名答对的，可以获得8折优惠哦！咱们一共玩10轮，5分钟后就开始，大家可要做好准备了！

弹幕12：没点文化还真玩不了啊！

弹幕13：可以上网查，嘿嘿！

弹幕14：拼手速的时候到了！

主播：游戏还有 4 分钟就开始哦，大家先做好准备，没点关注的家人们点下关注哦！
…………

⚠【互动误区提醒】

1. 主播不用向观众解释太多字画相关的知识，这样的知识一般都是很枯燥的，不容易引起观众兴趣。主播要通过一些话题，找到合适的角度，引起观众的共鸣。

2. 主播不要跟着观众的节奏进行直播，要把握自己的直播节奏，对于观众的疑问，要有选择性地回复。

3. 主播进行游戏互动、抽奖等活动时，要说清规则，同时要利用这些活动的流量，多多宣传产品，不要只关注流程而忽视对字画产品的推荐与销售。

4.16 汽车话题

4.16.1 情景 89：自动驾驶

【直播情景再现】

某汽车装饰用品直播间正在热卖一款香水挂饰，主播小优见开播后观众不多，便先开启了一轮抽奖，然后用科幻、自动驾驶等主题打开了话题，与观众聊起了汽车驾驶，一步步将其引导到疲劳驾驶、熏香提神等话题。直播间观众越来越多后，小优便重点介绍起了香水挂饰产品，引起不少观众提出疑问，有什么香型？对人体有害吗？这能提神吗？在车内怎么放置？小优抓住机会，解答了观众疑问，加大了对香水挂饰的宣传力度。

第4章　互动话题

🖥【直播公屏分析】

1. 对于好奇香水挂饰香型的观众，可能对某些香味敏感或不喜欢，主播要介绍清楚，并表示有多种香型可选。

2. 对于在意香水挂饰对人体危害的观众，可能对香水挂饰的质量比较担忧，主播要作出承诺，并告知其产品原料信息，说服其相信香水挂饰对人体无害。

3. 对于关注是否能提神的观众，可能是长期开车并经常开长途，主播要重点介绍香水挂饰的提神功能。

💬【主播互动演练】

主播：好了，抽奖已经结束了，恭喜各位中奖的朋友！对了，小优有个问题想问大家，大家喜欢看科幻片吗？

弹幕1：喜欢啊！

弹幕2：我也喜欢。

主播：看来大家都比较喜欢看科幻片，我也喜欢，尤其是科幻片里面的各种未来汽车，太炫酷了啊！有没有，不仅造型好看，还能上天入地，驾驶也是全自动的，真正的自动驾驶啊！

弹幕3：自动驾驶现在好像也有吧？

弹幕4：我觉得自动驾驶就失去了驾驶的乐趣了。

主播：现在的自动驾驶还不太普及，真正让每个人都体验到可能还需要一些时间吧，而且就像这位叫×××的朋友所说，自动驾驶也一定程度上失去了驾驶的乐趣。

弹幕5：好处也不少啊，想开的时候就自己开，累了就换自动驾驶，我反正喜欢自动驾驶！

主播：说得也对。还有啊，你说到"累了"，小优就有话说了，我每年过年回家，自己开车，每次都累得够呛，而且高速上很无聊，我基本上每到一个服务区就要下去透透气。

弹幕6：是的，开高速很容易疲劳的，走神了就危险了！

弹幕7：我好像预感到了什么！

主播：哈哈，你好聪明，和大家聊这些呢，除了分享驾驶相关的经验，还有一个重要原因，那就是小优今天为大家带来了一款超好用的车内饰品——香水挂饰！

弹幕8：防不胜防啊！

主播：嘿嘿，咱们是汽车装饰用品直播间，当然是要为大家推荐车用好物啦！

弹幕9：这个挂饰有啥用？

主播：这款香水挂饰呢，主要有两个作用，一个是装饰车内空间，另一个是增香提神！大家看（拿出香水挂饰展示），这款挂饰设计得非常精美，上下分割的菱形设计，非常有设计感，装香水的部分是梦幻蓝玻璃材质，除满足装香水的功能外，又提升了挂饰的美感。

弹幕10：哇，好漂亮！

弹幕11：都有什么香型啊？对人体有害不，我家有小孩经常坐车的。

主播：对吧，很好看的！大家也别担心味道，一共有10种香型可供大家选择，这10种香型又分为淡香、中香和浓香，但不管什么香型、什么浓度，都经过了专业检测机构检测，使用的精油也符合国家相关质量标准，对大人、小孩都是没有任何危害的！

弹幕12：这真能提神吗？

主播：当然了，首先，这款香水的材料都是天然萃取的，闻起来清新淡雅，可持久留香100多天，还采用了××品牌的独家技术，添加了提神因子。不过还是要提醒大家，不管是留香还是提神，都只起到一个辅助作用哦，大家平时开车的时候，还是要注意安全，禁止疲劳驾驶！

弹幕13：说得对，这个主要还是辅助作用。

主播：嗯嗯，大家明白就好，不过不管是装饰、留香还是提神，您的爱车都需要这样一款超棒的车用香水挂饰！

弹幕14：我先买一个试试。

弹幕15：我多买几个，换着味道用，嘿嘿！

…………

【互动误区提醒】

1. 主播从科幻片、自动驾驶等角度铺垫话题时，切忌铺垫过长，以免消耗观众耐心，导致观众还没听到正题就离开了直播间。

2. 主播介绍车载挂饰的材质和功效时，不可夸大其词，尤其是在留香、提神方面，要实事求是。

3. 主播注意提醒观众安全驾驶，不要让观众误以为买了提神类产品就可以长时间驾驶。

4.16.2 情景90：结婚买车

【直播情景再现】

某婚庆用品直播间正在热卖一套车用婚庆套装，直播采取了室外直播方式，现场有已经装饰好了的婚车供观众参考。主播小瑞正在向直播间观众介绍这套婚庆用品的具体内容。不少观众在直播间发言，有人关注婚庆套装的价格，有人关注婚庆套装的具体内容，有人关注婚庆套装的安装方式，有人关注各类婚庆用品的尺寸，有人关注赠品……

【直播公屏分析】

1. 有些观众关注价格，他们可能在货比三家，主播要突出婚庆套装的价值，让人觉得婚庆套装是物有所值的。

2. 有些观众关注套装内具体内容，他们可能对婚庆套装不太熟悉，或者对婚车装饰不太熟悉，主播可全面展示婚车，同时介绍每样单品。

3. 有些观众关注安装方式和尺寸，他们可能担心婚庆套装与车型不适配，主播要注意介绍婚庆套装的通用性，解答观众疑问。

【主播互动演练】

主播：欢迎大家来到小瑞的直播间，欢迎各位家人！

弹幕1：好喜庆啊！

弹幕2：这还是个户外直播。

主播：是的，大家看我后面这辆车，相信大家看出来了，这是一辆婚车，不过今天小瑞可不卖车啊，今天卖的是已经装饰好了的这些婚车饰品！

弹幕3：我寻思卖车呢。

弹幕4：婚车用品都有直播卖的啊！

主播：当然了，咱们直播间平时卖各种装饰用品，结婚这么大的日子，我们肯定也关注啦！

主播：现在人结婚啊，不仅要买房买车，婚礼现场也讲究，都要搞个车队。小瑞是不能给大家解决车队的问题了，不过车队所有的装饰，不管是主车还是副车，今天小瑞都能给您搞定！

弹幕5：这都有些啥？

主播：是这样的，这是一个车用的婚庆套装，套装里包含了玩偶爱心花盘、车前蝴蝶结、车边拉花、车把手花、后视镜花、车尾花等十余件单品！喜庆大方，氛围满满！

弹幕6：这么多，我马上要结婚了，车队都是SUV，能用吗？

弹幕7：我家弄的全是小轿车诶！

主播：放心吧，家人们，这套饰品适用性很广，甭管您是轿车、SUV，甚至是跑车，都能装！咱不挑车！而且每样单品都有不同款式哦，满足您对浪漫婚礼的所有幻想！

弹幕8：主车和副车的是一样的吗？

主播：大家可以自行搭配哦，主车和副车的可以弄一样的，也可以突出主车！我们也有搭配好的常规套装，不用您自己花心思，一条龙解决整个车队的装饰问题！

弹幕9：多少钱一套啊？

主播：结婚是好日子，为了讨个好兆头，"×88"元一套，买10套以上的，就可以享受8.8折优惠！

弹幕10：价格还不算贵！

主播：当然不贵啦！而且我敢保证所有东西的质量都是特别好的！非常划

算。忘了跟大家说，咱们所有买了套装的都会送胶带，这种胶带是为婚车特制的，稳固又不伤车漆，很划算哦！

弹幕 11：与其去实体店折腾，还不如自己选喜欢的，我来 10 套！

弹幕 12：我也是，我要自己搭配！

主播：好的好的，链接是 9 号，寓意各位新人长长久久，大家别点错了哈！

…………

⚠【互动误区提醒】

1. 主播提到结婚需要买车买房话题时，不要深聊，以免无意中带起不好的节奏。

2. 主播要重点介绍车用婚庆套装里面的单品，让观众心里有数，不要含糊其词。

3. 主播介绍婚庆套装质量、样式等内容时，要以自家产品为主，不要通过贬低其他产品来抬升自家产品价值。

4.16.3　情景 91：贷款买车

【直播情景再现】

某图书产品直播间正在热卖一本名为《××××》的汽车常识类书籍，主播小年一边给观众展示书籍的大致内容，一边在直播间聊起了买车话题。不少观众在直播间发言，有说自己不懂车的，有担心贷款套路的，有担心日常保养、维护的，甚至还有吐槽油价的。随着直播间热度越来越高，小年适时向大家介绍起了同系列的《××××手册》。

【直播公屏分析】

1. 说自己不懂车的观众，可能还没买过车，直播间推荐的书籍对他们来说是迫切需要的产品，主播要抓住机会多多介绍书籍的主要内容。

2. 对于担心贷款套路的观众，他们可能经常看到或听到一些关于贷款买车的相关套路的新闻，主播可向其介绍直播间推荐的书籍以帮助其识别套路，安心买车。

3. 对于关心汽车日常保养、维护等问题的观众，主播除介绍《××××》内包含相关知识外，还可适时介绍另一本专门讲这方面内容的《×××× 手册》。

【主播互动演练】

主播：欢迎各位书友来到小年的直播间，小年今天继续为大家推荐好书，帮助大家长知识！

弹幕1：又来学知识了！

弹幕2：光看直播其实就学到了好多，哈哈！

主播：是的，咱们直播间不仅卖书，还分享各种知识，关注就是赚到哦！

弹幕3：这书都讲啥啊？

主播：那可多了，这本书一共有五大章，分别讲了认识汽车、购车准备、新车导购、选购指南、贷款购车，不仅能帮您了解一些重要的汽车知识和汽车文化，还能为您在选车、购车时出谋划策。

弹幕4：还有讲贷款买车的内容啊？

主播：对，小年觉得这也是这本书最吸引人的地方哦！现在大家买车，一般都会选择贷款，但是关于车贷啊，很多人并不是十分清楚，一不小心就可能掉入某些店家的"大坑"。这本书可以帮您了解贷款买车的知识，相关内容足足有48条！从贷款的流程，到抵押、利息、保险、审批、分期、还款等重要环节，都有详细的介绍！

弹幕5：哇，这么详细，我最近就打算买车了，但是又怕买亏，这本书适合我！

弹幕6：我开车十多年了，家里车旧了，准备换车，这本书对我来说也挺管用的。

弹幕7：有没有讲汽车日常养护的书？

主播：当然有啦，不管您是新车还是老车，车都要注意保养，这本书里面就有相关内容，但是相对就比较少了。小年今天还给大家介绍另一本《××××手册》，专门讲车辆养护的，两本书一起看，买车、用车、养车就全部搞定了！

弹幕8：多少钱一本啊？你这书是正品吗？

主播：在我们直播间买过书的都知道，不管啥类型的书，小年发给大家的绝对是正品，大家可以看咱们直播间店铺的好评率，那都是实实在在的评价，绝对没请水军！

主播：再就是价格，《××××》的价格是69元，稍微贵一点，因为内容多嘛。《××××手册》的价格是49元，两本一起买的话，就可以解锁优惠价格——99元！

弹幕9：那很划算诶，我要两本一起买！

弹幕10：在这里买过不少书，我相信小年，我也买两本！

弹幕11：我有车了，买《××××手册》就行。

主播：好好好，感谢大家支持，大家选自己需要的就可以，理性消费，以后还请大家继续多多支持小年！

…………

⚠【互动误区提醒】

1. 主播提及车贷相关"套路"时，要有专业敏感性，不要口无遮拦，更不能胡编乱造，稍微提到一下即可，重点还是放在买书可以帮助观众丰富贷款买车知识等方面。

2. 主播不要忽视对同期销售的《××××手册》的宣传，要将二者捆绑，提高销量。

3. 主播可适当引导老观众为自己发言，但要注意分寸，不要让新观众觉得老观众是"托"。

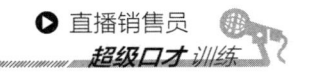

4.17 能源话题

4.17.1 情景92：双碳

【直播情景再现】

某家电品牌直播间正在热卖一款变频空调，主播小美给直播间观众播放了空调品牌的宣传片，里面重点介绍了空调低碳、环保的特点，这引起了直播间观众的讨论。"空调怎么会环保呢？""不都说臭氧层被破坏就是因为空调太多了吗？""一看又是商家弄出来骗人的噱头"。小美见状，从专业的角度出发，解释了变频空调为什么是环保的，并将话题内容关联到国家倡导的"双碳"战略上。

【直播公屏分析】

1. 直播间观众对"空调是环保的"这一观点表示质疑，可能是因为这些观众没有一直关注空调技术的发展，不理解空调为什么是环保的。

2. 直播间观众觉得"空调环保"是噱头，可能是见过市场上的一些摆噱头的现象，这类观众对新概念、新技术持有谨慎的态度。

【主播互动演练】

主播：家人们！××牌智能变频空调现在直播间热卖中哦，今天直播间的主题是"买'××'变频空调，做低碳环保先锋"，为响应这一主题，今天特供了绿色款的空调，全部打8折哦！

弹幕1：空调还环保？不是说会破坏臭氧层吗？

弹幕2：对啊！以前上学的时候就是这么说的！

弹幕3：这又是拿来骗消费者的噱头吧！

主播：家人们，小美怎么会骗你们呢。以前的空调啊，确实由于技术原因会对臭氧层有影响，不过现在技术已经升级了哦，今天给大家推荐的这款变频空调，APF 值高达 5.25，是高于新国标的一级能效标准的，相比传统的空调啊，更加绿色、环保！

弹幕 4：APF 值是什么？

主播：APF 就是全年能源消耗率的意思，这个值越高啊，就表示空调越节能、越省电，大家不信可以去搜索引擎查查看，小美绝对没有骗大家哦！

主播：而且以前空调之所以会影响臭氧层啊，那是因为使用的制冷剂有问题，现在技术升级了，新的制冷剂比以前技术含量更高，是不会破坏臭氧层的哦！

弹幕 5：这个我好像听说过，好像确实是这样。

主播：是的呀，咱们国家一直重视生态文明的建设，还倡导大家选择绿色、环保、低碳的生活方式，为此还提出了"双碳"战略。这次给大家推荐的变频空调，是 ×× 品牌的，这个品牌一直积极响应国家政策，所以推出了更加节能、环保的变频空调！

弹幕 6：对对对，"双碳"可是年度热词啊！

弹幕 7：只有绿色款有优惠吗？

弹幕 8：我家空调坏了，正好为环保事业作贡献。

主播：本场直播只有绿色款有特别优惠哦，就在 6 号链接，别的款式在 9 号链接也可以选购哦！

弹幕 9：绿色也蛮好！符合环保的理念，也和我家装修风格很搭，我要一台！

…………

⚠【互动误区提醒】

1. 主播用"双碳"打开话题以及介绍空调为什么环保时，要有理有据，拿出令人信服的理由，不能胡编乱造，欺瞒观众。

2. 对于直播期间可能出现的专业术语、概念等，主播要做好观众不理解的准备，提前做好功课，在直播中若遇到观众提问，要条理清晰地向观众解释，不能直接忽视观众的疑问或现场随意、胡乱解释。

4.17.2 情景93：低碳

【直播情景再现】

某灯饰照明产品直播间正在热卖一款节能灯，主播小朋不仅用普通白炽灯现场对比了照明效果，还引入"低碳"概念，向观众说明了节能灯对于环保的价值。观众纷纷对节能灯表示好奇，这些好奇主要集中在节能灯的节能原理以及使用寿命两个方面，小朋一一向观众解释、说明，还抛出了直播间的优惠活动，引得直播间人气持续上涨。

【直播公屏分析】

1. 观众对节能灯的节能原理好奇，说明对节能灯不了解或者是没有探究过，主播可借此机会进行一定程度的宣传。

2. 观众对节能灯的使用寿命好奇，说明观众在一定程度上担心节能灯的质量，主播要向观众介绍节能灯持久、耐用的特点。

【主播互动演练】

主播：好了，家人们，刚才已经给大家现场对比了节能灯和传统白炽灯的照明效果，大家应该看到了吧，节能灯发出的光明亮，且显得更加柔和，没有可见的频闪，适合很多场景使用哦！

弹幕1：好像是不错。

弹幕2：不过为什么这个叫节能灯呢，没看出来哪里节能了啊。

弹幕3：对啊。

主播：是这样的，家人们，节能灯之所以节能，是因为节能灯的灯丝在工作时的温度要比传统白炽灯低很多，而且节能灯都采用了高效的电子镇流器，不会出现白炽灯一样的电流发热效应，能量转化率更高，从而实现了能源节约。

弹幕4：那节能灯耐用吗？

主播：当然耐用了，节能灯的使用寿命是一般白炽灯的8倍哦。今天给大家推荐的这款，2 年内没有光衰，4 年内只有轻微光衰，哪怕是 6 年后，相较其他品牌的节能灯，光衰也更少。所以大家想想，节能灯不仅平时更加节能、省电，而且一只能用这么多年，就相当于少换很多灯泡，这也是节能的另一种体现啊！

弹幕 5：能用这么久，那确实还不错。

主播：当然不错了，家人们，今天直播间为了响应国家"低碳生活"的号召，所有低碳产品都有优惠哦。节能灯就属于低碳产品，所以也符合优惠条件，凡是在本场直播间下单的，买一送一！而且还有不同功率、款式的节能灯随心搭配，满足您的不同使用场景哦！

弹幕 6：哇，买一送一啊，我心动了！

弹幕 7：搞"低碳生活"是好事，我要支持一下！

弹幕 8：我也要买！

主播：谢谢大家的支持，购买通道已经打开了哦，就在 2 号链接，大家心动就赶快行动吧！

…………

⚠ 【互动误区提醒】

1. 主播解释节能灯的节能原理时，不可胡编乱造，要提前学习相关知识，不可误导观众。

2. 关于节能灯的使用寿命，主播要实事求是，不要过分夸张，切记不可虚假宣传。

4.17.3　情景 94：储能

【直播情景再现】

某数码配件直播间正在热卖一款充电电池，主播小南向直播间观众演示了充电电池的使用方法，介绍了充电电池的性能。由于直播间不断有新观众进入，所以公屏上依旧有许多关于电池性能的问题在不断刷新，有人担心充电电池的安全性，有人好奇充电电池的充电时间，有人询问充电电池的使用寿命，甚至有观众表示使用充电电池不如直接买更多普通电池方便。小南一一回答了观众的问题，并从节能、环保等角度阐述了充电电池存在的意义。

【直播公屏分析】

1. 直播间观众对充电电池的安全性、充电时间、使用寿命等信息比较关注，说明这些观众没有或者很少使用充电电池，主播要加强宣传，让观众对充电电池有更多了解。

2. 有观众表示买充电电池不如直接买更多普通电池方便，这是在质疑充电电池的性价比，小南除了从性价比的角度去回应观众，还可以扩展范围，从储能、节能、环保等角度说明充电电池的价值。

【主播互动演练】

主播：各位家人们，刚才已经给大家演示这款充电电池具体怎么充电了，大家一定要注意先连接电源线和充电头后再放入电池哦，这个顺序是不能反的。

弹幕1：操作还是蛮简单的。

弹幕2：这个多久能充满啊？

弹幕3：这电池能用多久啊？

弹幕4：这个安全吗？会爆炸吗？

主播：不要担心哈，家人们，只要大家规范操作的话，是不会爆炸的！这款电池是新一代可充电锂电池，通过了产品安全认证、电磁兼容认证、运输和存储安全认证、绿色环保认证等多重认证，2小时就可以充满，可循环使用1000次！

弹幕5：每次没电了还得充，多买点备用还贵，好像还不如多买点普通电池方便。

主播：这位家人，您的担心是多余的，充电电池的性价比其实很高，您想想1000次的循环使用，就算您把这期间的电费都算上，成本也绝对比您买1000粒电池低得多！而且，现在国家倡导绿色环保，充电电池使用了储能技术，让电池可以循环使用，降低了污染，是使用价值很高的低碳产品！

弹幕6：好像也是，其实充电也不麻烦，2小时就能充满，而且刚才小南还说了，那个充电仓一次可以充4粒电池，完全不用担心备用问题。

主播：是的，家人们，这款充电电池，基础套餐就是充电仓加四粒电池的标配哦。当然大家也可以自由选购其他搭配，比如，只要电池或者只要充电仓，不过再次提醒大家，这个充电仓是专门设计的，只能对这款电池进行充电哦，千万不要拿去对其他品牌或型号的电池进行充电！

弹幕7：有没有优惠啊，小南？

主播：当然有啊，小南每次都会给大家送福利的！今天的福利是折扣福利哦，大家只要在30分钟内下单，就可以享受8折优惠！时间是从我上链接开始算！

弹幕8：那就赶紧上链接！

弹幕9：我要买，都别和我抢！

…………

⚠【互动误区提醒】

1. 对于直播间观众的疑问，主播要耐心解释，这也是在宣传产品，主播不可忽视这一环节。

2. 鉴于充电电池是比较特殊的物品，主播要多提醒观众关于规范操作的相关事宜，尤其要注意不能说错相关步骤及规范，不能向直播间观众输出错误信息。

▶▶ 4.18 科技话题

4.18.1 情景95：计算机技术

【直播情景再现】

某电脑笔记本直播间内，一款具有炫彩光效的高性能笔记本摆在展示台上，主播小罗正在向观众们介绍这台笔记本的技术参数。很多喜欢这款电脑的观众在公屏上发言，屏幕好不好？运行声音大吗？买 70ti 还是 80ti 啊？发热情况怎么样？实体机好看吗？

【直播公屏分析】

1. 对于那些询问电脑基本信息的观众，他们一般是电脑的"小白"用户，主播要多一些耐心。

2. 对于询问电脑屏幕相关问题的观众，他们更多对于显示效果有更高的要求，主播可以用一些生活中常见的软件和视频给他们做直观的举例，从而帮助其进一步了解显示效果。

3. 对于询问电脑运行声音的观众，电脑的使用环境可能会对他们的消费决策产生重要影响，主播要注意打消他们这方面的顾虑。

【主播互动演练】

主播：兄弟们，今天给大家带来了一个硬货，×××幻系列的战胜笔记本，i9+RTX3070ti，高性能游戏本！

主播：12 代酷睿 i9-12900H，6 核 +8 核，20 线程，睿频高达 5.0GHz，搭配 RTX3070ti，GPU8GB，120W 高功率，支持实时光线追踪，DLSS 提升画质和帧率！兄弟们，帅不帅？

弹幕 1：能不能玩蜘蛛纸牌？

弹幕 2：帅！

弹幕 3：我的小目标！

主播：2.0 的冰川散热系统，Dolby ATMOS，不论是蜘蛛纸牌还是扫雷都不在话下！绝地求生、LOL、战地等以及更多 3A 大作，都能玩，兄弟们完全不用担心！

弹幕 4：烫不烫手？

弹幕 5：声音大不大？我室友那台电脑跟拖拉机一样！

主播：冰川散热系统 2.0 使用了 Are Flow 绝尘风扇 + 四出风口 + 六热管，内吹式散热，液金导热！烫手那是不至于的！机器运行的时候，只是风扇有一点声音，其他部分是比较安静的！

弹幕 6：屏幕怎么样？有没有 2K？

主播：2.5K 的星云屏，165Hz 的刷新率，3ms 极速响应，94% 屏占比，16：10 的黄金比例，DC 调光不闪屏，500nit 高亮度，低蓝光护眼认证，专业广色域和专业色彩认证，畅享视觉盛宴！

弹幕 7：续航能力行不行？晚上断电后能撑多久？

主播：90Wh 大电池，配备快速充电技术，断电无忧！

弹幕 8：梦想之机了！

主播：×××战胜笔记本，12 代酷睿 i9-12900H 搭配 RTX3070ti，不管你是打游戏、剪视频、开直播，完美应对高负载任务。喜欢的兄弟们，点击屏幕左边领取优惠券，叠加平台优惠券更划算，主播今天给你一个优惠价×××元，来，兄弟们准备了，9 号链接，三、二、一，开始！

…………

⚠【互动误区提醒】

1. 涉及计算机技术领域的一些专有名词，主播一定要做足功课，不能出现一问三不知，驴唇不对马嘴的情况。

2. 主播在用计算机这类数码科技话题与观众互动的时候，不能不懂装懂，也不能懂装不懂。

3. 在直播过程中，主播要注意使用一些简单易懂的名词来向观众介绍相关内容，不能全程使用过于专业的词汇，这会打击普通观众的积极性和兴趣。

4.18.2　情景 96：空间技术

【直播情景再现】

某户外装备专营店的直播间内，主播小贝正在向观众们展示一款手表。这是一款与北斗卫星系统相连接，具备卫星定位功能的户外手表。直播间有很多人对这款手表感兴趣，防水性怎么样？防不防磁？结实吗？耐不耐高温？抗腐蚀吗？可靠性数据怎么样？

【直播公屏分析】

1. 对于询问手表防水、防潮相关性能的观众，他们使用手表的日常场景可能更多的是与水相关，主播应注意对防水性能做直观介绍。

2. 对于询问防磁和可靠性的观众，他们可能对手表在户外工作的表现更加关注，主播要注意结合相关内容做介绍。

【主播互动演练】

主播：朋友们，大家应该都用过 GPS 吧？应该几乎没有没用过的兄弟们。美国的全球定位系统，已经在我们生活的各个方面应用很多年了。

弹幕1：没用过，就用过车载导航。

弹幕2：上面的兄弟，之前车载导航使用的就是 GPS 的信号。

主播：没错，可以说我们的生活几乎离不开导航。现在我们国家的北斗卫星系统终于出来了，以后再也不用担心在卫星定位系统这方面被别人牵着鼻子走了！

弹幕3：一旦 GPS 不给我们使用了，如果没有北斗，很多事要抓瞎！

弹幕4：北斗，国之重器！

主播：关注北斗的朋友们应该知道，北斗有军民两套系统，且由于后发优势，卫星定位的精度比 GPS 更高！

主播：我手中这款手表就具备北斗系统授权的定位功能，以 Ultra-Ring 高灵敏环形卫星天线，3秒疾速卫星连接，快速定位，分秒必争！

弹幕5：帅！

弹幕6：防水、防潮吗？

弹幕7：耐热吗？

主播：100米防水，耐湿热，工作温度在 -30℃到65℃，可以说，在常规环境中工作完全没有任何问题！

弹幕8：防磁吗？户外比较多。

弹幕 9：可靠性怎么样？

主播：这款手表具备防磁功能，CNC 精工工艺，打造 316L 精钢防脱铆钉，防跌落，抗冲击，经过 62 项检测认证，可靠性有保证！

弹幕 10：真不错，心动了！

主播：喜欢的朋友们，可以下单支持一下我们国产的北斗系统，为国之重器加油！3 号链接，前 1000 名下单的朋友，主播再给你送神舟系列的乐高模型！来，上链接！

…………

⚠【互动误区提醒】

1. 主播要对空间技术有一定的了解，做好手表在空间技术利用方面的相关功课，不能一无所知。

2. 主播要如实介绍手表与空间技术的联系，可以进行美化和模糊，但不能虚假宣传，不能欺骗消费者。

4.18.3　情景 97：新能源技术

【直播情景再现】

中国的新能源汽车保有量不断攀升，某车载电器直播间内，主播小巩正在向观众们介绍一款新能源汽车交流充电桩。大家都在公屏上询问一些问题，×××的车能用吗？充电效率怎么样？哪些车通用？能不能连接手机？包安装吗？怎么算安装费？有没有保险？

【直播公屏分析】

1. 对于询问充电桩适配相关问题的观众，他们大多担心充电桩不兼容自己车型，主播要注意打消他们这方面的顾虑。

2. 询问安装问题的观众，他们应该对于充电桩本身的价格接受度较高，但心理上更多关心安装问题，可能是怕麻烦，也可能是不想在安装上多花钱。

3. 询问安全和保险相关问题的观众，他们对充电桩的安全性可能还存在疑虑，对可能发生的损失更加敏感。

【主播互动演练】

主播：我给大家介绍一下我们家这款新能源汽车交流充电桩。朋友们，你们的车充电方便吗？

弹幕1：天天下班之后找位置充电。

弹幕2：最烦油车占着位置，不讲规矩！

主播：在外面排队充电肯定不如自己装一个私人充电桩，下班回来直接充，早上就电量满满地出门，自己的充电桩还便宜！

弹幕3：找位置实在麻烦。

主播：我们这个新能源充电桩安装起来挺方便的，有需求的朋友去自家小区物业问问，准备一下申请表，申请一个电表，后面的安装由我们负责。

弹幕4：×××能充吗？

弹幕5：哪些品牌是通用的？

主播：主流品牌的新能源车都能充，如比亚迪、特斯拉、理想、蔚来、小鹏、吉利、上汽、北汽、广汽，对于其他品牌的车型，您可以向我们的客服进行咨询。

弹幕6：安全吗？别给我车充坏了。

主播：我们家深耕电器领域多年，大家肯定听过吧。这款充电桩一共有过流保护、欠压保护、漏电保护、过压保护、防水保护、过温保护、阻燃保护、防雷保护、短路保护9重防护。每一重都是安全，车规级质量保障，避免充电安全隐患！

弹幕7：充电速度怎么样？多长时间能充满？

主播：我们家的新能源充电桩充电功率高达7 kW，安全快速，以×××标准版车型为例，约7.5小时充满。我们家还有便携式充电枪，功率有3.5 kW，出门充电更方便。

弹幕8：有没有保险？

主播：我们家这款充电桩已由 PICC 中国人保承保，给您强大保障！

主播：有需要的朋友看 5 号链接，直播间特惠价 ××× 元，拍下后联系我们的客服，有专人为您服务。

…………

⚠【互动误区提醒】

1. 主播要对新能源汽车领域相关知识有一定的了解，这样才能更好地为销售服务，不能一问三不知。

2. 主播要提高专业性，在应答观众问题时体现出专业素养，给观众留下可靠的、优秀的印象，不能信口开河，不知所云。

▶▶ 4.19　体育话题

4.19.1　情景 98：体育运动

【直播情景再现】

某运动服饰直播间正在热卖一款篮球鞋，主播小安已经将鞋子的价格、材质、颜色、功能等信息都介绍完毕了，但直播间热度仍然不高，公屏上滚动的也都是一些无关内容，没有关注篮球鞋本身的。小安转换思路，先是进行了一波抽奖，见观众量增加一些后，又通过最近热播的篮球题材的电视剧《××××》跟直播间观众进行互动，并时不时地提到一些著名的现役篮球明星。直播间热度渐渐提高了，小安抓住机会又进行了一波促销，最后的成交量很可观。

🖥️ 【直播公屏分析】

1. 直播间热度不高，公屏上的发言少，此时主播需要加入一些"刺激"的内容引来更多观众，其间可以是优惠福利，抑或全新的节目效果。

2. 通过抽奖等活动增加的人气，留存率不会太高，主播还需要继续进行"刺激"，吸引更多的顾客。

💬 【主播互动演练】

主播：好了，抽奖已经结束了，恭喜各位中奖的朋友！

弹幕1：谢谢主播！

弹幕2：哎，我是中奖绝缘体。

主播：不知道大家有没有看过《××××》啊？是最近特别火的一部和篮球相关的电视剧，这部剧真是太热血了，尤其是里面的主题曲《×××》，每次一听我就想去操场打几个小时篮球！

弹幕3：没看过诶。

弹幕4：我也没看过，不过这歌我听过，确实还可以。

主播：小安今天豁出去了，给大家唱一段好不好！

弹幕5：这个可以有！

弹幕6：自己人，别开腔。

弹幕7：主播你还会唱歌呢！

主播：小安不才，唱得不是很好，还请大家体谅一下。

（主播唱歌）

弹幕8：还可以。

弹幕9：音色不错哦，就是高音没上去。

弹幕10：666！

弹幕11：继续继续！

主播：大家别急，待会我再来一段，在这里啊，还是继续先给大家推荐我们家的篮球鞋，这款鞋是××品牌的新款，专为篮球爱好者设计，在防滑、支撑、舒适、省力等方面都做到了行业高端水平，是一款全能的篮球鞋，可以帮助大家在球场上释放全部潜力，真的很不错哦！

弹幕 12：其实这款鞋我蛮喜欢的，就是有点贵了。

弹幕 13：我其实不打篮球的，我是来看主播唱歌的，哈哈哈！

主播：各位家人们，以这款鞋的做工和质量，×99 的价格真的不贵了，这样吧，今天这款鞋第一次在我直播间卖，全部给大家打 9 折好不好？

主播：另外，这款鞋虽然定位是篮球鞋，但大家平时穿着跑步、健身都比一般的运动鞋好穿，再加上它设计得很前卫，就当时尚单品穿也不会显得突兀的。

弹幕 14：主播能再唱首歌吗？

主播：主播也不是唱歌主播啊，不过既然大家喜欢，直播间成交量每增加 50 单，主播就给大家唱首歌好吧？限时 30 分钟内哦，30 分钟以后主播就不唱了，不能太惯着你们，天天拿我当唱歌主播，那还了得（以开玩笑的语气说出）！

弹幕 15：好好好，我这就下单！

…………

⚠【互动误区提醒】

1. 主播在聊到电视剧、歌曲等话题时，不要涉及演员、歌手本身，引起话题即可，不要过度讨论不相关话题。

2. 主播可以直播唱歌，但若要播放歌曲的话，要注意歌曲的版权问题，不能违反版权规定。

3. 对于直播间观众喜欢听唱歌这类要求，主播可适当满足，但不要无节制、无条件地一直满足，还是要在合适的时机将话题引导到篮球鞋上，促使观众下单，提高直播间成单率。

4.19.2　情景 99：体育比赛

【直播情景再现】

某运动户外品牌直播间内，主播小星正在向观众们展示新款跑步鞋，他一边抬起脚做出跑步的动作，一边介绍这款鞋的黑科技和特点。很多人对这款跑鞋感兴趣，大家在公屏上发言，鞋面什么材质的？跑马拉松可以穿吗？鞋底软吗？

【直播公屏分析】

1. 询问跑鞋鞋面材质的观众，他们更多关注的是鞋子的透气性，对轻盈舒适度的要求较高。

2. 询问跑鞋鞋底问题的观众，他们更多关注的是鞋子的耐磨性、支撑性、回弹性等，对轻、弹、耐久、稳定要求更高。

3. 询问跑鞋适不适合在某些体育比赛中使用的观众，他们可能是一些体育爱好者，有一些较普通人更专业的使用需求。

【主播互动演练】

主播：直播间有没有喜欢跑步的宝宝，今天我给大家带来一款专业的跑鞋，×××白马系列的7Pro专业版。

弹幕1：配色不错，挺漂亮的。

弹幕2：业余跑者一枚。

主播：这款白马7Pro跑鞋的主要设计理念是轻量化、舒适感、时尚感，有标准白、荧光绿和标准黑三种配色。

弹幕3：鞋面什么材质？

主播：鞋面主要是TPU和织物的混合，轻便透气，跑步时解放双脚。

弹幕4：鞋底呢，软不软啊？

主播：鞋底升级为我们家的最新科技材料，前后跟差6mm，轻弹助推，步伐过渡更流畅，带来舒适跑感。

弹幕5：参加马拉松能不能行呢？

主播：白马7Pro跑鞋的适用场地主要有跑道、公路、水泥等常规道路。

主播：后跟中底采用了双层结构设计，应用了全新的缓震材料，提升中底稳定性与耐久度，保持更持久的竞技表现，强力抗扭，加速更放心，再加上专业化的设计，跑马拉松完全没问题。

弹幕6：好看，想入手，今天有没有优惠啊？

主播：今天直播间的宝宝们，我给大家争取到一个特惠价，×××元，没有关注主播的家人们点一下关注，可以再领红包。

主播：喜欢的家人们，看 5 号链接，来，三、二、一，走！

弹幕 7：试试水。

⋯⋯⋯⋯

⚠【互动误区提醒】

1. 主播要对跑鞋文化有一定的了解，对一些热门的跑鞋品牌和款式有清楚的认识，熟悉各家产品的优劣所在，不能由本身是一个门外汉的人来给观众介绍。

2. 主播自身要有一定的运动爱好，或者说对体育运动感兴趣，不能讨厌体育运动，否则无法感染观众，更无法和观众产生共鸣。

3. 主播在与观众就体育比赛话题进行交流的时候，不能发表争议性言论，不能对赛事或者运动员发表不当评价。

4.20 游戏话题

4.20.1 情景 100：热门游戏

【直播情景再现】

某电脑配件直播间正在热卖一款游戏键盘，主播小华为吸引观众，打开了一款最近大火的单机游戏《××××》，并把键盘摆在显眼位置，让观众能第一时间注意到。很快，直播间观众大都被键盘出众的外观设计所吸引，不过也有不少观众更关注键盘的质量、性能等方面的信息。

直播间的弹幕飞速刷新，内容主要集中在键盘的轴体、键帽材质、噪声、灯光、连接方式等方面。

🖥️ 【直播公屏分析】

1. 被键盘外观吸引的观众，往往更加容易购买，因为他们更加关注键盘的"颜值"，对一些和性能相关的参数反而不太在意。

2. 关注键盘的轴体、键帽材质、噪声、灯光、连接方式等方面信息的观众，他们可能是游戏玩家，对游戏键盘的性能有一定的要求，对于这些观众，主播要从键盘的使用手感、性能参数、材质等方面讲解来吸引其下单。

💬 【主播互动演练】

主播：好了，刚才给大家玩了一盘《××××》，不得不说，真的很好玩！来，让我看看，直播间里玩过的朋友们扣"1"，没玩过的扣"2"。

弹幕1：1！

弹幕2：111！

弹幕3：1！

弹幕4：2。

主播：那用键盘玩的在公屏上发"键盘"，用手柄玩的在公屏发"手柄"。

弹幕5：键盘！

弹幕6：键盘！

弹幕7：我一开始用手柄，后来转键盘了！

主播：确实，这款游戏虽然手柄也可以玩，但是键盘更加好上手。今天小华也给大家介绍一款高档机械键盘，专为游戏而生，那就是××家的"竞技者"系列！

弹幕8：哇，竟然是这个，这个是最新款的！

弹幕9：我一直想买这个，但是好贵，而且官网抢不到的。

弹幕10：这键盘好好看！

主播：怎么样？喜欢吗？这键盘甚至都不用我过多介绍了，××品牌在机械键盘圈那可是热门品牌，而这款新发售的"竞技者"也是最近热卖的爆款。

主播：为什么这款键盘卖得这么好？主要就是颜值，大家看键盘左上角，键盘上有屏幕，是不是很少见？这就是这款键盘的一大特色，屏幕可以自定义图案，经过设置后还可以显示电脑的性能参数，很厉害吧？

弹幕 11：666！

主播：另外，就是键盘的灯光，大家知道，××品牌有个外号就是键盘圈的"灯厂"，他家的键盘背光，不管是亮度，还是样式，都是业界先进水平，搭配他家官方驱动使用，绝对惊艳你的眼睛！

弹幕 12：我"馋"这灯好久了！

主播：这就"馋"啦？我还没说重点呢，全键热插拔、PBT 键帽、定制机械轴、三模连接方式、超长待机时间以及××家有名的售后服务，这些功能和服务这款键盘全满足，许多其他品牌的键盘可只能满足其中一两个哦！

主播：最重要的就是它的延迟啦。作为一款游戏键盘，不仅全键无冲突，响应延迟还达到了惊人的××毫秒，第一时间响应你的指令，带给你电竞级的体验！

弹幕 13：我不打游戏，买这个是不是很亏？

主播：亏？不存在的，这款键盘虽然定位是游戏键盘，但和大家办公打字、敲代码什么的并不冲突，反而是一大助力。首先键盘的轴体很适合打字，敲击起来有节奏感，打字速度都会不知不觉变快。另外这款键盘比一般的键盘多了很多功能键，配合键盘驱动，大家可以用这些功能键实现如一键复制粘贴、一键对齐、一键开关机、一键锁屏等效果，可玩性和实用性都很高！

弹幕 14：这键盘哪儿都好，就是太贵了！

主播：太贵了？你在别的地方买当然贵了，今天小华这边做活动，原价 1299 元一把的高档键盘，直降 400 元！仅限本场直播！而且库存只有 700 把！原价可是突破了四位数啊，现在直降 400 元，各位家人们，在各大电商平台，哪怕"双十一"，你都不一定能等到这个价。

弹幕 15：便宜这么多，不会是假的吧？

主播：这你大可放心，××家的键盘都有序列号，一把键盘对应一组序列号，官网可查真伪，而且我们直播间还是××品牌在本平台的唯一合作伙伴，这次的活动也是好不容易争取到的，错过了可就没机会了哦！

弹幕 16：我买了，这键盘我等很久了，这次不买可能真没这个价了！

弹幕 17：我也买一把！

…………

【互动误区提醒】

1. 主播用游戏做演示时，不要评价游戏的好坏，只做好演示即可，其间可把键盘放在显眼位置，吸引观众关注。

2. 主播不要将键盘的适用范围限制得太窄，游戏键盘也可满足除游戏外的其他使用场景。

3. 主播不要贬低其他键盘厂商，专注介绍本次主推键盘的优势即可。

4.20.2　情景 101：游戏直播

【直播情景再现】

某影音娱乐产品直播间正在热卖一款麦克风，主播小韩正在给直播间观众做演示。小韩分别用直播间主推的麦克风与另一款麦克风作对比，让观众直观地体验到麦克风在音质上的差别，引起观众强烈的反响。同时，小韩从游戏直播这一角度展开话题，说明了麦克风对于直播的重要性，同样引起观众强烈的共鸣。也有不少观众询问麦克风的连接方式、重量、安装方式、价格等信息，小韩都一一进行了回答。

【直播公屏分析】

1. 观众被两款麦克风音质差异吸引，反响强烈，说明麦克风音质是观众比较在意的卖点，主播要好好宣传这一卖点。

2. 观众对"游戏直播需要好麦克风"这一观点产生共鸣，说明观众可能是某领域的主播，或者看过麦克风效果不佳的直播。

3. 观众关注麦克风的连接方式、重量、安装方式、价格等信息，属于正常现象，主播不能忽视对这些关于麦克风常规信息的介绍。

【主播互动演练】

主播：主播刚才已经给大家对比演示过了，怎么样？给大家推荐的"AU-

MINI"麦克风，效果是不是很好？

弹幕1：确实还不错。

弹幕2：差别也太明显了，主播你是不是动什么手脚了？

主播：哈哈，效果不错吧。这款麦克风啊，在我们直播圈很火的，很多主播都是用这款麦克风。现在的直播行业越来越"卷"，不管是卖货，还是才艺，甚至是打游戏，要求都比以前高多了。

弹幕3：这确实。

主播：就说那些游戏主播吧，以前直播还没这么"卷"的时候，只要你技术好，哪怕你不露脸、不说话，专心打游戏，也有很多人看。现在可不行了，不管你直播干啥，不说话那就是没人看。

弹幕4：对对对！

主播：所以一款好的麦克风对直播来说就更重要咯。今天小韩推荐的"AU-MINI"麦克风，就是各位主播的礼物！这款麦克风有录音师级的音质，是××国原装进口的国际知名品牌的当家产品，紧凑小巧，内置防喷网，搭配磁吸底座，非常适合在桌面使用，而且连接也方便，USB接口就能连，即插即用，不需要过多调试，就能呈现完美声音效果！

弹幕5：能用来唱歌吗？

主播：当然可以啦，虽然我说这是送给主播的礼物，但麦克风本身的使用却是不受限制的，不管您是拿去唱歌，还是平时录制课件、教学视频，这款麦克风都可以满足您的需求！

弹幕6：看上去真的很不错诶，多少钱呀！

主播：今天直播间做活动，原价×99元的麦克风，今天只需要×68元就能带走，立省200多元哦！

主播：链接已经准备好了，数量有限，大家抓紧抢购哦！

弹幕7：我这就去买！

…………

⚠【互动误区提醒】

1. 主播聊游戏直播等话题时，不要涉及某位具体的主播，以免引起误会。

2. 主播不要对麦克风的适用范围进行限制，从游戏直播打开话题后，要将唱歌、录音、视频通话等麦克风常用情景一一引出来。

4.20.3　情景102：游戏玩家

【直播情景再现】

某电竞品牌直播间正在热卖一款电竞椅，主播小风正在给直播间观众播放一支宣传片，宣传片介绍了该电竞椅品牌的发展历程，还列举了品牌与知名电竞战队合作的经历，一时间吸引很多观众观看。宣传片放完后，小风给观众现场展示了电竞椅，并介绍了一些特色功能。直播间观众也分别就电竞椅的材料、承重能力、组装方式、舒适程度等方面提出了疑问，小风在作了解答的同时，也抓住机会继续向观众进行宣传，提高了电竞椅的直播销量。

【直播公屏分析】

1. 观众被宣传片吸引，可能是他们对里面涉及的知名电竞战队感兴趣，主播要加强对电竞椅品牌与电竞官方赛事合作关系的介绍，提高观众的认同感。

2. 观众关注电竞椅的材料、承重能力、组装方式、舒适程度等方面内容，他们可能是没有使用过电竞椅，主播可着重介绍电竞椅相较一般椅子有哪些优势，尤其是针对长期在电子设备前的游戏玩家，主播可重点关注。

【主播互动演练】

主播：好了，宣传片看完了，大家对咱们××品牌更加了解了吧？咱们是电竞用品行业的老品牌了，和很多官方电竞赛事都有合作，现在也一直是许多电竞比赛的官方合作伙伴，所以在电竞椅的做工和质量这两大方面，大家完全不用担心。

弹幕1：确实，我看比赛的时候经常看到你们家Logo。

弹幕2：嗯嗯，很多职业选手也在用你们的电竞椅。

主播：是的，电竞职业选手、游戏主播都是我们的忠实用户，不过电竞椅可不是他们的特权啊，大家哪怕只是普通的游戏玩家，也有权利让自己的游戏环境变得更好是不是？咱们通过游戏进行娱乐的时候，不可避免要长期坐在电子设备前，时间久了，对咱们的腰、背、脖子，都很不好，而电竞椅的设计就充分地考虑了人体工学，久坐都不会累！不过大家最好还是不要一次性玩太久游戏哦，要健康游戏！

弹幕3：这坐着能比沙发舒服？

主播：哈哈，这和沙发不是一个用途了，当然了，如果你坐在沙发上打游戏，那我敢保证，游戏体验肯定没有坐在电竞椅上好！

弹幕4：主播，这个椅子重不重啊，我怕我到时候搬不动快递。

弹幕5：对啊，这个应该是拆开来发货吧，好安装吗？

弹幕6：我很胖，这椅子能承受得住我的重量吗？

主播：放心吧，家人们，你们说的这些问题啊，电竞椅在设计的时候都考虑了。尤其是咱们今天卖的这款，是最新款，采用的是新型材料，整个椅子并不是很重，男生一个人可以搬得动，女生要是力气小一点，叫上朋友，两个人一起可以搬走！

主播：另外，这款电竞椅是需要大家自行组装的啊，组装其实很简单，到时候收到货有组装说明书，里面教得很详细，一个人也能很快组装完毕。关于承重，大家就更别担心了，这款电竞椅的底盘是钢制的防爆底盘，最高可承重1100公斤，哪怕您有点胖，也没有问题！

弹幕7：个子太高能用吗？

主播：放心吧，这款电竞椅调节非常方便，有4向调节扶手，145°椅背后仰，70毫米上下升降，60°内外旋转，不管您是高个子还是矮个子，体形偏胖还是偏瘦，都能带给您舒适的电竞级游戏体验！

弹幕8：电竞椅都很贵吧？

主播：相比一般的椅子，电竞椅确实要贵一些，直播间今天销售的这款，原价××98元，大家如果在本场直播期间下单的话，××8元就能带走咯！节省了不止300元呢！

主播：各位家人们，时间有限、数量有限，电竞椅在4号链接，大家可以开始选购了哦！一共有 3 款，分别是不同的图案样式，大家看中哪款就选哪款！

弹幕 9：我买一把试试看。

……………

⚠️ 【互动误区提醒】

1. 主播不要一直放宣传片，宣传片间隔一段时间播放一次即可，目的是让观众大致了解产品，而主要的产品介绍还是要主播亲口进行说明。

2. 主播聊游戏话题时，不要宣扬有了电竞椅就可以无节制地长期进行游戏，要提醒观众健康游戏，合理安排时间。

3. 对观众比较关心的电竞椅的质量、组装等问题，主播要耐心解释，不要含糊其词。

▷▷ 4.21　互动话题经典语句

4.21.1　名言类

📖【经典语句 1】

以铜为鉴，可以正衣冠；以史为鉴，可以知兴替；以人为鉴，可以明得失；以 ×× 为标准，可以强体魄！

📖【经典语句 2】

读万卷书，行万里路。读 ×× 好书，行成功之路！

📖【经典语句 3】

与人争执时，退一步海阔天空；下单购物时，退一步人去楼空！

4.21.2 诗词类

【经典语句1】

山不在高,有仙则名。水不在深,有龙则灵。直播间人不在多,有赞就行,千山万水总是情,免费赞赞不要停。

【经典语句2】

十年修得同船渡,大家一起点关注。百年修得共枕眠,刷刷点赞不要钱。

【经典语句3】

天若有情天亦老,点个关注好不好?千山万水总是情,点点关注行不行?

4.21.3 歌词类

【经典语句1】

有的××说不清哪里好,但就是谁都替代不了。

【经典语句2】

有缘千里来相会,无缘相对心会飞,在我心中你最美!

【经典语句3】

我遇见你,是最美丽的意外!

4.21.4 顺口溜

📖 【经典语句 1】

十年八年用不坏，还能传给下一代！虽然不是传家宝，但是人人少不了！

📖 【经典语句 2】

无酒不成礼仪，无灯路上人稀，无财寸步难行，无气定被人欺。各位家人请帮点个关注，增加下人气！

📖 【经典语句 3】

关注主播不迷路，开启缘分第一步，看上主播刷礼物，每天直播细呵护，迈向成功一条路！

4.21.5 广告语

📖 【经典语句 1】

××恒久远，一颗永流传！

📖 【经典语句 2】

车到山前必有路，有路必有××车！

📖 【经典语句 3】

不是所有××，都叫×××！

4.21.6 谚语类

【经典语句 1】
好事不怕细论，好茶不怕细品！

【经典语句 2】
人靠衣装，马靠鞍！三分长相，七分打扮！

【经典语句 3】
好鼓一打就响，好灯一拨就亮！

4.21.7 潮语类

【经典语句 1】
确认过眼神，你是对的人！

【经典语句 2】
打工人打工魂，打工人都是人上人，今天搬砖今天花，直播剁手喜哈哈！

【经典语句 3】
爱情滋润你，财神宠幸你，朋友忠于你，我会祝福你，幸运之星永远照着你！

4.22 互动话题句式模板

4.22.1 发起类句式模板

1.____（对观众的称呼）们，老规矩，先刷一波____（刷屏内容），让老伙计找找感觉，给新伙伴提提气氛！

2.____（主播昵称）今天豁出去了，大家下单量达到____（下单数量）件，我直接给大家唱首歌，唱什么你们定！大家赶紧下单，下单了的家人们直接把歌名打到公屏上！

3.____（对观众的称呼）们，我马上在直播间发起一个PK，看看大家想让____（主播昵称）先展示哪一样____（产品名称），大家踊跃参与哦！

4.22.2 答复类句式模板

1.想要____（观众各种诉求）的朋友们，不要着急，咱们的客服团队已经上线了，大家点击直播间详情页的链接，就可以更加细致地去反映您的问题哟！

2.大家别问还有多少件，能便宜多少了，____（主播昵称）跟大家说实话，现在库存已经不到____件（储货数量）了，后面补货至少要等5天，今天直播间也是福利价，后面再上就不是这个价格了！

3.有关心宝贝尺码的____（对观众的称呼），待会儿会有专门讲解尺码的时间，到时候你们把尺码发到公屏上，我会给大家详细讲解。同时还有试穿环节，今天我们请了几位模特试穿不同尺码给大家演示！

第 5 章
建立信任

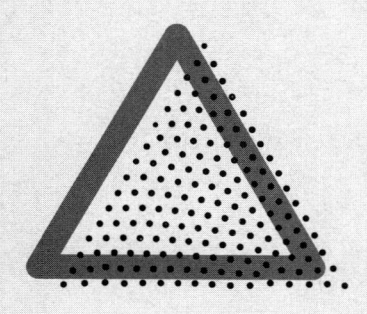

5.1 引导认同

5.1.1 情景103：共同兴趣法

【直播情景再现】

某时尚运动品牌直播间内，主播小卢刚刚换上×××品牌的新款运动紧身裤，她一边向观众介绍这款运动紧身裤的剪裁设计和面料特点，一边做一些基本的健身舒展和热身动作。很多白领、大学生都喜欢去健身房，为了进一步打开跟观众互动的话题，小卢选择了现在十分热门的健身运动。

很多喜欢健身的观众在公屏上积极发言，身高163cm穿多大码？面料会不会起球？腰部卷不卷边？会吊裆吗？身高170cm的人穿短不短？

【直播公屏分析】

1. 很多观众在看直播的时候并不喜欢发言，主播要通过一些话题来调动大家的积极性，带动直播间气氛，聊共同兴趣就是一个普通但有效的方法。

2. 询问运动紧身裤尺码、面料、剪裁等问题的观众，她们希望听到直观的答案，主播可以使用讲解搭配动作的方式给她们肯定的答案，进一步增加好感。

【主播互动演练】

主播：直播间里有多少喜欢运动的姐妹啊？喜欢运动的姐妹发个言让我看看！

弹幕1：健身房跑跑步，做做力量训练！

弹幕2：瑜伽不错啊。

主播：你们都练多久了，我健身差不多快3个月了，现在有一些效果了，体重稳定掉了快10斤了！

弹幕3：主播怎么减肥的，教教我。

弹幕4：看起来有一点点马甲线喔！

主播：姐妹们，说到底，去健身房就两点，管住嘴，迈开腿！饮食管理好，剩下的就是科学的锻炼，只要这样坚持下去，体重自然就降了！

主播：当然，更重要的一点是要每天给自己正激励，欣赏自己身材美的一面，不断地感受变美的快乐！

主播：姐妹们，我不得不给你们推荐×××的这条紧身裤，真是太棒了！姐妹们，看我的身材，这里腰部的设计可以收紧腰线，塑形双腿，使腿部显得更加修长。收腹翘臀，强塑细腰，视觉沙漏腰！

弹幕5：主播的身材是我的理想身材！

弹幕6：姐妹好美！

主播：去健身房就要穿显身材又舒适的衣服，显身材是为了给自己看，不断地激励自己变得更好，舒适是为了更好地做运动。这款裤子我有全部颜色，这3个月去健身房都穿这款。

主播：真的！姐妹们，每天你看着自己性感、健康的身材，自信和阳光的心态就来了，一切都会变得美好！

弹幕7：别说了，我现在去健身房还不行吗。

弹幕8：身高163cm，体重110斤穿多大啊？

弹幕9：身高170cm穿会不会短啊？

主播：这款裤子有5个尺码啊，从XS一直到XL，姐妹们根据自己的身高、体重对照试穿报告和尺码表选择啊！

弹幕10：会不会起球啊？吊裆吗？

主播：运动紧身裤都是使用的高弹力纤维啊，不存在吊裆的问题，绝对不会起球的，姐妹们放心啊！

弹幕11：姐妹，快放链接！

主播：动起来！姐妹们，动起来，把你们的性感展示出来！喜欢这款运动紧身裤的姐妹们看8号链接，别忘记了点击屏幕左边的链接领取优惠券。来，8号链接，三、二、一，冲！

…………

【互动误区提醒】

1. 主播自身身材条件不适合做运动紧身裤的展示时，不要硬着头皮上，不然会适得其反，一定要寻找身材有代表性的模特或者使用模型展示。

2. 主播要有真实的运动经验，不要虚造共同兴趣来博取观众的好感，不然很容易在后续互动中出现问题。

5.1.2 情景 104：意见领袖法

【直播情景再现】

某科技品牌直播间内，主播小雷正在向观众们展示一款新手机，这是刚刚发布的新款旗舰机型。为了配合宣传工作的开展，在这场直播中，品牌方请来了全网有 ××× 万粉丝的 KOL（Key Opinion Leader，关键意见领袖）××× 做嘉宾。

很多他的粉丝都来捧场，大家在公屏上热烈地讨论这款手机，Pro 版信号怎么样啊？系统用起来怎么样？发热厉害吗？支持 5G 吗？曲面屏玩游戏怎么样？

【直播公屏分析】

1. 询问手机系统、信号等问题的观众，他们应该是老粉或是提前做过功课的观众，在作出消费选择前需要一些肯定的答案。

2. 询问发热问题的观众，他们可能在过去手机使用过程中受发热问题困扰，这是影响他们消费决策的一大要素。

3. 询问手机游戏相关问题的观众，他们对游戏的需求更大，更加关注手机性能能否满足游戏运行条件。

【主播互动演练】

主播：家人们，大家有多少人是我们家的老粉？大家发发言让我看看，待会儿我抽一个人，咱们新款手机直接送！大家把弹幕刷起来！

弹幕 1：自来水来了。

弹幕2：来了来了！

弹幕3：凑个数，拉低中奖率！

主播：今天在直播间，我给大家请来了×××嘉宾，由我们俩一起给大家介绍新手机！

弹幕4：×××，排面！

弹幕5：梦幻联动！

嘉宾：谢谢大家，谢谢！今天很荣幸来到咱们品牌直播间，跟大家一起来鉴赏新机！

主播：×××，您是科技数码领域的专业人士，那您给大家介绍一下这款新手机吧！

弹幕6：系统问题现在调得怎么样了？

弹幕7：发热问题怎么样，还烫手吗？

弹幕8：曲面屏的黑边不影响玩游戏吧？

嘉宾：好，那我现在给大家介绍一下这款手机。这款手机搭载了骁龙8Gen2的CPU，6.7英寸OLED全面屏，12GB+256GB的大容量组合，3大5 000万像素的徕卡大师镜头+徕卡专业光学镜头，IP68级的三防标准……

嘉宾：总体来说，在目前的新机市场，这款手机的配置可以说是天花板级别，搭配他们家优化后丝滑的系统，值得入手！

弹幕9：配置不错啊，性价比很高。

弹幕10：参数没输过，体验没赢过。

弹幕11：×××还是比较客观的，我挺喜欢他的测评视频的。

弹幕12：支持×××！

主播：咱们这款手机的官方发行价是×××元，今天×××嘉宾来到我们直播间，让他给大家送一波福利，好不好？

嘉宾：今天我给大家送福利，凡是本场直播下单的朋友们，都可以免费领取一个手机配件套装，外加一年的官方延保！

主播：喜欢的朋友们，看9号链接啊，9号链接，咱们马上开始抢购！

弹幕13：看了好久了，不看了，冲！

…………

【互动误区提醒】

1. 通过"意见领袖"与观众建立信任时,主播要注意与嘉宾配合,积极沟通流程,不能想着有"意见领袖"做嘉宾就万事大吉了。

2. 非特殊情况,主播在与"意见领袖"搭档的时候要注意和谐、友善,不能针锋相对,更不能故意抢风头、抢话头。

3. 主播不能点名友商品牌,更不能通过一些不友善的、不和谐的行为来达到宣传的目的。

5.1.3　情景 105:封闭提问法

【直播情景再现】

某厨具品牌直播间内,主播小苏正在销售一款少油烟的不粘锅。他通过与观众之间的封闭式问答互动,一步步引导他们了解不粘锅的优点。

最后,小苏现场用这口锅炒了个酸辣土豆丝,大家对这款不粘锅的防粘效果很感兴趣。公屏上很多人发言,涂层会掉吗?涂层能坚持多久?质量怎么样?好不好用啊?真的不粘吗?

【直播公屏分析】

1. 询问不粘锅涂层相关问题的观众,他们主要关注涂层的安全性和防粘效果及涂层使用寿命。

2. 询问不粘锅质量和使用感受的观众,他们对于不粘锅的真实防粘效果存有疑虑,主播可以直观地展示不粘效果来打消他们的疑虑。

【主播互动演练】

主播:直播间里有多少朋友是家里的御膳总管啊?大家发发言,让我看看!

弹幕 1:3 年的家庭煮夫!

弹幕 2:给老公、孩子做饭快 8 年了。

主播：大家做饭喜欢用什么样的锅啊？铁锅？不粘锅？

弹幕3：铁锅，一直是铁锅。

弹幕4：不粘锅，感觉铁锅油烟太大了。

主播：铁锅是我们辈辈传下来的，用起来确实有感情了！

主播：用铁锅炒菜的朋友们，经常粘锅吗？油烟大不大啊？

弹幕5：铁锅粘锅是常有的事，除非是能控住大火的大厨。

弹幕6：铁锅一炒菜那个油烟，呛眼睛！

主播：确实是，铁锅炒菜虽然习惯了，但是容易粘！最重要的是油烟大，对人的影响很大的，家里有老人、孩子的要十分注意！

主播：尤其是经常做饭的姐姐们，更要防着油烟，对皮肤不好，而且对肺部健康也不好！

弹幕7：就是油烟太大，我现在很少开火了。

主播：那要是有一口锅，它不仅不粘，还不怎么起油烟，大家愿意用它还是用油烟大又很容易粘的铁锅？

弹幕8：那肯定是不粘锅了。

主播：好，那我现在给大家炒个酸辣土豆丝，经常做菜的都知道，土豆是很容易粘锅的食材，咱们看看这个不粘锅效果到底怎么样？

主播：家人们，大家都看到了吧，用这口锅炒菜不仅不易粘锅，而且油烟很少！

主播：今天直播间的家人们，下单就送一年涂层质保，直播间特惠价只要×××元，7号链接，少油烟不粘锅，您直接带回家！

…………

⚠️【互动误区提醒】

1. 主播使用封闭提问法时，要进行逻辑规划，不能问着问着，反而把自己问进去了。

2. 主播要进行封闭提问练习，不能随心所欲地自由发挥。

3. 主播设计封闭式问题时，不能设计引起观众反感的部分，封闭式问题不能有攻击性。

5.1.4 情景106：直面担心法

【直播情景再现】

某电动自行车直播间内，主播小玲正站在一辆崭新的黑色电动车旁，她一边向观众们介绍这辆电动车的动力和外观，一边回答大家的问题。

电池是否安全，会不会自燃？电池可以续航多久？满电能跑多远？可以载人吗？能不能提速？这些都是大家关心的问题。

面对很多观众朋友的担心，主播没有选择视而不见，她对很多大家关心的重要问题做了直截了当的回答，给大家吃了颗"定心丸"。

【直播公屏分析】

1.很多观众都在询问的问题，一定是重点问题、关键问题，这些问题直指大家在日常使用电动车时的担忧。

2.对于重点问题、关键问题，主播采用直面的方法，不绕弯子，不说车轱辘话才是正确的选择。

【主播互动演练】

主播：家人们，下面给大家介绍的是这款超长续航的电动自行车，轻便时尚，代步首选！

主播：要接送孩子上学、上班通勤、下班买菜的家人们，今天赶上我们直播间做活动，之前想买但还没下手的家人们千万不能错过！

弹幕1：看起来挺好看，不知道骑起来怎么样？

弹幕2：能跑多远？不会中看不中用吧！

弹幕3：我上一个电动车，标的50km，结果也就能跑个15km，坑人。

主播：大家放心，我们这款电动车采用的是进口高速电芯，标准版的纯电续航是35～50 km，时尚版的纯电续航是50～70km，尊享版的纯电续航高达70～100km。纯电续航里程实际可到80%以上！大家完全不用担心！

弹幕 4：电池安全吗？不会出现自燃的情况吧？

弹幕 5：我看新闻，有好多起电动车自燃的新闻了，想买不敢买。

弹幕 6：对，上星期我们那有辆电动汽车自燃，吓死人了，烧得干干净净的。

主播：请大家放心，我们的电动车使用的是赛车级的动力锂电池，为了保护驾驶人员，赛车电池的安全级别是很高的！而且续航也提升了 20%，密封闭合型设计，在 -20℃ 低温下也能运行。

主播：只要大家按照说明书的要求正常使用电动车，不会有电池安全问题，大家可以放心！

主播：而且我们跟 ××× 保险公司合作，给每一辆电动车都上了保险！完全解决了大家的后顾之忧！

弹幕 7：能载人吗？减震怎么样？

弹幕 8：轮胎用不用打气？

主播：咱们这款电动车车架的材质是高碳钢，带一个人完全没有问题！全车 4 处减震，前置双液压减震，后置双弹簧减震，得心应手对付各种颠簸路面，后座配置的是大坐垫，骑行、带人都舒适！

主播：咱们的电动车配备了全地形的防爆真空胎，胎壁加厚抗刺，防刺内里 + 真空内胎，深锯防滑设计，抓地力强，防滑防刺，能够适应各种路面。让大家出行无忧！

弹幕 9：别磨叽了，说价格。

主播：看起来大家有点迫不及待了，今天在我们直播间，特批特惠价 ××× 元！线下门店 ××× 元的品牌电动车，今天直接给你便宜几百元！喜欢的朋友们，一定抓住机会！来，我们 5 号链接，走起来！

…………

⚠ 【互动误区提醒】

1. 对于直播间观众们关心的重要问题、关键问题，主播不能含糊其词，不能躲避问题，这样只会让观众更加反感和失望，使得观众流失。

2. 主播在直面问题时，要干脆、果断、自信、坦荡，不要犹豫不决、底气不足。否则，就算直面问题，也是事倍功半。

5.2 学会赞美

5.2.1 情景 107：具体化赞美

【直播情景再现】

某彩妆品牌直播间内，主播小卡正在销售一款粉底液，直播间里很多都是该品牌的忠实顾客，前面几轮的销售都很顺利，大家都很捧场。主播正在热络地和大家一起聊天，公屏上的弹幕飞快地滚动着。

【直播公屏分析】

1. 具体化的赞美指向性明确，观众很清楚地知道自己哪些行为得到了赞美，是一种正向的激励和行为巩固。

2. 具体化赞美是一种直接的夸奖方式，可以加深主播和特定观众之间的感情和联系。

【主播互动演练】

主播：小凯，刚才那个产品的销量是多少？

助播：刚才那个口红 15 秒就抢完了，1 万单，一单不剩！

弹幕 1：没抢到，气！

弹幕 2：什么时候发货啊？

主播：姐妹们，谢谢大家，没有宝宝们的支持，我们也不会有这样的成绩，这都是大家的功劳！

主播：1 万单，15 秒，全部清空！姐妹们，你们真棒！整个平台，你们是最好的粉丝！

助播：谢谢大家！谢谢！

弹幕 3：我说怎么这么快。

弹幕 4：用久，老粉了。
…………

⚠ 【互动误区提醒】

1. 主播要练习夸奖能力，要夸奖得准确、正确，不能把气氛搞得很突然、很尴尬，不能让人不明所以。

2. 主播要把握具体夸奖的度，不要过度夸奖，否则很容易被误解为讽刺。

5.2.2 情景 108：抽象化赞美

▶ 【直播情景再现】

某茶叶旗舰店直播间正在销售一款特级毛尖，主播小覃一边泡茶，一边给观众讲解这款毛尖的特色。公屏上很多热爱喝茶的人都在发言。有人说茶色好，有人说茶叶看起来质量好，有人表达自己对毛尖的喜爱……

🖥 【直播公屏分析】

1. 抽象化赞美更多的是从人的软实力入手进行夸奖，主播要从与观众的沟通中发现优点。

2. 没有人不喜欢别人真诚的赞美，观众在弹幕上积极发言、表达意见，主播对他们进行肯定和赞美，这是一个维护和拉近关系的重要手段。

💬 【主播互动演练】

主播：直播间里有多少喜欢喝毛尖的朋友？

弹幕 1：喜欢绿茶中那种清新的感觉，有生机感。

弹幕 2：信阳毛尖！

主播：今天我给大家带来的就是特级毛尖！我现在就给大家泡一壶看看。看这茶叶的品质，细秀匀直，带毫显峰，色泽苍绿，白毫披覆！

弹幕3：茶叶不错。

主播：毛尖泡出来，茶水清亮，闻起来芬芳馥郁，高香妙韵！

弹幕4：香泉一合乳，煎作连珠沸。

弹幕5：嫩芽香且灵，吾谓草中英。

弹幕6：现在对网友的文化要求这么高了吗？

主播：香泉一合乳，煎作连珠沸。嫩芽香且灵，吾谓草中英。好！好！×××、×××两位朋友好文采啊！

弹幕7：念几句煮茶诗而已。

主播：太谦虚了，能够脱口而出，想必是平时日积月累，腹有笔墨。

弹幕8：喜欢喝茶，顺便念两句罢了，不值一提。

主播：能认识两位茶友很开心！今天在我们直播间，主播我再给大家打个折，在现有优惠的基础上再打9折，希望所有爱茶的朋友们都能开心！

弹幕9：谢谢你！

…………

【互动误区提醒】

1. 主播在表达欣赏和赞美时要真诚，要有真情实感，不能虚情假意。
2. 抽象化赞美更多的是指人的内在，主播要有赞美的技巧，不要弄巧成拙。

5.2.3　情景109：关联化赞美

【直播情景再现】

某白酒品牌直播间内，主播小伍正在向观众们介绍一款白酒，很多爱酒之人在弹幕区里交流、沟通，很快，直播间里的气氛就热闹起来。小伍积极参与到大家的讨论之中，一时间直播间里似乎真的觥筹交错，其乐融融。

第5章 建立信任

🖥 【直播公屏分析】

1. 对于直播间里活跃的酒友们,他们积极热情,能够调动直播间的氛围,主播要合理地控制场面。

2. 主播可以从观众的网名和发言的语言习惯中判断他们的一些信息。

💬 【主播互动演练】

主播：五千年,香醉人间！白酒是个好东西啊！直播间里有多少酒友？

弹幕1：汾酒好喝。

弹幕2：老家有个郎陵罐酒。

弹幕3：我爸喜欢喝泸州老窖,顿顿都得抿一口。

弹幕4：白酒那还得是茅台！

弹幕5：喝过郎酒、舍得、酒鬼、剑南春、五粮液,确实越贵的越好喝。

主播：看来直播间里全国各地的酒友都有啊！文无第一,武无第二嘛！好喝的酒就是好酒！

弹幕6：喝酒嘛,哪还分个高低贵贱,人对、酒好,就够了。

弹幕7：白日放歌须纵酒,喝酒就图个畅快！

主播：×××的这位网友说得好！我看你的昵称,你应该是北方人吧,东北的吗？有股子洒脱爽快的劲儿,我喜欢。

弹幕8：黑龙江的,有机会一起喝酒。

主播：好,好,那一言为定。

弹幕9：悲欢聚散一杯酒,南北东西万里程。

弹幕10：现在还记得大学毕业时喝的那顿酒,真就是南北东西万里程了啊,罢了。

主播：人生嘛,哪有不散的筵席。对酒当歌,人生几何？喜欢喝酒的朋友可以拿这款×××酒,浓香型,酒体饱满,入口柔和。

主播：甜味类似蜜糖,绵延持续,协调舒适,回味持久,暖胃不烧喉。外观简单大气,自己小酌或者送人都没问题！

弹幕11：有没有手提袋？

主播：有手提袋,有。喜欢小酌的朋友,来看我们的6号链接,直播间特惠价×××元，整箱购买还可领取满减优惠券！来，三、二、一，上车！

……………

⚠️ 【互动误区提醒】

1. 主播要合理地进行关联联想，赞美要合适，不要生拉硬扯，更不能不假思索就脱口而出，这样不仅赞美不成，反而会产生误会。

2. 主播在进行关联化赞美的时候，不能在赞美其中一个的时候贬低另一个，当有可能造成误会的时候要及时解释。

▷▷ 5.3 直接表白

5.3.1 情景 110：事实性表白

【直播情景再现】

某女装直播间正在热卖一些近期畅销的服装，主播小曦刚刚介绍完两三个单品，它们的销售量都还不错，甚至有些超出小曦的预期。小曦在介绍下一个单品的间隙，把这个消息分享给了直播间的观众们，并且做出了深情的表白。

【直播公屏分析】

1. 当直播间的观众们共同完成了一项任务，这时大家会有短暂的团结性和组织性，事实性表白是主播对观众的某些行为所做出的情感表白，是一种对特定行为的肯定和激励。

2. 个别在主播表白期间唱反调的观众，他们可能是黑粉，也可能是喜欢抬杠的"键盘侠"。

【主播互动演练】

主播：姐妹们，我给大家汇报一下咱们直播间刚刚那几个单品的销售情况。之前 6、7、9 号链接的牛仔裤、百褶裙和连衣裙全部清空，一共 3 万多单，全部清空！

主播：今天直播间的总销售额马上就要达到 ×××万元！！！

弹幕 1：恭喜恭喜啊！

弹幕 2：主播厉害！

主播：成绩不是我一个人的功劳，更不是我们团队的功劳，这 3 万多单，全都是屏幕面前的你们的功劳！

主播：没有你们的支持，没有你们的捧场，我们不可能完成这么多单！人的一生有很多幸运，比如，遇见你，遇见你们！姐妹们，爱你们！！！

弹幕 3：比心！

弹幕 4：不要来虚的，工作小哥的联系方式私信我！

…………

【互动误区提醒】

1. 主播在进行事实性表白时，要感情真挚，情感饱满，不能虚情假意。

2. 主播不要被直播间里的黑粉和刻意唱反调的人影响，不要被他们扰乱了自己的工作情绪。

5.3.2 情景 111：承诺性表白

【直播情景再现】

某化妆品直播间内，主播小兰正在跟粉丝朋友们聊天，直播的进程已经过半，很多彩妆单品都销售得还不错，粉丝朋友们也比较捧场。小兰想进一步提高直播间的业绩，她把直播间的几个助播都叫到身后，郑重其事地向粉丝朋友们表达自己的感情，并作出承诺。

【直播公屏分析】

1. 当直播间里的氛围达到一定程度时热度不再提升，可能是出现了进一步提升的瓶颈，也可能是出现一些负面的弹幕消息，主播作出承诺性表白后，可以很大程度上赢得观众的信任。

2. 如果主播不能及时笼络住直播间的观众，那么观众流失是极有可能发生的事，因为观众从这里收获不到新的刺激和满足。

【主播互动演练】

主播：宝宝们，刚刚小兰跟我说，咱们直播间的销售额已经达到×××万元了！宝宝们，你们好棒！

弹幕1：厉害厉害！

弹幕2：姐姐优秀！

主播：宝宝们，我知道，我都知道，今天我取得的所有成绩，离不开你们对我的支持，如果没有你们给我的爱，我一无所有！

弹幕3：比心，姐姐很努力了。

主播：我今天在这里向大家承诺，只要我还在这个直播间里一天，每一件从我手里卖出去的商品，质量一定是很好的！我一定给你们优惠的价格！也会继续尽心尽力地为宝宝们服务！

主播：再一次，我爱你们，谢谢你们！

弹幕4：多带点好货！

弹幕5：给我狠狠加油！

…………

【互动误区提醒】

1. 主播在做承诺性表白的时候，不能信口开河，不着边际，要承诺切实可行、可信的东西。

2. 主播要有真情实感，不能空洞虚无地、形式敷衍地作出承诺。

5.3.3 情景112：感恩性表白

【直播情景再现】

某农产品直播间内，主播小沃刚刚卖出一批橙子，这批橙子的产地是他的家乡。正值橙子大规模上市，小沃老家的果农们正在为销路发愁。看到家乡的水果卖得这么好，大家都能有个不错的收益，小沃很开心，他向直播间的观众真挚地表达自己的感恩之情。

【直播公屏分析】

1. 当直播间里的观众已经消化了一些库存，大家都处在一种购物后的短暂愉快中时，主播以一种较低的姿态进行感恩性表白，可以更好地维护主播和观众之间的关系，起到二次刺激的作用，从而促进接下来的销售。

2. 在公屏上难免会有一些质疑和否定的声音，他们只是发泄情绪，主播不用过多理会。

【主播互动演练】

主播：刚刚那些橙子全都清空了，5万斤的大果全部卖出去了，这下果农们能睡个好觉了！

弹幕1：哇！

弹幕2：果农提高收入，我们也得实惠，挺好的。

主播：谢谢大家对我们的信任和支持，我知道，如果不是大家选择我们，我们根本什么都改变不了！谢谢大家，你们的恩情，我不会忘记，我家乡的老乡们也不会忘记！

弹幕3：举手之劳而已。

弹幕4：客气，大家相互取暖。

主播：太多的漂亮话我就不说了，请大家看我的行动，我会继续给大家带来健康、绿色、实惠的果子，滴水之恩，当涌泉相报！

弹幕5：加油加油！

…………

⚠ 【互动误区提醒】

1. 主播在进行感恩性表白时，不能采用高姿态，也不能姿态过低，要合理、适度。

2. 主播向观众进行感恩性表达时，要积极调动自己的情绪，抒发真实感情，不能逢场作戏。

▷▷ 5.4　建立信任经典语句与句式模板

5.4.1　建立信任经典语句

📖【经典语句1】

电视广告从小看到大，直播口碑传遍千万家。

📖【经典语句2】

每一瓶××矿泉水，都来自××山底，天然的，更健康！

📖【经典语句3】

百年传承，匠心之作！历久弥新，假一赔十！

5.4.2 建立信任句式模板

1.＿＿＿（观众昵称）朋友您又来了，上次直播间听您说把产品介绍给朋友，朋友都说好，那是肯定的，我们品质是行业内的标杆。在这里也谢谢您，以及这位朋友，您要是再在本直播间下单，金额超过＿＿＿元的话，直接减免＿＿＿元！

2.＿＿＿（对观众的称呼）们放心吧，直播间卖的都是正品，有品牌方的官方销售许可的（展示授权书）。＿＿＿（对观众的称呼）不放心可以来查，同时我们都是给＿＿＿（直播平台）交了消费者保证金的，如果是假货，我们会被封店、封号，所以我们也不会做这样的低级傻事。

3.今天凡是在我＿＿＿（直播间简称）下单的每一位家人，我们都是有送运费险的，包邮买，包邮退。同时我们在全国都有连锁店，国货老品牌，所以值得信任，如果收到货和主播说的不一样，"退"；不是高品质的，"退"；不是专柜正品的，"同样退"；不好看的，"照样退"。相当于我给你们7天免费试穿，退回来的运费都是主播承担，所以你们没有任何担心的。

第 6 章

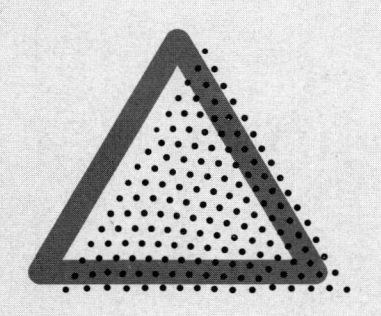

激发欲望

6.1 激发其"趣"

6.1.1 情景 113：好奇驱动法

【直播情景再现】

某家庭清洁品牌直播间内，主播小威正在向观众们介绍一款厨房油污强力清洁剂。他找来了一块一眼看上去就知道是在厨房使用了许久的抹布，然后把这块抹布剪成几小块，分别用常规的方法给它们去油污，无奈这块抹布上的油污实在是太顽强了，很多方法的效果都不是很理想。最后，小威把自家强力清洁剂拿出来准备实验，直播间的观众们都对去油污的效果很好奇。

【直播公屏分析】

1. 对于很多观众来说，他们也许并不太相信强力清洁剂的效果，但是对接下来会发生的事情很好奇。

2. 有些观众其实怀着一种"我看看你搞什么花样"的心理，在这种心态的驱使下，对强力清洁剂的了解不断加深，对它的实际去油污效果有了更直观的认识，自然而然地发生了心理变化。

【主播互动演练】

主播：家人们，你们家里都多久做一次厨房大扫除？做厨房卫生的时候，最头疼的应该是各种各样的油污吧，不仅黏糊糊的，还很难清理！

弹幕 1：做完饭随手清洁，不做大扫除。

弹幕 2：差不多 1 个月一次，经常开火，哪儿哪儿都是油！

弹幕 3：不做，谁爱做谁做。

主播：我今天把我们家厨房的抹布拿来了，大家看看，深深浅浅的油污，也不知道怎么搞的，时间长了都有点发硬了！

主播：我把这块抹布剪成3小块，咱们用能想到的去油方法都试试，看到底效果怎么样？

弹幕4：这抹布多久没洗了！

弹幕5：战损版抹布。

主播：咱们先拿一小块用清水洗洗，可以看到，除了把抹布打湿，洗出来的水不再发灰以外，基本没什么去油效果，手上还是黏的。

弹幕6：热水好洗一点。

主播：再用热水试试，嗯，热水的效果一样没有什么大的作用，油污没有丝毫的变化。

弹幕7：洗洁精。

主播：咱们再把这一小块抹布用洗洁精试试看啊，搓搓搓，使劲搓！不错啊，不错，可以看到一些油污的颜色淡下去了，可还是没有彻底洗净。洗洁精对表层的油污有些效果，但对顽固、深层次的油污，作用就很有限了！

弹幕8：只能那样了，我每次做卫生就是这个样儿，不太黏手就行。

主播：而且用洗洁精去油污很费力，得很大力地去搓洗，反复冲洗也很耗水。

主播：我现在用我们家的×××强力去油清洁剂试试，大家觉得这种顽固的油污能成功去除吗？

弹幕9：够呛。

弹幕10：我觉得不太行，都是半斤八两的水平，你这个还能怎么样！

主播：实话实说，具体能不能完全去掉油污，我心里也没底，但是我有信心，要是等会儿油污去除得不干净，我今天直接给大家免费送出1 000单！！！要是能去掉，大家给我捧个场，怎么样？

弹幕11：好，我倒要看看你这个清洁剂什么水平！

弹幕12：那我先报个名，1 000单有我一个。

主播：废话不多说，家人们，咱们直接来！轻轻这么喷一喷，然后轻轻一搓，用水一冲，怎么样！干干净净，一点也不黏手！

弹幕13：真这么简单，不错啊。

主播：厨房卫生清洁主要是油污的问题，要是能轻轻松松解决厨房油污的问题，其实厨房清洁也不算麻烦。谁不想要一个干干净净、清清爽爽的厨房呢？

弹幕 14：上链接吧，效果不错，要了。

…………

⚠【互动误区提醒】

1. 主播要一步步地激发观众们的好奇心，不能操之过急，否则不能充分激发观众的兴趣。

2. 主播要通过多种方式营造神秘的、未知的氛围，要有转折起伏，不能只是平铺直叙，否则容易让人失去兴趣。

6.1.2 情景 114：情绪调动法

【直播情景再现】

某饮品类直播刚开播不久，直播间陆陆续续地进来一些观众，纷纷好奇本场直播会销售什么产品。主播小湘见直播间热度还不是很高，先自己泡了一杯奶茶，然后开启了直播间的弹幕抽奖活动，这吸引了不少观众参与。随着观众越来越多，公屏上的弹幕也越来越复杂，但基本上都集中在奶茶的口味、包装、保质期、价格等信息上。

【直播公屏分析】

1. 直播间观众关注口味，可能担心大礼包不能自选口味，主播要告知观众大礼包内的具体内容。

2. 直播间观众关注包装，可能只想买杯装的或者袋装的，主播要对此进行解释说明。

3. 直播间观众关注保质期，可能是担心商家将即将过期的奶茶混入大礼包中一起销售，主播要作出承诺，让观众信服。

💬【主播互动演练】

主播：欢迎各位进入小湘的直播间，欢迎欢迎！

弹幕1：主播好！

弹幕2：小湘喝的是什么呢？

主播：我喝的是奶茶哟。好了，先不说别的，来到直播间的就是家人，小湘的直播风格就俩字儿——实在！家人们，现在公屏发送"我要喝奶茶！"就可以参与抽奖，解锁本场直播的特殊福利哦！

弹幕3：我要喝奶茶！

弹幕4：我要喝奶茶！

弹幕5：我要喝奶茶！

（进行弹幕抽奖）

主播：哈哈，恭喜这几位中奖的家人，没中奖的家人也别沮丧，待会儿还有福利！

主播：大家都看到我在喝奶茶了，刚才也让大家发送了"我要喝奶茶！"参与抽奖，聪明的家人们肯定已经猜到了，今天小湘给大家带来的就是××牌的奶茶了！而且是奶茶大礼包！口味可自选，一包12杯，价格更优惠！

弹幕6：猜到了。

主播：大家平时喜欢喝奶茶吗？这样吧，平时喜欢喝奶茶的家人们，把"喜欢"打到公屏上！

弹幕7：喜欢！

弹幕8：喜欢！

弹幕9：超喜欢！

弹幕10：还好吧。

主播：那大家知道我手里这款奶茶是什么牌子的吗？知道的刷"1"。

弹幕11：1！

弹幕12：111！

弹幕13：××牌奶茶谁不知道，以前看电视天天都能看到！

主播：是的呢，不夸张地说，××牌奶茶可以说是冲调类奶茶里面的王者！

咱不说别的，就说销量，那可是常年居于行业前列！大家知道为什么××牌奶茶销量这么好吗？原因很简单，就俩字儿：好喝！

弹幕14：他家确实可以。

弹幕15：你这大礼包不会拿一些要过期的糊弄事儿吧！

主播：还是那句话，家人，小湘直播没别的，就是实在。您买到保质期低于6个月的，来找直播间客服，直接给您赔3倍的钱！

弹幕16：多少钱一箱啊？

主播：家人们，买过的都知道，这款奶茶要5元钱一杯，咱们的大礼包一包是12杯，价值是60元，不过大家来到小湘这里，肯定不是这个价！我之前说过了，直播间还有福利，这个福利就是全场8.5折！不管您是买一包，还是买十包，统统8.5折！仅限本场直播！

弹幕17：哇，优惠力度很大啊！

主播：当然了，小湘的直播间，没别的，就是实在！大家想想啊，平时去奶茶店买奶茶，动辄20元甚至30元一杯，就算再好喝也心疼啊！今天在小湘的直播间买大礼包，以后想喝就喝，而且口感完全不输它们！喝过的心里都有数！

弹幕18：确实，现在奶茶店太贵了，味道也没好到哪里去！

主播：家人们，线下店的口感我不清楚，但是咱们××牌奶茶，口感经过了十几年的市场检验，销量足以证明一切！活动仅限本场直播，大家千万不要错过了！

…………

⚠【互动误区提醒】

1. 主播通过弹幕抽奖等方式引导观众发送公屏内容时，要注意内容与拟销售产品的关联性，不要浪费资源在完全无关的内容上。

2. 主播可通过品牌自信、销量历史等来调动观众情绪，让观众相信直播间卖的就是好的冲调类奶茶，但不可夸张数据，也不可贬低竞品。

3. 主播可通过对比线下奶茶店来突出冲调奶茶的价值，但不要随意评价线下奶茶店的优劣，尤其是不要涉及具体的品牌，重点突出直播间所售的冲调奶茶口感有保证、价格实惠等优点即可。

6.1.3 情景 115：需求痛苦法

【直播情景再现】

某洗发护发品牌直播间正在热卖一款去屑洗发水，主播小阳一边给直播间观众展示洗发水的全新包装，一边讲解着洗发水的功效。直播间人气很高，公屏上的弹幕刷新很快，小阳注意到观众最为关注的就是洗发水的去屑能力。另外，公屏上也有不少关于其去油能力、净含量、价格等内容的弹幕。

【直播公屏分析】

1. 观众最关注洗发水的去屑能力，说明"去屑"对于观众而言是痛点，主播要重点介绍洗发水的去屑能力。

2. 观众还比较关心洗发水的去油能力，说明不少观众都是油性头皮，主播可结合不同类型的头皮推荐不同功效的洗发水。

3. 还有些观众比较关注净含量、价格等，说明他们买洗发水更在意性价比，主播要体现出洗发水的价值，让观众觉得洗发水的价格是合理的。

【主播互动演练】

主播：家人们！×××牌新款洗发水，直播间正在热卖哦！这次的新款进行了产品升级，功效更加详细，包装更加精美，容量也更多哦！

弹幕1：×××的洗发水从小用到大！

弹幕2：老看到这个牌子的广告，也不知道具体咋样。

弹幕3：主播，我头皮屑太多了，这款的去屑能力怎么样？

主播：大家是不是都经历过这样的情形，刚洗完头发，一吹干，头皮屑立马就有，或者早上洗完头，晚上就有很多头皮屑了。我知道头皮屑是最困扰大家的问题了，所以今天小阳就来给大家帮帮忙。

主播：××× 这么多年主打的就是去屑，今天推荐的洗发水，里面有一款就是专门为头皮屑较多的家人们准备的哦！去屑款洗发水里面加入了全新的水溶液态去屑因子，能够深入毛囊，持久去屑，保证头皮72小时的清爽！

弹幕4：能去油吗？我是油头。

弹幕5：能防脱发吗？

弹幕6：能改善头发毛糙问题吗？

主播：家人们，常见的头皮类型有油性头皮、干性头皮以及中性头皮。油性头皮一般是最麻烦的，不仅油多，头皮屑也多。如果大家是油性头皮的话，就选我们洗发水套装里面的去油款，内含"小磁吸"黑科技以及柠檬精粹，不仅可以强效去屑，还可以主动吸走头油，为头皮做深层清洁，让头皮干净又清爽！

主播：另外干性头皮的家人们呢，就可以选择我们的柔顺补水款，中性头皮的家人们可以选择生姜护发款！不管您是什么性质的头皮，不管您有什么样的头皮问题，×××的产品都可以为大家提供解决方案哦！

弹幕7：这个一瓶能用多久啊？多少钱一瓶？

弹幕8：直播间里买有优惠吗？

主播：家人们，这次洗发水经过包装升级以后呢，每款的净含量都在1 000 ml以上，是可以用很久的哦！

主播：目前直播间所有洗发水都是以9折的优惠在销售哦，另外，本场直播还有第二瓶半价的活动！大家不要错过了哦！

弹幕9：那我来两瓶试试！

…………

⚠【互动误区提醒】

1. 主播要抓住观众最核心的需求，然后根据最核心的需求来重点介绍洗发水对应的功效——去屑。不要避重就轻，花费太多时间和精力去介绍洗发水的包装、款式之类的问题。

2. 主播切记不可赋予洗发水完全不存在的功效（如治疗脱发），虚假宣传会影响直播间声誉，还可能带来经济纠纷。

6.2 区分其"名"

6.2.1 情景116：产品款式法

【直播情景再现】

某彩妆产品直播间正在销售几款口红，主播小蓉正在根据肤色和穿搭向观众推荐不同颜色的口红。小蓉向大家展示的搭配一时间获得了不少观众的好评，直播间的公屏上顿时有不少人积极互动。有人问口红会不会太红、有色差？有人问口红会不会拔干？有人问唇色太深怎么选款式……

【直播公屏分析】

1. 公屏上关注口红色差的观众，他们可能比较担心直播间灯光等问题造成的颜色差异，也关心不同口红色号的区别。

2. 公屏上关注口红拔干问题的观众，可能平时用口红容易拔干，因此比较关注口红的质地。

3. 对于公屏上询问唇色太深如何选择口红颜色的观众，主播可以多给一些场景化搭配的颜色建议。

【主播互动演练】

主播：宝贝们，今天直播间福利多多，大牌口红重磅来袭，不管你是黄皮、黑皮还是白皮，千万别走开，总有一款口红适合你！

助播：有多少姐妹不知道自己用哪款口红颜色好看，不知道什么颜色显白？公屏发出来，让主播看看有多少姐妹！

弹幕1：不知道咋选颜色！

弹幕2：每次送女朋友口红都会被骂。

主播：我看到大家说的啦，原来还有不少男性朋友在咱们直播间，打算买一款口红送礼是吗？那你算是来对地方啦，主播先给你们推荐22号豆沙色，这款热门色非常适合秋冬季节，素颜也好看。24号色是经典的复古红，这款非常显白，大家看主播不是很白，而是偏黄的肤色，但是上唇试色的效果，很好看，很显白！这两款都是不挑人的。

弹幕3：百搭好！

弹幕4：这颜色我买过，黄皮确实hold得住！

主播：宝宝们，今天咱们直播间也是非常划算哟，一支口红只要89.9元。百元不到的价格，不用犹豫，因为我卖的不是五六百，也不是三四百，89.9元给你高端品质。像33号丝绒红，这个颜色就更适合你们化妆的气质啦，秋冬季节出去聚餐，画上美美的妆容，搭配小香风的裙子，再来一支丝绒红的口红，气场全开，气质一下就上来了是不是？约会也好，逛街也好，人群中亮眼得很哟！

弹幕5：33号会不会有色差？

主播：××宝宝，主播我可以说，你在直播间看到什么颜色，到家就是什么颜色，你看主播嘴上的试色是不是很美。好，主播再给你在手臂、手背上演示下，大家看看是不是还是很高级的，很显气质的丝绒红，没有任何的色差哟！

弹幕6：会不会拔干啊？

主播：宝宝们，上唇之后无论再怎么薄涂、厚涂都能跟嘴唇融合得刚刚好，不会起皮、拔干的。咱们家的口红都是比较滋润的质地，薄涂、厚涂都不会很厚重。大家记得冬天来了一定要多喝热水哟，一方面，喝热水对咱们女生的身体确实很好；另一方面，保持嘴巴湿润，这样涂上口红的效果也会更好哟！

主播：如果有一些宝宝平时嘴巴比较干的，除了多喝水，在涂口红之前可以先用润唇膏护理一下，让嘴巴保持滋润两三分钟后再涂口红，效果也会很不错哟！

弹幕7：主播，我唇色太深应该选哪款？

主播：××宝宝，你如果想素颜上班搭配低调又显气色的口红，但是你的唇色比较深，可以选择22号豆沙色，豆沙色会比较温柔一些。如果你想约会、逛街出行的话，你可以选择17号焦糖色，这款属于雾面哑光质地，哑光而不干，润而不油，非常适合唇色比较深的宝宝哟！

弹幕8：好！我试试17号！

主播：家人们，选口红一定要听主播这样专业的人的建议哟，大家还对哪些色号的口红有疑问，赶紧在公屏上发起来，喜欢主播的记得点点关注哟！

……

【互动误区提醒】

1. 主播一定要提前对口红色号的选择和场景化搭配、穿搭搭配等做好功课，不要在直播间展示时提出一些不合适或不专业的建议。

2. 主播在介绍口红时要对比出不同口红的差别，营造出不同的卖点，不要让观众难以抉择。

6.2.2　情景117：专业人士法

【直播情景再现】

某家用电器直播间正在销售几款电子卷发棒，主播小艾联合知名发型师给大家推荐一款品牌升级的电子卷发棒。主播小艾的热情讲解配合着发型师的专业演示，一时间，直播间的观众纷纷被卷发棒吸引，有人问卷发技巧，有人问卷发棒的加热速度快不快，有人问学生宿舍能不能用……

【直播公屏分析】

1. 公屏上关注卷发技巧的观众，他们可能是被专业卷发技术所吸引，说明直播间的观众容易对产品相关的干货技巧感兴趣。

2. 公屏上关注加热速度的观众，他们可能是之前有过卷发棒使用经验，对于卷发棒的相关功能也比较了解。

3. 公屏上关注学生宿舍能不能用的观众，他们可能是一些学生党，所处的宿舍环境对宿舍用电器的功率有要求。

【主播互动演练】

主播：哈喽哈喽！欢迎各位姐妹进入咱们的直播间。主播先问大家一个问题，是不是有不少姐妹们花几千几百去理发店烫头发、做造型呢？有的公屏给我扣"1"！

弹幕1：我花六百多烫的卷发，没几天就塌了！

弹幕2：想烫发，在纠结去不去。

主播：好的！我看到不少姐妹们在说价格贵、技术差是吧？主播今天给大家介绍一位重磅来宾，著名发型、造型设计师龙龙！他可是给很多明星朋友、网红朋友们做过专业造型的。今天只要大家在咱们直播间待够三分钟，我保证能让大家学会美丽又大方的法式大波浪，还有小蛋卷、水波纹、羊毛卷，各种发型都不在话下！

弹幕3：期待！

弹幕4：有没有什么卷发技巧？

（造型师和主播演示技巧）

龙龙：如果大家想要主播头上这种自然且比较日常的小卷，可以试试横着卷头发的方式，将卷发器和我一样打横，横着烫出来的小卷会非常自然。如果是想要法式大卷，那就像我这样将卷发棒的头朝着下边，把头发夹着停留大概10秒钟，再慢慢地松开，卷出来就是非常温柔的法式大卷哟！是不是很简单？

主播：感谢龙龙分享的专业的卷发技巧，是不是很简单、很容易上手呀？那么，为什么能轻轻松松地卷出这么好看又专业的卷发呢？其实大家只要拥有龙龙和主播手里的这款卷发棒，也能轻松地打造出各种好看的发型哟！

弹幕5：卷发棒看着好好用！

弹幕6：加热快不快啊？

主播：大家仔细看主播手上的这款卷发棒，护发夹板，造型和养护二合一，新款升级五挡恒温控制，可以根据自己的发质来选择合适的挡位。如果你是经常烫染发并且发质已经有一些受损的姐妹，你们就用1、2挡；3、4挡适合细软发质的姐妹；5、6挡更适合一些发质比较粗、硬的姐妹哟！而且咱们这款卷发棒三秒快速升温，卷发自然丝滑，配合龙龙老师刚刚给大家介绍的卷发技巧，新手也能很容易就卷出好看的发型呢！

弹幕 7：学生宿舍能不能用啊？

主播：咱们直播间是不是还有不少学生党、宿舍党的姐妹呀？爱美之心人皆有之，还在上学的姐妹们是不是担心功率太大在宿舍不能用？没关系，咱们这款有一个低温冷烫的 30W 小功率挡位，1 挡就很适合在宿舍用哟！

主播：龙龙老师还有没有其他比较专业的小技巧也教教大家呢？大家还有什么想问的，在公屏上积极互动起来，龙龙老师在这一方面的专业"干货"可多了！

龙龙：还真别说，这款卷发棒确实还蛮好用的，不怎么伤头发。我现在再来教大家一个定型的小技巧，大家像我这样卷完发型之后先不要着急去用手、梳子梳开，等头发完全冷却了再去拨开、打散，这样发型维持的时间能更久一些哟！

弹幕 8：真的"干货"！

弹幕 9：学到了！学到了！

主播：感谢龙龙老师今天分享的非常专业的卷发技巧哟！今天咱们直播间这款卷发棒是双十一的预热活动，不要 199 元，也不要 159 元，直接 99 元给到大家，品牌卷发棒给你们这个价确实是很优惠的哟！大家想想，出去烫个发不得两三百、三四百了，大城市得六七百，咱们今天花 99 元，之后只要三分钟就可以快速搞定想要的各种造型，划不划算，姐妹们？

…………

⚠【互动误区提醒】

1. 专业人士演示的技巧一定要是简单易学的，不要教授太难、太复杂的技巧，以免消耗观众的耐心。

2. 直播间邀请的专业人士除了专业技能扎实过硬，在个人风评方面也要经得起考察，直播带货的嘉宾属于公众人物，要避免不必要的舆论影响。

3. 主播和专业人士的演示一定要提前演练，不要因为专业人士不熟悉产品的使用步骤而影响直播宣传效果。

6.2.3 情景118：累积消费法

【直播情景再现】

某家具直播间正在销售几款皮沙发，主播小奕正在给直播间的观众们展示皮沙发的产品细节。由于今天是品牌成立十周年的纪念日，主播给直播间带来了一波品牌福利，凡是今天通过直播进入网店累积消费达到不同等级金额的观众，均可以享受品牌好礼。一时间观众纷纷在直播间询问优惠，有人更关心皮沙发的搭配，有人则关心皮沙发如何打理……

【直播公屏分析】

1. 公屏上询问优惠的观众，他们可能经常逛家具店，更加关注家具的价格和优惠力度，有下单需求且正在货比三家。

2. 对于公屏上关注皮沙发搭配的观众，可能除了皮沙发，他们还有购买其他家具的需求，主播可以从皮沙发的搭配角度多介绍沙发的周边产品。

3. 公屏上关注皮沙发打理问题的观众，他们可能更关心皮沙发的耐脏程度和清洗方法。

【主播互动演练】

主播：家人们，今天走过路过，千万别错过，××品牌家具店十周年钜惠活动开始啦！凡是今天在直播间下单的家人朋友们，都有机会赢得品牌好礼哟！累积消费达到2000元的，送价值199元的品牌搁脚凳一个；累积消费达到3000元的，送价值399元的进口乳胶枕一个；累积消费达到5000元的，送价值599元的实木床头柜一个！给不给力，优不优惠？

弹幕1：今天买沙发有什么优惠吗？

弹幕2：主播现在坐的这款沙发打折吗？

主播：家人们，主播现在坐的这款沙发采用的是进口头层牛皮制作而成，保留了牛皮的自然纹理，触感非常柔软、细腻，而且透气性强，舒适度非常高！大家都知道，真皮沙发平时都是要 7000～8000 元，甚至 8000～9000 元的价格，对不对？咱们直播间今天这款真皮沙发只要 5699 元，品牌纪念日，真皮沙发直降 2000 元，够不够给力？

弹幕 3：真皮只要 5000 多元？

弹幕 4：真的假的？

主播：是的，给大家看一下这款沙发的检测报告，我们家所有的材料都是经过国家质量检测的，大家放心。今天真皮沙发给大家便宜 2000 元的同时，刚刚主播是不是说了，累积消费满 5000 元，我们再给大家送一个实木的床头柜！没错，价值 599 元的床头柜直接送给大家！

主播：家人们，这款沙发现在在下方小黄车的 11 号链接，看中的直接去下单。今天的价格和品质全都是所见即所得，品牌纪念日，咱们不搞套路。全场所有链接走大宗物流，单独送货上门，安全无损地给你送装到家！

弹幕 5：怎么搭配好看？

主播：现在很多人买房子基本是硬装装好了的商品房，对吧？基本是现代简约风格，咱们这款皮沙发就是一个环保、简约、大气的设计噢！不知道真皮沙发怎么搭配的，可以看下咱们展厅的陈列，可以搭配咱们 12 号链接的岩板伸缩茶几和 13 号链接的岩板电视柜。今天累积消费不受限，每满足一个等级，礼品都是叠加的，也就是说，如果你同时购买沙发、茶几、电视柜，累积满 10000 元，那咱们所有的礼品翻一番，直接两套给到你们哟！

弹幕 6：满 5000 元，赠品给一整套？满 10000 元，赠品给两套？

主播：是的，累积消费满 5000 元，主播就送搁脚凳＋进口乳胶枕＋床头柜，累计满 10000 元，当然就是给两套啦！累积消费继续叠加！给不给力？

弹幕 7：皮沙发好不好打理啊？

主播：皮沙发很好打理的，日常用清水擦一擦就可以啦！如果是有一些油污不好处理的，大家可以看下购物车 9 号链接，是一款非常好用的皮沙发清洁剂，来得早的家人们应该已经看过主播半个小时前演示的 9 号链接产品的使用效果啦！家人们，心动不如行动，错过今天，不知道下次这个福利还要等几年哟！

…………

⚠ 【互动误区提醒】

1. 累积消费法的门槛不要过高，要结合直播间产品的单价来设置。门槛过高，消费者完成的难度太高，可能会影响消费者的购物体验。

2. 主播在使用累积消费法来刺激观众时，不能有特别明显的诱导消费意图。

▷▷ 6.3 数说其"利"

6.3.1 情景 119：特殊利益法

【直播情景再现】

某家用电器直播间正在销售几款家用空调，今天正好是九月十日教师节，品牌方决定在教师节当天给全国教师一些品牌折扣优惠。主播小姗正在热情洋溢地介绍品牌活动的详情，直播间不少观众询问怎么领取教师福利价，有人询问空调能不能上门安装，有人担心款式差异……

【直播公屏分析】

1. 公屏上询问教师优惠福利的观众，他们可能对直播间的教师节活动很感兴趣，说明直播间的活动还是比较有市场价值的。

2. 公屏上关注空调安装问题的观众，他们可能比较担心网购空调的售后服务项目是否完善。

3. 对于公屏上关注款式差异的观众，他们可能担心教师购买的福利款和普通款存在品质上的差异，主播要及时处理异议，打消观众的下单疑虑。

【主播互动演练】

主播：家人们，晚上好！金秋九月，又正值教师节，今天××品牌祝各位老师节日快乐！同时，品牌为了回馈辛勤在岗的各位园丁们，主播马上给大家带来一款福利空调，K20 升级款，原价立减 500 元，只为感恩咱们桃李满天下的教师们！

弹幕 1：优惠这么大？

弹幕 2：只有教师有优惠吗？怎么领？

主播：是的，家人们，今天 K20 升级款空调针对每一位教师立减 500 元。领取福利的方式很简单哟，大家由下方链接点进去私聊小店客服，提供持有教师资格证的证明就可以啦，客服核实后，会给到你们 500 元下单立减券噢！

弹幕 3：K20 居然降 500 元！好划算！

主播：我看到不少识货的家人们在讨论咱们这款 K20 哟，这确实是最近直播间的畅销款，七挡风速可以快速制冷、制热，四种睡眠模式还可以根据人体需求定制温度模式，而且还非常省电、节能！

弹幕 4：能上门安装吗？

弹幕 5：网上买的免费安装吗？

主播：家人们，咱们只要不是特别偏远的地区，都是可以送货上门，而且包安装。如果你们不确定自己家能不能免费上门安装的话，可以把地址发给小店客服查询一下呢。如果不能上门安装，会产生一点点的安装费，安装费咱们都是有统一的收取标准的，大家可以去咨询下售前客服，了解下具体的收费清单哟！

弹幕 6：教师减 500 元的和其他人的是一样的款式吗？

主播：家人们，别担心，咱们品牌今天是特别回馈辛勤培育莘莘学子的老师才推出的立减 500 元的专属优惠活动，所有人下单到货的空调都是一模一样的，不会有任何的区别对待，放宽心啦！

弹幕 7：下单成功啦！真的减了 500 元！

弹幕 8：主播大气！品牌大气！

…………

⚠【互动误区提醒】

1.特殊利益法的规则适用于一些利润比较高的，可以适当让利给消费者的产品，不要因为降价影响直播带货的盈利情况。

2. 特殊利益法的产品款式的让利空间和日常普通款的差距不要过大，不要因为特殊利益伤害到直播观众对品牌的信任度。

6.3.2 情景 120：精打细算法

【直播情景再现】

某日用品直播间正在销售几款牙膏，主播小荷在直播间布置了一块白板，通过板书给观众们计算今天的牙膏的优惠程度。不少观众被主播计算出的优惠所吸引，有人在询问牙膏的美白效果，有人关心牙膏能不能消炎，有人问小孩子能不能用……

【直播公屏分析】

1. 公屏上关注牙膏美白、消炎问题的观众，他们可能比较在意牙膏的功效，虽然价格便宜，但是对于这部分人来说，牙膏本身的品质才是关键。

2. 公屏上关注小孩子能不能用的观众，他们可能比较关注牙膏的适用人群，想选购与年龄段相符的产品。

【主播互动演练】

主播：来，家人们想要美白清新牙膏的，在公屏上扣"想要"。13号链接就是一款颜值高、效果好的美白牙膏，让主播我看到你们的热情！

弹幕1：想要！

弹幕2：美白效果怎么样？

主播：如果你们谁的牙齿特别黄，而且口腔异味比较严重，我非常建议你们拍13号链接，这款牙膏里边加了双重薄荷因子，深度洁净口腔内的细菌，而且不添加漂白剂，让你们的牙齿白得健康，白得安全。今天直播间12块9，120克一盒的牙膏买一送一，给你们发两盒，好不好？

（主播在白板上演示并计算优惠）

主播：12.9 元两盒是什么概念？也就是说，你们平时在超市 12.9 元只能买一盒 90 克的牙膏，咱们今天直播间 12.9 元到手两盒 120 克的，总共 240 克牙膏，平均一克才 5 分钱啊。经常逛超市的人肯定知道，超市里边 12.9 元的是 90 克包装的，一克得 1 毛 4 了，对比之下，咱们直播间今天 5 分一克，便宜了不止一半呢！

弹幕 3：小孩子能用吗？

弹幕 4：孕妇能不能用？

主播：咱们这款牙膏不含漂白剂、不含防腐剂，也不含酒精等其他添加剂，不管你是老人、小孩、孕妇、宝妈，都是可以放心使用的哟！如果你们对薄荷过敏，那主播就不建议你们购买这款牙膏了哟！

弹幕 5：家里还没用完呢。

主播：该出手时就出手，牙膏本身也是消耗品对不对，大家去超市买一盒 90 克的牙膏就要 12.9 元了，咱们今天直播间 12.9 元一共两盒 120 克的，平均下来得多划算呐，该囤的时候就得囤哟！

…………

⚠【互动误区提醒】

1. 主播通过精打细算法吸引观众时，要结合生活场景让观众体会到精打细算的实际优惠，不要简单、笼统地描述数字。

2. 主播要有丰富的生活经验，在交流精打细算的消费观念时，不要生搬硬造，不可脱离生活实际。

6.3.3 情景 121：节约成本法

【直播情景再现】

某家用电器直播间正在销售几款扫地机器人，主播小馨正在向观众展示扫地机器人的智能功能，从多个角度给观众讲解这款扫地机器人的性价比。直播间大部分都是一些想趁活动优惠购买扫地机器人的观众，有人比较关注功能特点，有人询问充电续航时间，有人问噪声大不大……

【直播公屏分析】

1. 观众对于扫地机器人的刻板印象可能就是价格大几百甚至上千，但只是一台能扫地的电器，他们可能非常关注直播间的优惠和折扣是否真的实惠。

2. 公屏上关注扫地机器人的续航时间和噪声问题的观众，他们可能是提前了解过产品的一些评价，担心电器的缺点会影响使用体验。

【主播互动演练】

主播：晚上好，欢迎来到××品牌电器直播间，现在主播手里的是下方购物车1号链接的宝贝。今天这款扫地机器人好用还不贵，吸尘、清扫、拖地一站式解决，最重要的是今天到手价只要339元！

弹幕1：感觉没便宜多少。

弹幕2：这优惠了多少？

主播：家人们，不要499元也不要399元，今天直播间只要339元哟！一年365天，划算到每一天才一块钱不到。并且咱们这个扫地机器人肯定不是只用一年啊，质保五年，五年内有任何的问题只换不修，大家仔细想想这个多省事儿，多省钱呐！

弹幕3：一天不到一块钱也还可以！

弹幕4：充电能用多久？

主播：家人们，解放双手就在此刻。是不是两口子在家因为谁扫地而恨不得来一场辩论赛 PK 一下？有了这款扫地机器人，家里再也不用因为谁扫地而起争执了，对不对？咱们这款采用的是超强锂电池环保设计，续航能力高达 120 分钟哟！

弹幕 5：续航还行，我家的面积也没多大。

弹幕 6：能自动转弯啥的吗？

主播：咱们这款扫地机器人拥有智能清扫功能，可以沿着障碍物边缘深层清扫，不留任何死角。如果你是上班族，还可以提前预设清扫时间，扫地机器人会自动在家里清扫，等到咱们下班回家，家里都已经打扫得干干净净。

主播：自己一个人扫地，再怎么着也得一二十分钟吧？这个宝贵的时间咱们可以去看个剧、打打游戏啥的。并且自己扫地还担心扫不干净，有了这款扫地机器人，时间成本都能给你省下来啦！还不用担心自己扫地经常弯腰导致腰酸背痛哟！

弹幕 7：有没有噪声啊？

主播：噪声很小的，开启工作模式的时候声音大概在 50 分贝。这么说吧，和室内空调运作时的声音差不多，即使你晚上睡觉打开机器人扫地，也不影响休息哟！

……………

⚠️ **【互动误区提醒】**

1. 主播在催单时，要强调家务劳动这件事给观众带来的麻烦，让他们理解扫地机器人的便利，不能只是强调优惠。

2. 面对担心噪声会对日常生活产生影响的观众，不只是要告知观众声音大小，还要通过对比一些人们熟知的事物来解答问题，不能只是模糊地回答声音分贝的大小。

6.4 点燃其"情"

6.4.1 情景122：直接调动法

【直播情景再现】

某女装直播间正在销售几款牛仔裤，主播小娅正在热火朝天地营造大促氛围，想要通过热闹的氛围和优惠价格吸引直播间观众的互动。观众的情绪不断被调动起来，有人问尺码大小，有人问会不会掉色，有人问面料厚不厚……

【直播公屏分析】

1. 服装类直播间的公屏最常见的问题就是询问尺码，主播可以提前将尺码对应的身高、体重用纸板列举好，不断地在直播间展示。

2. 对于公屏上关注牛仔裤掉色、面料厚不厚的观众，他们可能对于牛仔裤的品质有比较高的要求，主播可以从牛仔裤的制作工艺到面料的材质特点等多方面进行详细介绍。

3. 直播间观众的情绪一旦被调动起来，问问题的人和消息数量会越来越多，主播可以适时、适当地对此表达歉意，避免因未及时回复消息而引发差评。

【主播互动演练】

主播：这条裤子主播一个人说好不算好，大家去线下看看，××品牌女装店在全国就有一万多家线下门店，收到不喜欢的可以直接退，主播给你送运费险。不喜欢款式，不喜欢颜色，不喜欢面料，通通都可以包邮退，好不好？买回去试试就知道这款裤子有多好了，两位数的价格也就相当于几杯奶茶的价格。怎么样，大家觉得这条牛仔裤划不划算？觉得划算的把"划算"两个字打到公屏上！

弹幕1：划算啊！

弹幕2：买了不合适可以退，可以冲！

主播：修身版型，恰到好处的修身，谁穿谁显瘦。大家看看主播的小肚腩，还有大腿的肌肉，多粗的腿、多粗的腰啊，（主播演示试穿裤子前后的对比效果）再看看咱们主播穿上这条牛仔裤之后，是不是立马纤细了不少，显瘦效果看得见啊！

主播：延展性非常好，觉得显瘦的，把"显瘦"两个字打到公屏上，让主播看到大家的热情！现在互动人数多了，主播待会儿自费给大家抽十个人免单，就送这条裤子当作免单福利，好不好？

弹幕3：显瘦！

弹幕4：会不会褪色、掉色？

主播：不褪色！不褪色！不褪色！重要的事情说三遍噢！环保面料，锁色工艺，反复清洗都只是会有一点点的浮毛，不会掉色。掉色严重的，你直接退给我，行不行？主播给你送运费险，拿到裤子你觉得不行的，退给我就好了！主播今天就是敢做这个承诺！高品质，有保障！

弹幕5：面料厚不厚？

弹幕6：透气性好吗？

主播：有没有家人在线下买过咱们家牛仔裤的，在公屏上给主播吱个声。这款面料柔软、舒适、透气，而且弹性非常好。马上夏天就来了，这款面料不是很厚的，现在是换季折扣给到大家。咱们全国一万多家门店，牛仔裤的工艺做得确实很不错，特别是没买过的家人们，你们买去试试就知道啦！

弹幕7：没买过。

弹幕8：年底刚逛过。

主播：××品牌出手，必是精品。大家逛过、买过的都知道；没逛过、没买过的，今天可以趁着活动下单试试哟！

…………

⚠️【互动误区提醒】

1. 主播在调动观众积极性进行互动时，内容要积极、正向，不要使用低级、庸俗的话题。

2. 主播可以采用不同的方式来调动观众的情绪，如适当穿插抽奖、抽福利等活动，不断地将直播间的氛围推向高潮，不要只是简单地"自嗨"。

6.4.2 情景 123：故事共鸣法

【直播情景再现】

某水果直播间正在销售几款柑橘，主播小陈正在向大家讲述自己承包果园的创业故事。通过和直播观众的互动，引导大家下单自己家的当季水果，再加上真实有趣的创业故事，又甜又大的柑橘瞬间吸引了不少观众。有人询问一箱是不是足秤，有人担心网购柑橘水分不足，有人问能不能加礼盒包装……

【直播公屏分析】

1. 公屏上关注一箱柑橘是否足称的观众，他们可能比较担心一箱柑橘的重量不足，存在缺斤少两的问题。

2. 公屏上关注柑橘水分的观众，他们可能比较关注柑橘品种的口感，主播可以近距离多剥开几个柑橘进行展示。

3. 公屏上关注能否加礼盒包装的观众，他们可能是打算购买水果送礼，因此比较注重外包装是否精致。

【主播互动演练】

主播：欢迎××和×××进入直播间，主播接着讲自己的故事哟！以前啊，我也是跟你们一样的，在风吹不着、雨淋不着的办公室办公，每天到点上班、下班打卡。咱也不是说你们做的事情、工作的内容不辛苦啊，我是说我以前也是在室内，不用晒大太阳，下暴雨不用在外边奔波的人。现在承包的这一片柑橘林，一方面，可以种种水果有收入，另一方面，种树造林确实对生态也有好处，而且咱们回到家乡也能帮助建设家乡，对不对？

弹幕 1：创业是不是很自由？

第6章 ▶ 激发欲望

弹幕2：打理果园应该很辛苦吧。

主播：也还行，刚开始的时候没啥经验，选好品种的柑橘幼苗，种出来确实很甜，但是个头都很小，人也很辛苦，要不断地请懂技术的专家来看树苗，并解决问题。现在比以前那几年还是好多了，自己经常研究也有不少经验了。现在咱们这29.8元一箱的果子，满满5斤重，全都是又大又甜的柑橘。

弹幕3：足称吗？

弹幕4：不够5斤怎么办？

主播：你们啊，把心放进肚子里，咱们现在开始直播卖水果，肯定不是搞一天、两天就不卖了。一箱5斤，只能多不能少，绝对不会给你们缺斤少两的！

弹幕5：水分足吗？

弹幕6：真的甜吗？

主播：大家看看我随便从树上摘下来的几个柑橘（主播剥开几个柑橘展示），里边的水分非常足，而且真的是一点都不酸。大家发现没，这几个都是皮薄肉厚，非常好剥，爱吃水果，爱吃柑橘的可以试试。不是我给大家吹牛，都是我自己辛辛苦苦种出来的，口感确实非常好，柑橘本身也是一种非常好吃的水果。

弹幕7：都是这种包装吗？

弹幕8：有没有礼盒装？

主播：家人们，29.8元的都是这种包装，比较朴实哈。因为我们自己种出来的柑橘，心思都花在种水果上边了，包装等其他的就是越简单、越结实的越好，你们有哪些需要礼盒包装的，在公屏上打出来告诉我一下，我看看能不能想想办法哟！

弹幕9：我下单了，能不能给我礼盒装的！

…………

⚠️ **【互动误区提醒】**

1. 产品背后的故事越简单、朴素越好，或者是有趣、幽默的能打动人的故事，不要编一些假大空、不接地气的故事。

2. 主播讲述故事时，一定要结合水果的卖点、特点，不要本末倒置。

6.4.3 情景124：才识吸引法

【直播情景再现】

某图书销售直播间内，主播小宇正在跟观众们聊天。无论哪一本书，他都能和直播间的书友们聊上两句，似乎地上的没有他不知道的，天上的他也知道一半。大家被小宇的文雅和才识所吸引，直播间的人气不断攀升。

【直播公屏分析】

1. 很多观众会因为主播的个人特质而对特定品牌或者特定直播间产生感情，这种忠实感情是销售转化的强大动力。

2. 爱屋及乌。观众们会把自己对主播的喜爱转移到他所直播的商品上，对直播行为的接受程度也会很高。

【主播互动演练】

主播：大家好，我是小宇，很高兴今晚跟大家见面！

弹幕1：你好啊！小宇。

弹幕2：晚上好！

主播：今天我又给大家带来了几本好书，我一本一本地给朋友们介绍。

弹幕3：上次买的还没看完，呜呜呜。

弹幕4：今天有什么书？

主播：《额尔古纳河右岸》，我在读到这本书的时候，第一次充满了对力量、对生命、对森林、对流水、对落叶、对日月、对清风、对苔藓、对起舞的萨满、对夜里的月光的情感，由衷深沉，不知所以但一往情深。

主播：他们吃着简单的食物，坐在星空下围着篝火喝酒、聊天，他们会带着孩子去捕鱼、打猎，他们也会与爱的人在落日的山巅欣赏秋风与红叶，很平静，很简单，很美好！

弹幕5：小宇，你说的画面好美啊！

弹幕6：太有文化了。

主播：谢谢大家的厚爱，很感谢大家能够喜欢我，认可我，这也说明读书是有作用的，于人于己，都有益处。

主播：喜欢的朋友们，可以点击5号链接下单，我会随书给大家附送一份小礼物，再次谢谢大家！

弹幕7：真不错，小宇很棒！

…………

【互动误区提醒】

1. 主播要有真才实学，要有知识积累，不能弄虚作假，否则早晚会被识破。

2. 主播要有广泛的涉猎，要有系统的知识体系，但不要好为人师，不可高高在上，更不可恃才傲物。

6.5　激发欲望经典语句与句式模板

6.5.1　激发欲望经典语句

【经典语句1】

学×××对孩子没有坏处，别让你的孩子输在起跑线上！

【经典语句2】

吃点好的，很有必要！

【经典语句3】

去年的衣服，配不上今年的你！

6.5.2　激发欲望句式模板

1. 直播间的粉丝宝宝们，＿＿（具体时间）点整的时候我们就开始抽免单了啊！还没有点关注的宝宝上方点个关注，加入我们的粉丝团，＿＿（具体时间）点整就可以参与抽免单了，还可以去找我们的客服小姐姐去领＿＿（具体数额）元优惠券……

2. 咱们这款＿＿（产品简称）宝贝，一周销售＿＿（具体数额）万份，而且啊，宝贝上市当天销售突破＿＿（具体数额）份，截至目前，百分之＿＿（具体数额）的顾客都会回购，宝贝的好评率高达百分之＿＿（具体数额），下单就是赚到！

3. ××旗舰店的价格是＿＿（具体数额）元一瓶，我们今天晚上买＿＿（具体数额）瓶直接减＿＿（具体数额）元，相当于第1瓶＿＿（具体数额），第＿＿（具体数额）瓶不要钱，而且我再送你们＿＿（具体数额）毫升的赠品，超值福利，给不给力？

第 7 章

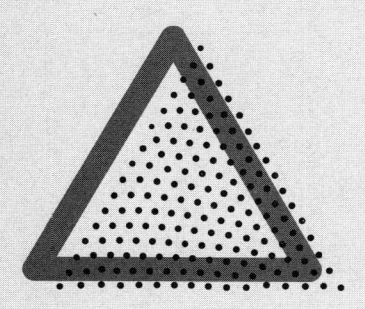

直面异议

7.1 直面"黑粉"

7.1.1 情景 125：直接回应法

【直播情景再现】

某潮流女装直播间正在热卖一款羽绒服，主播小思刚介绍完产品，报完价格，直播间立刻有几名观众表示羽绒服太贵了，说她们在其他地方看到差不多的羽绒服，价格便宜了好几百块，甚至有观众直接说，这是黑心商家。

这些言论给直播间带来了不好的影响，小思没有过多理会这些"黑粉"，但不得不向其他正常观看直播的观众作出解释。小思直接用羽绒服的品质说话，获得了直播间其他观众的认可，那些带节奏的"黑粉"也很快不再露面。

【直播公屏分析】

1. 有观众表示衣服太贵，可能是"黑粉"，也可能是真心觉得贵的其他观众，主播要学会辨别，从而采取不同的对策。

2. 有观众说出"黑心商家"或其他不礼貌、不友好的词汇，表明直播间有人在恶意带节奏，这些人可能来自竞争对手，也可能只是一些无聊的观众，主播要稳住心神，用羽绒服的品质说话，赢得其他观众的信赖。

【主播互动演练】

主播：姐妹们，刚才的羽绒服已经跟大家介绍完了，价格是 698 元一件，就在 5 号链接哟！

弹幕 1：698 元？抢钱啊？

弹幕 2：我之前在 ×× 平台看到一件差不多的，才 400 多元，你这也太贵了。

弹幕3：你们这直播也太"黑"了，价格乱标。

弹幕4：其实我也觉得有点小贵。

主播：这位叫×××的姐妹，不要被别人影响了，今天小思给大家推荐的是××品牌的新款。××大家不陌生吧？这可是羽绒服领域的"大佬"，这种高端品牌的衣服，肯定比一些普通的羽绒服要贵一点嘛。

主播：今天你在小思这里，698元你带走的不是一件普通的羽绒服，你买到的是品质，是高级感，是穿出去能够被人一眼看出来的品位。你在别家，虽然差不多样式的羽绒服也能买到，但你要买到这样的质感、这种用料的羽绒服，别说698元了，998元都不一定能买到。

弹幕5：××品牌的羽绒服一直都偏贵，但质量确实也不错。

主播：还是有懂行的姐妹嘛，你看这款羽绒服（拿出羽绒服展示），不说别的，就说这个印花，一看就和一些廉价的图案、质感不一样。再说最重要的，羽绒服，羽绒服，关键就在于用什么"绒"。××品牌一直坚持用优级鸭绒，正常尺码的充绒量都在210克以上，羽绒含量高达90%，清洁度也是达到了600+。

主播：还有，这款羽绒服不仅做工好、用料足，而且满满的设计感。帽子是抽绳设计，可以自由调节；袖口有螺纹设计，防止冷风灌入；侧摆是拉链设计，活动起来更加自如。颜色也有黑、白、红、黑白渐变雪山四款可选，满足不同喜好的姐妹们。

弹幕6：确实很不错，前面的我怀疑是水军。

弹幕7：黑××品牌的价格，那都是纯尬黑。

……

⚠ 【互动误区提醒】

1. 主播面对"黑粉"恶意带节奏，千万不要过度理会，尤其是不要与其辩解甚至争论，这会严重影响正常观看直播的观众的体验。

2. 如果"黑粉"恶意带节奏一直不消散，主播要请助理根据平台的直播规范，对"黑粉"进行禁言、拉黑等处理。

3. 对于价格方面的疑问，主播也不能完全不解释，要用商品价值说话，因为其他观众可能会被"黑粉"的言论影响到,主播还是要照顾到这些观众的情绪。

7.1.2　情景 126:现场验证法

【直播情景再现】

　　某手机配件直播间正在热卖一款双向快充充电宝,主播小马介绍完充电宝各项参数并报出价格后,直播间开始有一些不好的声音。有人说充电宝根本不会有那么快的充电速度,有人说充电宝容量虚标,有人说充电宝的智能显示屏是假的,实际根本无法准确显示电量的余量。

　　面对这些质疑,小马也没有过多理会,而是现场直接找了一部没有电的手机,给观众验证起了充电速度,并不断地让镜头通过特写展示充电速度和充电宝显示屏上面的信息。小马通过现场验证的方法,成功打消了观众疑虑,不少观众纷纷下单。

【直播公屏分析】

　　1.有观众在质疑充电宝的充电速度,可能是故意带节奏,也可能是没有用过快充充电宝,主播要注意解释快充充电宝是目前充电宝发展的趋势,是正规产品。

　　2.有些观众说充电宝容量虚标,这属于恶意发言,主播无需过多理会,用事实说话即可。

　　3.有些观众质疑充电宝的显示屏,可能是这些观众没怎么见过带显示屏的充电宝或者是恶意带节奏,主播要注意解释显示屏的科技含量,让其他观众明白显示屏的优点。

【主播互动演练】

　　主播:家人们,充电宝现在只需 138 元就能带走哦,仅限本场直播才有这个价,大家别错过了。

　　弹幕 1:你刚才说这个是双向快充,半小时就能充一半的电?

弹幕2：怎么可能，又不是原装充电器，现在哪有充电这么快的充电宝。

弹幕3：而且我估计也根本没有20000mAh的容量，这种都是虚标的，其实可能只有一半，或者充几次就不行了。

弹幕4：不会吧，我一直在小马这里买东西，都还挺不错的。

主播：大家别被个别弹幕带节奏，小马这里的东西，老观众都知道，质量和价格一直都没的说。而且现在平台审查这么严，有造假或者以次充好的，根本不让你开播的。不过为了让大家买得安心，小马现在就给大家实际演示一下，让大家看看这款充电宝是不是真的有那么好！

主播：大家看（拿出充电宝和一部低电量的手机），我手里这部手机（镜头特写）只有5%的电了，我现在就用今天推荐的充电宝现场给大家演示充电，大家看看是不是不到半小时就能充一半的电！

弹幕5：我哪有时间看你折腾半小时。

主播：这位朋友你好，不用看半小时也可以侧面证明，因为充电速度是肉眼可见的。我会定时给特写展示被充电的手机的电量，同时我还会通过特写展示充电宝的显示屏，让大家看到充电宝容量的实时变化情况！

（持续充电中）

主播：另外还有新进来的观众，不要错过了，30W双向快充充电器，容量高达20000mAh，行业领先数显电量技术，多协议兼容，一次最多可同时为三部手机充电，买到就是赚到哦！

弹幕6：看看充多少了。

主播：好的，大家看（特写展示被充电的手机），就刚刚短短几分钟，这部手机的电量已经从5%增加到14%了，这个速度都能媲美原装充电器的快充速度了。小马从不欺瞒顾客，咱们店铺也是十年老店了，从没卖过假货！

弹幕7：这速度确实可以。

弹幕8：那我咋知道你这充电宝真的有20000mAh呢？

主播：大家放心，现在常规的手机，电池容量大概是4000mAh到5000mAh，也就是说，大家买回去后，充电宝满电的情况下，起码可以给一部手机充电4次。由于手机电池容量和寿命的原因，最少也能充3次。大家要是发现达不到这个标准，直接找我们客服，我们假一赔三！大家可以现在用手机给直播录像、录音，我的承诺绝对有效！

弾幕9：我反正是信小马的，我一直在这买，我先冲了！

…………

⚠ 【互动误区提醒】

1. 直播间不友好或者不礼貌的发言，不一定全是"黑粉"所发，也可能是一些观众真的不了解充电宝，主播不要看见这样的发言就与其讨论、争辩，要自己或者让直播助理实时监测。当不友好或者不礼貌的发言影响到直播效果的时候，及时采取有效方式处理。

2. 主播用现场验证法时，不要只做验证，也不要一直给特写镜头，要注意穿插对充电宝的宣传和对新观众的欢迎，不要因验证而放弃直播讲解。

7.1.3 情景127：借力打力法

📺 【直播情景再现】

某牙刷品牌官方直播间正在热卖一款电动牙刷，主播小莉介绍完了牙刷的功能、价格以及优惠活动后，直播间观众纷纷踊跃发言。除关注电动牙刷本身基本信息的观众外，还有些观众发言内容非常不友好，一直在用"牙刷价格虚高""牙刷档次太低""直播糊弄观众"等信息刷屏，小莉分析这是直播间的"黑粉"所为，有些眼熟的老粉也逐渐被影响，开始发言询问主播。

🖥 【直播公屏分析】

1. 正常观看直播的观众，不会进行频繁的刷屏行为，遇到恶意刷屏且内容明显不礼貌、不友好的情况，主播可视情况采取不同措施。和产品相关的内容可以正面回复；跟产品无关，甚至跟直播间都没有什么关联的恶意言论，主播可根据平台规定对相关刷屏账号进行禁言、拉黑等处理。

2. 如果直播间眼熟的观众已经受到影响，主播就不能放任这种情况继续发酵，要及时采取手段处理，不然小则影响直播效果，大则影响直播间的声誉。

【主播互动演练】

主播：家人们，皓齿健康，笑容炫亮！×××品牌健康炫亮系列声波电动牙刷已经开卖咯，就在4号链接，大家喜欢的话，千万不要错过哦！

弹幕1：你这价格也太贵了吧，有点狠。

弹幕2：这牙刷我看做工也就那样，竟然要接近300元？我看还不如100多元的××呢！

弹幕3：就是，人家100多元的××都有5个可选挡位，你这才3个挡位，骗谁呢！

（诸如此类恶意发言，一直刷新中）

弹幕4：小莉，你不会真的是骗我们的吧？

主播：××哥，您也是直播间的老观众了，还不知道我吗，我什么时候骗过家人们啊？我们卖货，赚钱肯定是赚了的，但是绝对卖的都是价值相当的好货！有人说我这牙刷价格贵，我承认，今天这牙刷确实就是这个价！我为什么敢这么说，×××品牌是大牌，大家可以去别的平台搜索一下，官方旗舰店的价格比我们直播间只高不低！这次是因为直播间和×××品牌达成了合作，才限量优惠价销售的！

主播：还有观众怀疑挡位，这款电动牙刷确实是3个挡位，而且×××品牌所有电动牙刷都是3个挡位，有些观众可能不懂这是为什么。其实不是做不了5挡，真要做，6挡～8挡都能做，不做是因为没有必要！大家用过电动牙刷的都知道，其实人们刷牙的时候都习惯只用某一个挡位，最多根据需求偶尔换挡。这个挡位，也叫作模式，其实正常刷牙哪里用得到那么多模式啊，我这话是实在话，真正用过电动牙刷的都懂！

弹幕5：确实，挡位或者模式多一般都是噱头。

主播：当然我也不是说其他品牌做多种刷牙模式有什么不好，这是产品理念的问题，但是我可以向大家保证，×××品牌的这款电动牙刷，3个模式就可以满足绝大多数人的日常刷牙需求！所以完全不用担心这个挡位的问题。

弹幕 6：主播说得有道理，那几个人明显是水军，大家别被带节奏了。
……

⚠️ 【互动误区提醒】

1. 主播使用借力打力的方法面对"黑粉"时，要选择合适的内容，否则容易弄巧成拙。

2. 主播用其他品牌的牙刷做对比时，陈述事实即可，不要刻意抹黑其他品牌，以免引起误会。

3. 对于长时间刷屏的"顽劣"用户，主播不要过多理会，但也不能完全忽视，可请管理员或者直播助理根据平台规则对其进行禁言、拉黑等处理。

▷▷ 7.2 化解异议

7.2.1 情景 128：直接驳正法

【直播情景再现】
　　某知名电脑品牌直播间正在热卖几款不同主题的主机，主播小龙一边和观众聊天，一边介绍电脑的配置。突然，直播间出现了几名"不正常"的观众，反复刷屏说直播间销售的电脑以次充好、货不对板，还说主播小龙擅长欺瞒观众。小龙本不想理会，但这几名观众一直在进行不理性发言，小龙无奈只好进行回应。

【直播公屏分析】
　　反复刷屏抹黑直播间和主播的观众，可能存在以下 5 种情况。

1. 竞争对手派来的"水军"，专门针对直播间进行攻击。
2. 直播间所关联品牌的"黑粉"，将情绪发泄到直播间内。

3. 在其他地方被骗，找错地方或者无差别恶意攻击直播间。

4. 本身就是极度无聊的人，以此为乐。

5. 其他特定情况。

不管哪种情况，只要这种行为影响了正常直播，小龙都应该迅速反应并果断处理。

【主播互动演练】

主播：家人们，××品牌定制电脑主机，13代i5处理器，RTX3060显卡，16G超大内存，官网价格是7698元，直播间限时活动，6998元就可以带走哦！

弹幕1：××品牌我这辈子都不会再买，就是坑人的！

弹幕2：组装机，都是骗人的，里面的零件全是次货，大家别信！

弹幕3：说是RTX3060的显卡，到手的其实都是二手的，根本用不了多久就会坏掉！

（诸如此类恶意发言，一直刷新中）

主播：这几位朋友一直进行这样不友好的发言，已经严重影响我们正常直播了，麻烦运营处理一下。

主播：各位观众，不要被带节奏，我们是××品牌官方直播间，由于刚进入本平台，才会有这么大的优惠力度！××是家喻户晓的大牌，但凡了解一点电脑的不可能不知道这个牌子，我们不管是售前还是售后都坚持以顾客为中心，不可能出现以次充好、货不对板的情况！

弹幕4：××确实是大牌，但是我也见过店大欺客的。

主播：大家完全可以放心，这几款主机是定制主题的主机，不是那些一般的组装机，里面所有的配件，直播间的公屏上都打得清清楚楚，不管是配件的品牌还是型号，都介绍得很详细，比如内存，我们写的是"威×品牌3200频DDR5 8G内存两根"，不像有些地方只给你写一个"16G内存"。我们所有配件都精确到具体参数，不存在货不对板的情况，也不会欺瞒顾客！

弹幕5：这还真是。

主播：另外，我们直播间作为官方直播间，销售的电脑全部支持××品牌的官方全国联保，所有主题主机，不仅可以上门安装，还支持7天免费退货，非人为故障，1年内免费换新，3年内免费维修，全国都有我们的官方售后服务网点，大家完全不用担心质量问题！

弹幕6：小龙，我相信你，之前买过的反正都没出过问题！

主播：谢谢大家的支持，本直播间开通了回放功能，直播期间我的所有言论，大家都可以录屏、录音！专业品质，不怕怀疑！另外，如果出现例外，大家收到货后，真的有质量问题的，可以直接找客服，绝对给大家圆满解决问题！

…………

【互动误区提醒】

1. 主播不能放任不友好的言论一直在直播间存在，只要其影响到了直播效果，就要果断处理！

2. 直接驳正法适用于有观众恶意诋毁直播间产品甚至对主播人身攻击且性质十分恶劣的情况。主播要学会判断情况，有些观众可能只是调侃或者抱怨一下，就不能使用过于直截了当的处理方式。

3. 主播回应不友好的言论的时候，态度肯定要严肃，但要注意说话的方式和语言，不可表现得嚣张或者霸道，要注意礼貌，不能影响其他观众的观看体验。

7.2.2　情景129：间接否认法

【直播情景再现】

某手机品牌官方直播间正在热卖最新款智能手机，主播小苏一边给直播间的观众展示手机的拍照效果，一边和直播间的观众进行密切互动。这时，不少观众在直播间公屏上发送不友好弹幕，有人说这款手机使用的是"阉割版"的处理器，有人说这款手机很容易出现断流情况，甚至有人说这个品牌的手机用一年后就会严重卡顿。

【直播公屏分析】

1. 直播间观众发送不友好弹幕,可能是有个别用户在使用某品牌手机时遇到了质量问题,不明白具体原因就来发泄情绪。对于此类观众,主播可第一时间先劝导其联系客服。

2. 不友好弹幕重复出现或大规模出现时,排除手机本身确实有严重质量问题这个因素后,可以判断为直播间出现恶意带节奏的"黑粉",主播要对相关账号进行处理,同时向直播间的其他观众解释问题,保证正常看直播的观众的观看体验。

【主播互动演练】

主播:家人们,双芯影像旗舰××R35,直播间现在只要2 998元哦,就在2号链接,家人们不要错过了。

弹幕1:××的手机不都是高价低配的"智商税"吗?不会真有人买吧!

弹幕2:就是,这个牌子的手机天天断流,打游戏动不动就掉线!

弹幕3:用的还是"阉割版"的处理器,谁买谁上当!

弹幕4:真的吗?不会吧,我刚才都准备下单了。

主播:谢谢几位哈,不管怎么说还是感谢你们对我们手机的关注!家人们,选择××R35,一共有4大理由,我现在就告诉大家这4大理由是什么。

主播:首先是拍照摄影这块,××R35采用了我们××集团研究中心自研的××Smart芯片,开启了"芯算摄影"时代!并且和老牌镜头大厂××深度合作,让手机拍出来的效果既自然又真实。其次是显示效果,120Hz的高爽2K屏,并且支持HDR效果,带给大家通透、清晰、丝滑的视频体验!再次就是充电这块了,80W的超级快充,4800mAh的大电池,充得更快,用得更久!最后就是最重要的处理器了,不仅是最新的×龙八代,而且是满血版!这是目前主流旗舰最常用的处理平台,各项跑分就没输过!

弹幕5:家人们,这配置绝对是拉满了的,咱们配置高,价格却不高,2998元,其他品牌很难卖出这个配置的手机哦!

弹幕6:真的会断流吗?

主播：这位家人，现在都什么时代了，手机怎么还会有那种问题，就算偶尔出现，也可能是受环境偏僻、运营商服务器故障等因素影响。另外，之前市面上是有一些手机存在断流的情况，但其实一般都是版本更新的时候没有调好才会出现这种情况，厂商一般很快就会推出优化措施的，所以家人们不用担心断流这个问题哦！

弹幕7：其实我也觉得没那么严重，我是手机发烧友，反正这次××R35的配置拉满了，也不贵。而且××这个牌子这几年做得挺好的，高价低配是不存在的。

主播：感谢家人们的支持，这次的××R35真的很良心哦，大家去官网要3000多元才能买得到，今天直播间限时优惠，不要错过咯！

…………

⚠【互动误区提醒】

1. 主播不要与直播间带节奏的"黑粉"争辩，不要影响正常观看直播的观众的观看体验。

2. 主播采用间接否认法处理问题，绝对不是在逃避问题，但主播也不要避重就轻。另外，间接否认可以和直接回应搭配使用，这样既显得主播真诚，敢于直面观众问题，又显得主播大气，不与"黑粉"过多计较。

7.2.3 情景130：转化处理法

【直播情景再现】

某美妆护肤品牌直播间正在热卖一款精华液，主播小惠介绍完了这款精华液的功效后，开始讲起了品牌故事，想借此活跃直播间氛围。这时，不少观众表示这种品牌故事都是编出来骗人的，没有什么可信度；还有的观众表示这款精华液太贵了，品牌溢价严重；也有的观众表示，自己年纪大了，没必要用这么贵的精华液。

🖥 【直播公屏分析】

1. 觉得品牌故事不真实的观众,可能不喜欢听这些关于品牌文化的相关内容,他们更加关注产品本身的功效以及价格。

2. 觉得品牌溢价严重的观众,可能其本身确实比较节俭,或者是从未用过相关品牌的产品,不理解产品的价值。

3. 表示自己年纪大了的观众,其实还是有购买意愿的,他们只是需要一个契机,或者说一个打动他们的卖点。

💬 【主播互动演练】

主播:直播间的各位家人们,刚才我们已经介绍了这款精华液的功效,它每一瓶都蕴含传奇成分"×××",能够赋予大家肌肤焕变的力量。而××品牌的精华液之所以受到全世界爱美人士的喜欢,是因为这个品牌从诞生开始就充满着传奇色彩。××品牌的传奇故事,来自……

弹幕1:你别说了,这故事我都快听腻了,说来说去都是那一套。

弹幕2:就是,给品牌搞个故事,其实就是为了涨价!你这款精华液比别的贵了好几百,但效果不见得有多好!

主播:家人们,别急,确实类似的品牌故事不少,但是大家想想,是不是越出名、越有历史渊源的品牌,这样的故事越多呢?这恰好证明了咱们品牌的历史厚重感呀!另外,咱们这款精华液确实是比一般的精华液贵,但这是价值决定的,也是这个品牌的高级感所赋予的。不管大家怎么说,都无法否认这个品牌在面部护理这个领域的知名度吧,大家买到的不仅仅是这一瓶精华液,也是对这个品牌的认同,更是一种高级,一种档次,一种对美的极致追求!

弹幕3:哎,我的年纪不小了,以前不注重护理,现在感觉已经不适合用这么好的精华液了。

主播:这位姐妹,原谅小惠直言,您这个想法大错特错!谁说年纪稍微大点就不能用好产品了?年纪大了也有追求美的权利!而且正是因为年纪上来了,不像十七八岁的小年轻那样皮肤好了,所以才更要使用好一点的精华液来护理皮肤啊!

弹幕4:确实,年纪越大越要注意保养。

主播：家人们，我们不是常说要对自己好一点吗，那就从买一瓶真正好用的精华液开始吧！我知道大家都觉得这款精华液有点贵，没关系，今天直播间有优惠的！大家只要在本场直播期间下单，都可以获得 9 折优惠。如果下单 5 瓶以上，优惠就升级到 8 折哦！另外还有组合套餐，大家可以按需选购哦！

…………

⚠【互动误区提醒】

1. 主播运用转化处理法时，要谨慎选择转换点，注意态度诚恳，语气真切，不要让观众觉得主播在故意抓话柄，钻他们的空子而感到有损自尊。

2. 主播不要全场一直采用一个方法，也不要一直专注于回应问题，要及时转移话题，多介绍产品内容，又或者用优惠活动等转移观众注意力。

7.2.4 情景 131：反问处理法

【直播情景再现】

某潮流男装直播间正在热卖一款短袖，主播小安在与观众互动时，遇到一些观众的质疑，这些质疑都是针对短袖质量的。有的说短袖颜色深，容易掉色；有的说短袖洗涤后容易变形；有的说这种短袖容易起球……这些发言措辞极端，有很强的谴责意味，已经影响了直播氛围，一时间，更多观众要求主播回应问题，并给出合理解释。

【直播公屏分析】

1. 观众担心短袖有掉色、变形、起球等方面的质量问题，甚至措辞极端，说明他们要么不了解短袖产品本身，要么对短袖的品牌有抵触情绪，甚至可能这些观众本身就是来恶意带节奏的"黑粉"。

2. 更多观众受到了这些谴责意味强的弹幕的影响，这是由其他观众的从众心理和"看热闹"导致的，主播要及时采取对策，作出回应，恢复直播秩序。

【主播互动演练】

主播：各位家人们，××短视频平台上爆火的潮流短袖正在8折优惠热卖中哦！黑、红、蓝三种颜色，满足大家今年夏天的穿搭幻想！

弹幕1：这衣服一看就掉色，颜色那么深！

弹幕2：主播，这种在短视频平台火的所谓"网红"同款的短袖，质量都很差，我估计洗几次就变形了。

弹幕3：这种短袖，我目测会起球。

主播：请问这几位家人，是什么导致你们会有这些想法呢？

弹幕4：反正我买的短袖都有这些毛病。

主播：您是通过自己在其他地方的购物经验得出这些结论的吗？我还是跟各位家人们仔细介绍一下吧！各位家人之所以会遇到短袖掉色、变形、起球等情况，主要还是由于购买了材质不好的短袖导致的哦！今天小安给大家推荐的这款短袖，是混织面料的，具体有涤纶、棉、尼龙等材料，而且小安已经试穿、试洗过了，这款短袖不仅不掉色，穿起来还柔软细腻，是不易变形、不易起球的！

弹幕5：不易变形、不易起球，那就是还是会变形、会起球呗！

主播：这位家人平时是怎么清洗衣服的呢？另外直播间的其他家人们一般是手洗多一点，还是机洗多一点呢？

弹幕6：机洗。

弹幕7：肯定洗衣机啊！

弹幕8：短袖这种小件我会手洗。

主播：其实不管手洗还是机洗，只要大家不暴力清洗，不高温清洗，洗涤过后拧干再晾晒，并且不在阳光下暴晒的话，绝大部分衣服都不会变形和起球的哦！经常遇到变形和起球的家人，可能是洗涤和晾晒的方法需要改进哦！

弹幕9：确实，我还真没买到过一洗就变形的衣服！

弹幕10：稍微质量好点的衣服基本不会有这些问题。

主播：是的，家人们，大家不要错过今天直播的优惠哦！另外，大家还可以去我们的官方网店看看其他顾客的购买评价哦，这样心里会更有底！大家买得省心、穿得舒心是小安最大的心愿！

弹幕 11：我反正先下单了！
…………

⚠️ 【互动误区提醒】

1. 主播运用反问处理法时，要注意使用商量和征求意见的口吻，语气要亲切，态度要诚恳，要避免引起观众的反感和抵触情绪。

2. 主播不要一直反问。一直反问观众，即使态度再诚恳，也会慢慢引起观众的反感。主播要及时调整思路，找回直播节奏，通过介绍优惠活动等方式吸引观众注意力，促使观众下单。

7.2.5 情景 132：推理处理法

📺 【直播情景再现】

某品牌笔记本电脑官方直播间正在热卖一款高配置笔记本电脑，主播小新正在给直播间观众展示笔记本电脑的外观，这吸引了不少观众的观看。小新展示完外观，介绍起配置的时候，有观众表示自己在直播间买过电脑，用了一段时间就出现了开机慢、运行卡顿、储存空间不足等情况，这使得其他观众也开始担心起笔记本电脑的性能。

小新见状没有慌乱，他对直播间销售的笔记本电脑的性能有信心，只要是正常使用的话，根本不会出现卡顿这类情况。小新推测，除非观众刚好买了品控出现问题的电脑，否则很大可能是由于相关观众缺乏基础的电脑使用知识，没有良好的使用习惯，才导致出现开机慢、卡顿、储存空间不足的情况。

🖥️ 【直播公屏分析】

有观众在直播公屏上反映直播间销售的笔记本电脑有性能方面的问题，可能存在以下 5 种情况。

1. 这确实是在直播间买过笔记本电脑并且遇到问题的观众，他看见直播间在开播状态，就来反映问题。

2. 这是在其他地方买了同一品牌笔记本电脑的观众，由于各种未知原因导致其使用体验不好，见直播间在卖同品牌产品，就来表达不满。

3. 受竞争对手委托来恶意带节奏的"水军"。

4. 极度无聊的直播看客。

5. 其他未知原因。

【主播互动演练】

主播：各位兄弟姐妹，刚才已经给大家看过××品牌"掠夺者2023"系列最新款笔记本电脑的外观了，是不是很高端、大气、上档次？就这样一台炫酷的笔记本电脑，我敢说不管在什么样的场合，你拿出来使用，那就是全场焦点！

弹幕1：确实好好看！

弹幕2：有点帅！

弹幕3：好看有什么用，我买过2022款，特别差，用几天就卡得"要死"，开个机要半天，开个软件也要半天，就这种笔记本电脑还卖8 000多元，主播太"黑"了！

主播：这位家人，2022款虽然是上一代产品了，但也不至于像您说得那么差啊！哪怕放到现在，2022款的也是中高端配置了，您是不是电脑中毒了？

弹幕4：怎么可能，我就是用来打游戏的，中什么毒。就是去网上下了几个单机游戏而已，关键游戏还装不上，这电脑实在是太差了！

主播：这位家人，您是不是去那种下盗版软件的网站下的？

弹幕5：是的，好多人都在那下啊，怎么了？

主播：我大概知道怎么回事了，我以前也用过那种网站，这位家人，您是不是找到想要的游戏后就直接点了页面上那个很大的"开始下载"按钮？

弹幕6：对啊！肯定点"开始下载"啊！

弹幕7：666。

弹幕8：我就知道！

主播：这位家人，那些游戏资源网站的下载按钮一般都隐藏在页面最下方，页面上那个最大的"开始下载"是广告，您一点就会下载不少流氓软件，而且还会自动安装，您要是不小心多点几次的话，电脑上就会出现很多特别流氓的软件，所以才导致您的电脑越来越卡！

弹幕9：好像是的，但是我记得我都把它们删除了！

主播：您是怎么删除的？

弹幕10：我直接在桌面全选，然后按键盘上的删除键就删除了啊。

弹幕11：哈哈哈，不愧是你。

弹幕12：离谱……

主播：这就是问题所在了，直接在桌面删除是无法把它们彻底删除掉的，您所做的只是把桌面图标放进了回收站而已，要完全删除的话，您需要去控制面板，找到卸载程序的地方，然后点击卸载才可以的！

主播：另外，以后下载软件，请尽量去官网下载哦，还有就是不要把所有软件都安装在电脑的C盘，这样会导致C盘爆满，也会影响电脑运行速度哦！

弹幕13：这么麻烦？

主播：其实不算麻烦的，您直接找我们的客服，把目前电脑情况反映给客服，这边会为您解决。同时还会送您一些关于电脑使用基础知识的视频，您稍微学习一下，以后就不会出现这些情况了！

弹幕14：好吧！我去看看。

主播：好了，还有没有其他家人有问题？小新一定尽量为大家解决！

弹幕15：小新人真好！

弹幕16：为主播点赞！

…………

【互动误区提醒】

1. 不管是由于什么原因促使观众在直播间发送负面信息，主播都不能忽视，要及时解决，这不仅是一种证明，也是一种宣传。

2. 主播使用推理处理法时，要在有把握的前提下合理推理，当发现推理方向错误时，要及时停止，不要强行推理，否则容易引起更大的误会。

7.2.6　情景133：真诚认同法

【直播情景再现】

某潮流男装直播间正在热卖一款牛仔裤，主播小李一边和直播间观众进行互动，一边介绍着牛仔裤的材质、版型等信息。直播间里的观众不少，大家对牛仔裤的颜色、尺码、弹性等很感兴趣，不过也有不少观众表示牛仔裤太贵，不值小李所说的价格，并且这种言论在直播间越来越多，小李见状，立即调整思路，并进行了解释。

【直播公屏分析】

1. 有观众对牛仔裤的颜色、尺码、弹性等感兴趣，说明还是有不少观众有购买欲望的。

2. 越来越多的观众表示牛仔裤价格太贵，可能是对牛仔裤的品牌不太了解，主播可以向其介绍这款牛仔裤是高档品牌的产品，其价格是根据价值来确定的。

【主播互动演练】

主播：各位家人们，刚才已经介绍完了，只需498元就可以带走这条×××品牌的牛仔裤啦！

弹幕1：你说多少？498元？

弹幕2：498元我都可以买到一件羽绒服了！

弹幕3：这也太贵了！

主播：家人们，我能够理解大家的心情，这款牛仔裤确实比一般的牛仔裤要贵一些，因为这是×××品牌的牛仔裤。×××品牌是国际知名的牛仔裤品牌，而且世界上第一条牛仔裤就是来自这个品牌哦！所以啊，对于牛仔裤来说，这个品牌就相当于汽车界的奔驰、宝马，是比较高端的品牌，价格也就相对贵一些了。

弹幕4：看来品牌溢价严重啊！

主播：这位家人，我承认这个价格是有一定的品牌溢价在里面的，其实不管是咱们今天买牛仔裤，还是平时买其他的产品，有些东西贵就贵在品牌上，不过这款牛仔裤可不是只有品牌哦，其本身也是设计感十足，做工、用料都很良心！

主播：刚才已经介绍过了，这款牛仔裤采用的是 92% 的纯棉加上 6% 的聚酯纤维以及 2% 的氨纶，这种以棉为主的混合材质，是高端牛仔裤的标配，能让牛仔裤有一定弹性的同时又不易变形。另外，这款牛仔裤拥有金属拉链门襟、后腰经典皮牌、实用五袋设计、双弧线针脚以及亮红点缀标，可谓是把设计细节拉满了！又潮流、又实用哦！

弹幕 5：确实有些不一样的设计在里面。

主播：是的，家人们，这款牛仔裤虽然是贵了点，但其品质是肉眼可见的好，大家买回家，穿出去绝对有范儿！

弹幕 6：其实只要质量好，耐穿，498 元也不是不能接受，可以穿久一点嘛！

主播：是呀，家人们，别的服饰可能还要考虑过时的问题，但是大家想想，牛仔裤都火了多少年了，就没有退出过时尚的舞台，所以大家买一条好点儿的牛仔裤，真的是可以穿很久的！

弹幕 7：我买过这个牌子的牛仔裤，确实不错，直播间比官网还便宜点，我先冲了！

…………

⚠【互动误区提醒】

1. 主播使用真诚认同法时，要注意语气和态度，表演痕迹不能太重，否则很容易引起观众反感。

2. 主播要找好真诚认同的点，不能观众说什么都全部真诚认同，要自己掌握好直播节奏。

3. 如果直播间的不友好发言一直持续，主播就要使用权限对相关账号进行处理，不能任由其发展。

7.3 直面异议经典语句与句式模板

7.3.1 直面异议经典语句

【经典语句 1】
你们的要求，就是我们的追求；你们的脾气，就是我们的福气！

【经典语句 2】
真金不怕火炼，好产品不怕当面检验！

【经典语句 3】
金杯银杯，不如你们的口碑！

7.3.2 直面异议句式模板

1.我们的____（产品简称）宝贝到货的时候，快递小哥会先让您验收，您仔细查看外包装是否是厂家原装出品，这点您可以放心，只要是____（品牌简称）厂家出品的产品，质量就一定是跟您在____（线下门店简称）店看到的是一模一样的。

2.其实主播我说实话，这一款其实性价比很高，也很耐看，____（颜色简称）华而不俗，而且这款的材质是____（材质简称），属于非常实用性的，用起来非常简洁大气，不用刻意去保养，防潮性能各方面都很好，我建议您可以好好考虑____（品牌简称）这个品牌，真的还是不错的！

3.____（用户昵称）姐/哥，我理解您的心情。因为我们全国有很多家____（品牌简称）品牌的连锁店，采用的都是世界一流的____（进口国简称）国豪迈机器，每道工序和流程都是严格按____（标准简称）标准和要求生产的，一定不会出现您说的开裂问题的。

第 8 章

催促下单

8.1 消除疑虑

8.1.1 情景134：第三方验证法

【直播情景再现】

某影音娱乐品牌直播间正在热卖一款游戏耳机，主播小蕾正在向直播间观众介绍耳机的参数。不少观众表示自己是游戏玩家，特别关注耳机的声音效果和降噪能力，对于这款耳机能否满足需求，他们表示怀疑。

小蕾对于观众的这些质疑早有预料，为此还特意安排了特殊活动来减轻直播间观众的疑虑。

【直播公屏分析】

1. 观众关注耳机的声音效果，是担心在游戏中无法准确听见某些特别细微的声音效果，这种声音效果需要好的耳机才能完美呈现。

2. 观众关注耳机的降噪能力，是担心在玩游戏时受到外部环境的干扰，希望能得到沉浸式的游戏体验。

【主播互动演练】

主播：各位兄弟姐妹，××家爆款电竞级游戏耳机"好竞者"正在直播间热卖中哦，这款耳机专为游戏玩家设计，采用了技术前沿的THX空间音效技术，还兼具AI降噪共鸣，让大家在游戏中能够听声辨位，大杀四方！

弹幕1：这什么空间音效技术，真的假的，和7.1环绕声比哪个厉害？

弹幕2：也不知道降噪水平怎么样，光听你说我也不敢全信啊！

弹幕3：就是，看参数是没用的！

第 8 章 ▶ 催促下单

主播：我了解大家的担心，不知道大家有没有看过一些电竞赛事呢？如果大家细心的话就会发现，××品牌是很多电竞赛事的官方合作伙伴哦，很多战队也采用××的耳机作为专属耳机！

弹幕 4：这我倒是知道，但是人家不是用的你这款啊！

主播：是的，所以啊，今天小蕾也给大家带来了一个惊喜！

弹幕 5：惊喜？什么什么？

弹幕 6：你不会是指今天有折扣吧，这可不算惊喜啊。

主播：当然不是那么简单。为了让大家了解今天小蕾给大家推荐的这款"好竞者"游戏耳机有多好用，我们邀请了大家喜欢的知名电竞选手××，一会儿他会用视频连线的形式来到直播间，给大家分享一下他使用这款耳机的感受哦！

弹幕 7：不会吧！这么厉害！

弹幕 8：哇！我最喜欢的电竞选手就是××了！

主播：怎么样，这个惊喜够大吧！刚才收到通知，××选手已经准备好了，我们马上开始连线吧！

（直播现场连线中）

主播：好了，大家刚才都看到了吧？××选手已经使用这款"好竞者"游戏耳机进行比赛训练很久了，他也说了，这款耳机整体质感超棒，尤其是空间音效和降噪效果，跟他们比赛用的耳机是不相上下的哦！

弹幕 9：看来这款耳机是真的不错！

弹幕 10：可我还是觉得有点贵啊！

主播：别担心，家人们，今天既然××选手都来做客直播间了，他可不是空手来的呀。他知道直播间有很多他的支持者后，给本场直播争取到了福利哦！在本场直播期间内下单，大家可以享受到 400 元的直减优惠哦！而且前 50 名下单成功的家人，还可以获得××选手的签名周边哦！

弹幕 11：哇！我现在就去买！

…………

⚠ 【互动误区提醒】

1. 主播安排知名人物分享使用体验前，要对该人物的风评和口碑进行调查，要慎重选择合作对象，尽量避免与有争议的人物进行合作。

2. 第三方验证法可以适当利用第三方的公信力或者号召力，但主播不能完全依赖第三方验证的作用，主播还是要注重对产品本身的介绍，让直播间观众明白产品本身所具备的价值。

8.1.2 情景135：现场演示法

【直播情景再现】

某家庭清洁用品直播间已经开播了，主播小智正在向直播间观众介绍一款洗衣液，并重点说明这款洗衣液有去污能力强、持久留香、不伤手等优点。观众对于持久留香和不伤手的关注度明显不如对去污能力的关注度高，几乎所有观众都特别关心这款洗衣液去污的能力。

为消除观众的疑虑，小智特意准备了一些沾满污渍的衣服，然后现场进行手动清洗，并不断给特写镜头展示洗涤效果。小智通过现场演示，不仅真实展现了洗衣液的去污能力，还因这种真实、接地气的直播方式给直播间增加了热度。最后，这次直播的成交量很可观。

【直播公屏分析】

1. 观众没有特别关心洗衣液的持久留香、不伤手等优点，是因为这些优点是所有洗衣液基本具备的，不是突出的优势。

2. 观众特别关心洗衣液的去污能力，尤其是去油污的能力，因为"去油污"是观众的痛点，这也是一款好的洗衣液最核心的功能之一。

3. 观众之所以会被小智的现场演示所吸引，除了这种方式真实、接地气、可信度高，还能给直播间观众带来更为直观的感受。主播可以适当通过夸张的动作和诙谐的语言，加强这种直播效果。

【主播互动演练】

主播：家人们，××深层清洁洗衣液直播间限时促销中哦！深层清洁，强效去污，持久留香，温和不伤手，包装全新升级，下单立减10元！

弹幕1：香不香的无所谓，我就想知道到底能不能洗干净有油渍的衣服！

弹幕2：对对对，去污才是关键！

弹幕3：平时最烦的就是衣服上有油污，怎么洗都洗不掉！

主播：大家别担心，今天啊，小智就是特意为大家解决这些问题的！（拿出脏衣服）大家看，我手里这几件衣服，比大家平时要洗的衣服都脏吧？今天小智就现场用这款深层清洁洗衣液给大家演示一下，看看这去污效果到底有多强！

弹幕4：先看看！

主播：大家看啊，我现在打开一瓶全新的未开封的洗衣液（镜头特写），这边的盆里是我们的脏衣服，我先倒点温水进去，这里跟大家说一下，大家最好还是用温水进行洗涤啊，不仅能更好地发挥洗衣液的作用，也不伤衣服哦！

主播：大家看（镜头特写），两件沾满污渍的衣服，只能勉强看出来原来是纯白色的哈，我倒一点点洗衣液进去搅拌一下，出泡沫后大家一起等三分钟就好。

（等待期间一直介绍洗衣液其他优点）

弹幕5：看看衣服怎么样了！

主播：好的，现在差不多三分钟了，大家看啊，我稍微搓一搓这个衣服，效果很明显，污渍全部被去除了，衣服恢复了原来干净的白色，哪怕是非常明显的油污都已经完全洗掉了！

弹幕6：哇，效果真的不错诶！

弹幕7：好像是洗得挺干净的！

弹幕8：主播你洗衣服的样子好好笑！

主播：哈哈，大家喜欢就好，我也是为了让大家看得没那么无聊嘛，毕竟洗衣服本来就是干活，我得表现得有趣一点，大家看得也会更开心呀！

弹幕9：哈哈，我确实看得很开心，也看到了这洗衣液确实去污能力超强。

主播：是呀，家人们，这款洗衣液真的很好用哦，本场直播也是限时特惠，大家不要错过了！

....

⚠【互动误区提醒】

1. 主播进行现场演示时，要注意拍摄角度，既要用镜头向观众传递更多信息，又要让观众看得明白。切忌演示时不用语言进行解释，让观众看得云里雾里。

2. 主播要酌情使用现场演示法，不能什么产品都进行现场演示，最好挑选便于现场快速见效的产品进行演示。

3. 主播不要在演示的过程中强行夸大洗衣液的去污能力，最好事先做一下实验，对去污效果有准确了解后，再设计好演示时的台词，让整场演示显得更加自然、真实。

8.1.3　情景 136：价值价格法

【直播情景再现】

某电脑组件直播间正在热卖一款显示器，主播小林正在向直播间观众介绍显示器的参数信息，并报了价格。听完价格后，直播间不少观众表现得比较激动，纷纷发弹幕表示价格太高，不值得购买。小林见状，运用"价值是价格的基础"这一基本道理，向直播间观众解释了这款显示器为什么比一般的显示器更贵。

【直播公屏分析】

1. 直播间观众在知晓价格之后反应变激动，说明价格是大部分观众最关心的因素，同时也说明关于主播之前介绍的参数信息，观众没有仔细听，甚至根本不在意。

2. 观众没有仔细听，甚至根本不关心参数信息，可能是真的不关心，也可能是没听懂，主播要用更加通俗易懂的话语解释说明这些参数的实际意义。

【主播互动演练】

主播：好了，家人们，刚才已经跟大家介绍完这款小金刚显示器的参数了，目前显示器的购买通道已经在 5 号链接打开了哦，直播间活动价为 1968 元，赶紧上车！

  弹幕 1：什么？1968 元？太贵了。

  弹幕 2：1968 元真的有点贵了，一台显示器为啥要这么贵。

  弹幕 3：我在网购平台看那些差不多的，好像便宜四五百呢！

  主播：家人们，这款显示器 1968 元确实看上去有点贵，但贵不贵是要相对来看的，大家想想，这款显示器是 ×× 家的最新款，×× 品牌是国际知名品牌，首先从做工上就已经是别的品牌不能比的了。

  弹幕 4：但其实这些所谓的"大牌"也溢价严重啊！真心觉得不值。

  主播：这位家人，我理解你的心情，1968 元，要是买一款普通的显示器，当然不值，但是这款绝对值。小林不会说话，就用最朴实的方法告诉大家为什么这么值。

  主播：首先是分辨率，家人们，这款显示器的分辨率是 2560×1440，也就是大家常说的 2K 分辨率，现在大家常见的其实都是 1080P 分辨率的显示器，清晰度和 2K 的不是一个概念。其次是面板，这款显示器用的是 IPS 面板，大家可能不是很了解什么是 IPS 面板，相较于 VA 面板和 TN 面板，IPS 面板的颜色更加细腻，画面效果更加好哦！

  弹幕 5：其他的也不见得不清晰吧。

  主播：不仅如此，这款显示器支持 165Hz 的刷新率和 1ms 的快速响应，这些是决定显示器画面流畅度的因素。刷新率是越高越好，响应时间是越快越好，这款显示器在这方面就做得十分出众！

  弹幕 6：这个我知道，尤其是对玩游戏来说，这两个参数很重要！

  主播：是的呢，还有啊，大家看（特写显示器），这款显示器是超窄边框设计。窄边框设计的好处就是大家在看电影、玩游戏的时候，能够更加沉浸于画面，而不会受到边框的干扰。

  主播：另外，大家看（动手演示），这款显示器自带这种可以旋转的支架哦！不管是上下升降、垂直旋转、左右旋转还是前后俯仰，都非常方便！

  弹幕 7：这款显示器都有什么接口啊？

  主播：看来这位家人比较专业哈，这款显示器的接口也十分齐全，有 1 个

DP 接口，2 个 HDMI 接口以及一个音频输出接口，绝对能满足大家的日常使用需要！

弹幕 8：刚才没仔细听，好像配置是不错啊！

主播：是的，家人们，这款显示器的配置真的很良心，在显示器圈子也是畅销款，大家要是比较关注的话，最近一定刷到过这款显示器。

弹幕 9：确实，2K 加 165Hz，这个配置确实不错了。

主播：家人们，1968 元，你们在别家买不到比这款显示器配置更高的了，比这款显示器配置更高的，1968 元你们也拿不下来。小林还是那句话，贵不贵，要看内在，这款显示器就是属于"外有颜，内有料"的类型！

…………

【互动误区提醒】

1. 主播向直播间观众解释显示器相关参数时，不能只说参数，要解释说明参数所代表的意思，不然观众无法理解显示器具体好在哪里。

2. 就算观众没有明确提出，主播也要把显示器的优点全部说出来，不能观众不问就不提，要抓住一切机会为显示器做宣传。

3. 主播介绍显示器参数和配置时，切记不可虚假宣传，也不可盲目承诺。在说明显示器的优秀配置时，可以和竞品进行比较，但不能恶意攻击、诋毁竞品。

8.2 催单三讲

8.2.1 情景 137：讲优惠

【直播情景再现】

某男装直播间正在销售几款男士风衣，主播小丽正在拆开一件全新的风衣，打算向直播间所有观众展示风衣的细节。正值品牌活动大促，直播间已经有不少观众聚集，公屏上有不少人对于价格及优惠问题有不少的疑问，有人问风衣的价格能便宜多少，有人问风衣的满减要怎么算，有人问优惠券怎么领……

【直播公屏分析】

1. 对于公屏上关注风衣价格便宜多少的观众，主播可以从多个角度进行回答，可以通过对比线上直播与线下门店的价格，对比直播间和非直播场景下的价格进行催单。

2. 公屏上关注优惠满减怎么计算的观众，他们可能比较疑惑下单满减的具体形式。

3. 对于公屏上关注优惠券怎么领的观众，可能有下单想法，主播要及时关注信息并讲解如何领取优惠券的方法。

【主播互动演练】

主播：×××品牌开门红，热烈欢迎所有来到直播间的宝宝们，有喜欢主播的、喜欢咱们直播间的，一定记得左上角点关注，右下角帮主播点点小红心，咱们赞赞点起来，一会儿有大福利、大优惠给到大家！大家今晚下手一定要快，错过这波优惠真的就没有啦！

弹幕1：搞快点！搞快点！

弹幕2：便宜多少？

主播：大家点击一下下方的小黄车链接，可以看到咱们家主要是做各大品牌折扣服装的，今天大家所有的衣服，你们平时在商场看到是不是都是好几百？今天在咱们家的直播间不要599元，不要399元，全部风衣都是199元，大家说便不便宜，主播给不给力吧！今晚来到咱们直播间的宝宝们，福利优惠真的是非常的大，而且主播今天只卖一天，下播就没有了。主播现在马上给各位宝宝一一展示，有等不及的宝宝可以直接点击下方小黄车的浏览链接，喜欢哪件给主播讲，主播可以给你们优先展示，好不好？

…………

弹幕3：怎么算满减？

主播：好，刚给大家介绍的几款风衣，是不是品质没的说？那咱们别的废话也不多说了，已经有很多人在问怎么满减，后台运营现在听我口令，给我下方弹出 30 张 100 元的优惠券。所有直播间的宝宝听好了，运营马上弹出优惠券，要买的直接点领取，立减 100 元的优惠券领好了去下单就行！商场正品的质量真的不用多说，品质真的是超级好，所有直播间的风衣优惠价上架了，今天真的是买到就是赚到。大家待会儿手速一定要跟上，看上哪件手速一定要快，品牌这么大的优惠力度基本是很少见的了，大家看上千万别犹豫了！这么高的折扣，如果犹犹豫豫被别人抢走，是不是不划算？主播倒数三个数，马上送优惠券！三、二、一！

弹幕 4：没抢到啊！

弹幕 5：优惠券怎么领？

主播：这么快 30 张优惠券就抢完啦？还有宝宝们不知道怎么领优惠券，来，大家仔细看一下主播这个截图。第一步，手机这个地方会弹出来一张优惠券，刚刚抢到的宝宝应该看到过；第二步，点击领取，这个地方会显示领取成功；第三步，领好了马上去下方的小黄车下单，记住一定要下手快，看上哪个款式一定要手速快，把握好优惠的机会！

…………

⚠️ 【互动误区提醒】

1. 主播催单时可以采用分批次、少量发放优惠券的方式进行直播催单，不要一次性给太多优惠券。

2. 风衣的优惠力度一定要控制在合理范围内，太夸张的优惠满减金额可能会带来适得其反的效果，要避免引起观众的不信任。

8.2.2 情景 138：讲时间

【直播情景再现】

某休闲零食直播间正在销售几款凤爪零食，主播小彤正在拆开一包凤爪零食打算向大家展示细节，直播间已经有不少观众聚集，公屏上也已经有不少观众在和主播互动。有人问凤爪一整包有多少袋，有人问没抢到能不能加库存，有人问明天直播还有没有优惠……

【直播公屏分析】

1. 公屏上关注凤爪零食一整包有多少袋的观众，他们可能比较关注独立包装中一小袋凤爪的价格情况，可能想计算下是否优惠。

2. 对于公屏上关注没抢到能否加库存的观众，主播可以配合运营将占掉后台库存却未付款的观众清掉，释放可以购买的库存。

3. 对于公屏上关注明天直播间有无优惠的观众，主播要反复强调今天下单的好处。

【主播互动演练】

主播：好工艺就在××品牌无骨凤爪，大家仔细看这个凤爪，真的是一口就能吃到满满的肉，口齿留香，Q弹筋道，对不对？今天在直播间只要19.9元，在屏幕下方的7号链接，今天限时限量只有500份，卖光就没了，这个真的是今天好不容易向厂家申请的500份库存了。大家也都知道，做出好的无骨凤爪耗时耗力，每一个凤爪都是先炸后卤，整个脱骨的过程都是干净卫生的！所以今天只有500份，卖完就没有啦！

弹幕1：一整包有多少袋？

主播：××宝宝你问一包有多少袋是吧？主播拆开这袋给大家数一下，1、2、3……一共是7小包，独立包装7小袋，算下来一包不到三块钱的！现在全靠各位的手速啦，赶紧去抢咯！今天××品牌无骨凤爪限时特价，我们上架只卖5分钟，真的不夸张，只有5分钟，爱吃零食的宝宝们千万千万不要错过啦！我倒数三个数，三、二、一！运营给我上链接，500份库存加满，大家快冲！

弹幕2：没抢到能不能加库存？

主播：还有没抢到的吗？没抢到的在公屏上扣出来让主播看看，真的只卖5分钟，现在已经拍到的宝宝们一定要抓紧时间付款啊！运营给我看一下后台有多少人还没付款的，一分钟没付款的给我全部踢掉，把机会让给各位想买的宝宝哟。宝宝们买到的就给主播在公屏上打上"买到了",没买到的宝宝等一分钟,看还有哪些宝宝不想付款的,咱们就把机会让给有需要的宝宝啦!大家想吃的、想买的抓紧时间哟,时间真的不等人!

弹幕3:明天直播还有没有优惠?

主播:好,一分钟到了。我看看,还有八十多个没付款的,麻烦运营小哥帮忙踢一下人哟,咱们把机会让给有需要的宝宝哈!我看到有宝宝问明天直播有没有优惠?这款的话明天没有了,因为这批确实是今天好不容易找厂家拿的500份现货,500份现货无骨凤爪秒拍、秒发货,明天真没有了,今天拍了还能早点发货呢,抓紧时间买哟!

…………

【互动误区提醒】

1. 主播要通过递进式的方式来向观众们传达时间的紧迫,不要不给观众们反应时间。

2. 主播要不断强化截止时间的概念,传达出"错过了就没有"的规则,即使直播间有一些没抢到的观众,主播也要及时安抚他们的情绪,不要忽略观众的感受。

8.2.3 情景139:讲保障

【直播情景再现】

某清洁纸品直播间正在热卖几款卫生纸,主播小凤正在拆开一箱某品牌的卫生纸,准备向大家讲解品牌卫生纸的产品细节。卫生纸作为日常的家居用品,直播间一时间涌进不少观众观看。很多人在公屏上互动提问,有人问卫生纸是不是旗舰店发货的,有人问是不是品牌正品,有人问印花会不会有问题……

【直播公屏分析】

1.公屏上关注卫生纸是不是旗舰店发货和是不是品牌正品的观众,他们可能比较关注卫生纸的品牌真假问题，也比较介意假冒伪劣的问题。

2.公屏上关注印花会不会有问题的观众，他们可能之前购买过该品牌的产品，对于该品牌的卫生纸细节比较重视和谨慎。

【主播互动演练】

主播：家人们，今天给大家带来一款××品牌全新升级的卫生纸。首先呢，这个地方给大家做了升级的撕拉开口，轻松抽取不会卡住的，而且这一次咱们的每一张纸的尺寸都做了升级，153mm×195mm，加大、加宽，三层超韧，湿水不易破，每一个细节的升级都只为了更好地保障咱们的生活品质哟！

弹幕1：××牌子的纸巾确实还不错！

弹幕2：是不是旗舰店发货？

主播：大家都是知道的，××品牌可是知名度非常高的老品牌了，全国超××%的顾客都是会进行回购的。要是产品不好，怎么会有这么多家人买了又买，不断回购呢？咱们就是旗舰店发货的，品牌旗舰店工厂生产后直接发货，没有太多的仓储、物流运输等成本，不给中间商赚任何的差价，所以咱们这个品牌才可以维持这么多年的物美价廉，低价让利给大家！

弹幕3：是正品吗？

主播：××宝宝，不用怀疑啦，真的是正品，你可以去看一下咱们平台主页的小店信息。咱们小店用户的综合评分是××分，这是我们十年如一日不断坚持用好的产品和优质的服务换来的。宝宝们放心，我们不会因为一时的短视而砸了自己长年累月积累的招牌的。今天在直播间下单包邮送到家，还送7天无理由退货，现在下单的前××名用户我们还送运费险！包邮、包退啊家人们！

弹幕4：印花会不会有问题啊？

主播：××宝宝，我被你专注细节的精神打动啦。我们这款卫生纸是专业技术4D打印立体印花，亲肤且没有任何的刺激。而且你放心，你点进去链接，咱们这款卫生纸有百分之××的好评率，是整个平台同类型的卫生纸里边好评率比较高的了。宝宝们放心购买，经常买咱们品牌的老粉都知道，我们卖东西一定是讲诚信、有保障的。

弹幕 5：快上券！

主播：好，不少宝宝已经在催啦。咱们这款升级卫生纸，现在买，双十一同价，保价保质，童叟无欺哟！今天直播间 19.9 元到手整整一箱卫生纸，现在运营已经把优惠券上好了，大家直接点进链接，链接详情页的第一个地方有十元无门槛的优惠券，大家直接领取下单就可以啦，19.9 元的卫生纸真的买不了吃亏、买不了上当哟！赶紧去下单吧！

…………

【互动误区提醒】

1. 主播可以在直播背景上展示卫生纸的质检报告，证明卫生纸质量达标，但注意不要伪造这些证明。

2. 主播不要轻易许诺，不要夸大保障时效。

8.3 关注下单

8.3.1 情景 140：关注讲解

【直播情景再现】

某小家电品牌直播间正在热卖一些厨房电器，主播小荣正逐一向观众介绍展示台上的样机。公屏上的很多观众对这些厨房电器感兴趣，有人问破壁机，有人问空气炸锅，有人问绞肉机，有人问多用途锅……

【直播公屏分析】

1. 观众有不同的需求和喜好，他们来小家电直播间的目的一般比较明确，不会把时间浪费在不关注的商品上。

2.在公屏上积极给主播提出要求的观众，他们更活跃、更善于表达自己的需求。

💬 【主播互动演练】

主播：家人们，科技解放双手！今天我给大家带来了让大家不再为做饭发愁的厨房神器！

主播：这款多用途电炒锅，无论是煎、炒、涮、煮，还是蒸，都能一锅搞定！4L的大容量，1 400W的大功率，一锅多用，上蒸下煮，不粘涂层，防糊易洗！

弹幕1：讲讲空气炸锅。

弹幕2：主播什么时候说5号链接的绞肉机？

弹幕3：有没有养生壶？

主播：好好好！大家不用急，都会说的。那咱们看哪款想听的家人最多，先给家人们介绍！

弹幕4：空气炸锅！

弹幕5：破壁机！

弹幕6：空气炸锅！

主播：我看很多家人都对空气炸锅感兴趣，那我就先给大家介绍一下这款空气炸锅！

主播：想了解其他厨电的家人们，直接点击对应链接，进入商品详情页查看厨电介绍。直播小窗口千万不要关，等会儿我介绍到的时候，再进来直播间领取专属福利，下单更便宜！

弹幕7：快快快！

…………

⚠️ 【互动误区提醒】

1.主播要控制直播间的销售活动进程，不能被一些观众所影响，更不能失去自己对直播节奏的控制。

2.主播要适度地满足弹幕上观众的要求，不能完全不予理睬，否则会给观众们留下负面的印象。

8.3.2 情景141：下单讲解

【直播情景再现】

某手机品牌直播间正在热卖几款手机，恰逢直播平台做活动，购买新手机可以领取多重福利优惠，下单更划算。主播小姜一边向观众介绍不同手机的参数和外观差异，一边给大家讲解如何下单。公屏上都是关于下单优惠的问题，怎么凑低价？哪里领券？为什么领不到红包？下单价格为什么跟结算的不一样？

【直播公屏分析】

1. 对于大型的、复杂的促销活动，很多观众确实一时半会儿也搞不清楚活动规则，他们掌握的信息也不全面。

2. 很多观众乐于通过完成一系列操作来获取更优惠的下单价格，完成的操作越多，沉没成本越高，下单的意愿更强烈。

【主播互动演练】

主播：家人们，这款手机现在买是今年非常优惠的！平台年中庆典活动，力度大，优惠狠。我们直播间也给到了大家福利价格，错过今天可就没机会了！

弹幕1：我不信，年底没有吗？

弹幕2：价格看起来也没便宜啊。

弹幕3：怎么下单便宜？

主播：是真的，这次年中庆典优惠力度很大！各种优惠券、红包，再叠加直播间专属优惠券和粉丝福利红包，双重优惠、双倍红包，组合减免后，最低直接可以×××元拿下！

主播：家人们，错过今年就真的没有机会了，并且经常在这个平台购物的家人们应该能够感受到这次不同以往的活动力度！我自己都已经帮朋友下单了两部！

弹幕4：这次给的券确实比之前大。

弹幕5：怎么组合更优惠？在哪领券下单？

弹幕6：红包怎么领？怎么老是领取失败？

主播：家人们，家人们！在平台主页面找到活动会场的入口，然后在活动页面找品类优惠券，找到品类优惠券后选择对应的满减价格，注意不要领错了啊，领错是不能使用的！

主播：领完优惠券返回活动页面，找红包入口，参加领红包活动，领取后往下翻品牌方给的专属红包！

弹幕7：优惠券领到了。

弹幕8：真麻烦！

弹幕9：这次红包不小。

主播：领完平台的满减优惠券、抵扣红包和品牌红包后，再关注主播。没有点关注的家人们点点关注，点完关注可以领取粉丝专属优惠券，还能在交流群中领取粉丝红包！

弹幕10：搞完了，搞完了，接下来呢？

主播：所有福利都领完的家人们，注意了，还没领完的家人们抓紧时间，抓紧时间！家人们看直播间的9号链接，再等1分钟，等等还没上车的朋友们啊，待会我直接给大家上链接！

弹幕11：搞快点，搞快点！

主播：抓紧时间领取优惠券和红包，双重优惠，双倍红包！来，家人们，看我们的9号链接，准备好，三、二、一，上车！

…………

⚠ 【互动误区提醒】

1. 主播要耐心、细心地为观众服务，给他们讲解下单的各类优惠，引导他们成功领取优惠券后再下单，不能不情不愿，更不能不耐烦。

2. 主播要对平台操作和直播销售的程序熟悉，在各种活动开展时要积极了解，不能置身事外，不学习、不进步，在观众询问时面露难色，甚至一问三不知。

8.3.3　情景 142：下单致谢

▶ 【直播情景再现】

　　某男装品牌直播间内，主播小辛刚刚完成了一款皮大衣的介绍，直播间里的很多观众都对这件皮大衣感兴趣。小辛慷慨激昂、情绪激动地向粉丝们诉说自己如何让利、如何赔本赚吆喝，这件皮大衣最后的销量很不错，小辛为了表达自己的谢意，特地将全体工作人员叫来给大家鞠躬致谢。

▶ 【直播公屏分析】

　　1. 很多观众在观看直播时，由于自身参与度的不断深入，他们渐渐忘记了自己本来的消费目的，逐渐演变成了一种情绪消费。

　　2. 观众完成下单后的时间，一般是用来维系客户感情的时刻，因为这个时候观众的心理防线随着购物行为的结束也不断松懈。

▶ 【主播互动演练】

　　主播：今天这款皮大衣，兄弟们我跟你们说，是不可多得的好东西啊！

　　主播：柔软防风真皮，御寒锁温内里，黑色真皮，翻毛领设计，又有范又大气！

　　弹幕 1：看起来不错啊。

　　弹幕 2：多少钱？

　　主播：这件皮大衣，供货商给我的报价是 1599 元，东西是好东西，但我能答应吗？这个价格怎么给兄弟们送福利？

　　弹幕 3：1599 元有点贵了。

　　弹幕 4：别整虚的。

　　主播：我直接给他压到 999 元。我说你要是行就行，不行你就拿走，我这个直播间不缺你这一件商品！供货商当时就同意了。

　　主播：在我们直播间的都是老朋友，都是兄弟！999 元这个价格说实话，我是挣不少的，今天！我把这个利让出来，我少赚点，599元！

弹幕5：主播牛啊！

弹幕6：能不能再少点，没"票子"（指金钱）啊。

主播：既然兄弟们话都说出来了，今天我不挣钱了，也得让兄弟们得到实惠！另外每件皮大衣，我再给大家优惠100元，499元！我亏着本也得回报兄弟们的支持！

弹幕7：谢谢兄弟！

主播：来，兄弟们，8号链接，真皮大衣，我亏本回报你们！8号链接，三、二、一，走起！！！

弹幕8：整一件。

主播：1000单了，2000单了，5000单了，还有几千件，兄弟们想要的抓点紧，等会就没了！

主播：1.5万件皮大衣，全部清空！！！兄弟们，谢谢你们，真的，没有你们不行！来，过来，你们几个，我们一起给屏幕前的兄弟们鞠一躬，感谢大家的支持！谢谢！

弹幕9：加油！加油！

…………

【互动误区提醒】

1. 主播要有真情实感，要实实在在地表达自己对于观众们的感激之情，不能功利心太强，导致观众们产生"现在的感谢都是为了下一单"的想法。

2. 主播要充分调动自己的情绪，不能表演式地表达自己的感谢之情，否则只能是得不偿失。

8.4 催促下单经典语句与句式模板

8.4.1 催促下单经典语句

【经典语句1】

我说好不算好，亲身体验才算好！挑一挑，试一试，一试就包你满意！放心买，大胆用，咱家质量有保证！

【经典语句2】

脱单比不上别人，抢单你还比不过吗？

【经典语句3】

要买要带，赶紧赶快！机会不是天天有，福利等不了太久，该出手时就出手，主播下播就没有！

8.4.2 催促下单句式模板

1. 宝宝们，我们这次____（品牌简称）活动的优惠力度是今年最大的了，现在拍能省____（具体数额）钱呢，而且主播我今天还给大家再额外赠送一个价值____（具体数额）元的赠品，这个赠品也非常好用。喜欢的宝宝直接拍！

2. 还有最后的____（具体时间）分钟，没有买到的宝宝们赶紧下单、赶紧冲，时间到了我们立马就要下架啦。不用想，直接拍，只有我们____（直播间简称）的直播间有这样的价格，往后只会越来越贵。

3. 真的是最后的____（具体数量）件了，喜欢的宝宝抓紧拍，因为这个系列厂家暂时没有货补库存了，只要喜欢，只要心动，____（购物车链接编号）号链接闭眼入就完了，秒拍秒付，先把名额占下来！

第 9 章

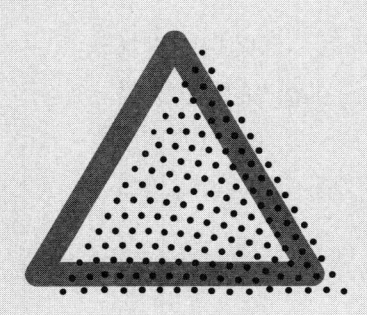

直播结尾

9.1 感恩式结尾

9.1.1 情景143：感谢陪伴

【直播情景再现】

某百货产品直播间正在销售几款常用百货产品，主播小琳正在向所有观众讲解今天直播间的最后一款产品——家用垃圾袋。此时直播已经接近了尾声，公屏上仍旧活跃着不少观众，有人仍在积极与主播互动提问，有人问垃圾袋会不会漏，有人问垃圾袋够不够厚，有人问明天几点开播，有人问一天直播几场……

【直播公屏分析】

1. 对于公屏上关注垃圾袋质量相关问题的观众，主播可以在直播间利用多种不同使用场景进行演示。

2. 公屏上关注直播开播时间和直播场次安排的观众，他们可能是对百货产品有长期需求，也可能是第一次观看直播间不清楚主播的直播安排。

【主播互动演练】

主播：各位观看直播的宝宝，主播待会儿讲解完今天最后一款咱们的直播就结束啦！最后一款是咱们家里日常必须用到的垃圾袋。咱们抽绳式的垃圾袋做的是一个升级加厚的质量，大家也都知道抽绳式的垃圾袋一拉一提就可以快速缩口，锁住里边的垃圾。大家看主播现在给大家演示下，是不是一拉立马就缩口了，拎起来就能走，完全不撒、不漏，不会掉任何东西。

弹幕1：正好家里缺垃圾袋。

主播：咱们日常要用到垃圾袋的地方也挺多的，对不对？像厨房、卧室、客厅、浴室，咱们打扫卫生收拾垃圾的时候，轻轻松松秒提秒缩口，确实能节省不少力气和时间，对吧？咱们家里、办公室、宿舍楼等这么多地方要用到垃圾袋，垃圾袋就是咱们生活的必需品啊，所以趁现在有活动咱们就赶紧囤一波。消耗品囤在这里，365天每天都是必须用的，完全不用担心会浪费，对不对？9.9元下单10卷垃圾袋，平均一卷不到一块钱，现货现发。咱们今天直播的最后一款商品，家人们，看准咱们下方的26号链接，现在直接去拍就好啦！

弹幕2：真的不漏吗？

弹幕3：够不够厚啊？

主播：家人们放心，咱们直播间不是只卖个一天、两天的，直播间的东西都是保质保量的。这款垃圾袋做的是韧性很强的加宽、加厚设计，像主播这样提一袋子水，无论怎么甩都是不会漏出来的。现在我拿来一整箱的矿泉水，整整12瓶，每瓶500毫升，大家看，主播拎起来依旧丝毫不会破损，不会洒漏，拉绳和整个袋子的承重效果都是非常好的！

弹幕4：一般一天是几场直播啊？

主播：家人们，咱们一天是两场直播，如果没有特殊事宜的话咱们基本是上午十一点到下午四点，晚上七点到晚上十一点，两场直播哟！大家可以看看下方购物车，里边的所有宝贝都是今天买今天发，现拍现发哟。有看中的不用犹豫，咱们这个都是有售后服务，有保障的！给你们最后五分钟的时间去拍哟，垃圾袋的库存目前也不是很多了，就最后几单了哟，大家抓紧去拍，去下单吧，主播马上就要下播啦！

弹幕5：明天几点开播？

主播：感谢今天在直播间的所有家人的真诚陪伴，主播在这里非常感谢所有进入过直播间的家人，非常感谢在场各位的支持，感谢大家的关注、点赞和下单哟！也感谢很多从主播一开播就一直陪伴主播到马上要下播的朋友们，大家也非常辛苦，一直陪着我播完全场。

弹幕6：舍不得主播！

主播：陪伴是最长情的告白，大家的支持与爱意主播我都接收到啦。明天咱们同一时间，上午十一点到下午四点、晚上七点到晚上十一点在直播间见噢！明天的直播间也是福利多多优惠多多！咱们明天见！感恩生活，感恩有你们的一路相随！主播下播啦！再次谢谢！辛苦各位啦！

…………

⚠【互动误区提醒】

1. 主播下播时可以反复对观看直播的观众表示感谢，感谢的话语要显得真诚、礼貌和尊重，不要让观众觉得不被在意。

2. 主播下播时要注意公屏上的互动问题是否全部解决完毕，不要自顾自地只是表达感谢而忽略观众提出的疑问。

9.1.2　情景 144：感恩购买

▶【直播情景再现】

某香水彩妆直播间正在热卖几款女士香水，主播小兰正在向观众展示下播前的最后一款女士香水。正值女神节平台活动期间，有不少观众对直播间的香水比较感兴趣，临近主播下播时仍旧有不少人在公屏上互动，有人问香水的留香时长，有人问香水的味道够不够浓郁，有人问下单后几天能发货，有人问限购一瓶想再买该怎么下单……

🖥【直播公屏分析】

1. 对于公屏上关注香水留香时长、味道等问题的观众，他们可能比较关注香水持久度，主播可以结合用香办法详细讲解。

2. 公屏上关注香水下单后几天能发货的观众，他们可能是已经下单的观众，会比较关注物流的时效性。

3. 对于公屏上关注限购问题的观众，他们可能已经下单了一瓶香水且还有购买需求，主播要及时回复解决，促进下单。

💬【主播互动演练】

主播：主播还有 15 分钟就下播了，非常感谢各位在直播间的下单。请大家放心，今天在咱们直播间购买的宝贝都是物超所值的，也希望大家在咱们直播间的购物体验都是非常愉快、轻松的哟！主播在下播前还有最后一款限量款香水带给大家，最后一款香水也作为今天的秒杀福利给到大家，好不好？

弹幕 1：终于等到新款了！

主播：这款香水属于花香系列，是一款比较清新、百搭的香水。像有些香水，可能是偏浓郁、厚重的味道，更适合咱们出去参加聚会、参加宴席等使用。主播现在手上的这款，咱们平时工作、学习都是可以使用的，是比较日常的一款。作为主播下播前的福利，现在下单只需要 229 元！原价 329 元的香水，主播现在给大家 100 元的优惠哟！

弹幕 2：开冲！

主播：屏幕前的宝宝们看好啦，现在像主播这样直接点进 17 号链接，下滑就可以看到 100 元的优惠券，在这个位置点击领取，这样就领好优惠券啦，然后直接点下单，下单的时候就能立减 100 元，到手价就是 229 元！

弹幕 3：留香久不久呢？

主播：主播看到有的宝宝担心留香时间不够久。主播告诉你呀，香水的留香时长跟香水的浓度是有关系的，咱们这款香水留香时长一般在三到四个小时，而且用香的方法也是比较讲究的，大家在喷香水的时候，可以和主播一样，这样子，距离身体十到二十公分，喷洒的范围相对较广，身体被香水覆盖的面积也就越大一些，这样留香时间也会更久一点儿呢！

弹幕 4：够不够浓郁？

主播：×××宝宝，你是想要购买浓郁一点的香水吗？可以告诉主播你想要什么味道的，主播给你推荐哟！咱们现在介绍的这款是偏清新、自然的。马上就是咱们三月八日的妇女节了，全国各地的天气都在逐渐变热了，不少宝宝们买香水可能更倾向于淡雅一点的这种香水，咱们这款相比之下不是那种浓郁、张扬的噢！

弹幕 5：已经下单啦！

弹幕6：下单了，几天能发货？

主播：哇！我看到不少宝宝们已经下好单了！主播再次感谢各位宝宝的捧场和支持哟！非常感谢大家的购买。已经下好单的朋友们，咱们统一安排24小时内的××快递加急发！咱们全部安排的是防磕碰、防破损的快递包装，大家放心，一定尽快让各位已经下单的宝宝们拿到咱们的香水！

弹幕7：为啥下单一瓶之后不能继续购买了呢？

主播：××宝宝，感谢你的下单支持哟！咱们今天是限量款香水的首发，所以每个账号都是限购一单的哟，非常感谢各位已经下单的宝宝。如果有已经购买了一瓶香水但还想再买一瓶的，大家可以去试试换一个账号，比如自己的爸爸、妈妈、朋友的账号，进入链接再去下单就好啦！

弹幕8：抢到啦！

主播：非常感谢各位下单支持主播的宝宝哟！咱们还有一分钟就下播啦，还在犹豫、纠结的赶紧去链接里看看，抓紧时间下单哟！主播在这里也预祝各位宝宝妇女节快乐！祝大家生活、学习、工作顺顺利利、开开心心！最重要的是祝大家购物愉快！

…………

⚠【互动误区提醒】

1. 主播感谢观众购买的语言不要太过生硬，可以多多点名已下单的观众，念出他们的昵称进行感谢。

2. 主播下播时除了感恩观众购买，还可以给观众们送去祝福，让观众觉得被重视和关怀，不要虚情假意。

9.2 促单式结尾

9.2.1 情景145：最后一单

【直播情景再现】

某调味品直播间正在热卖几款火锅底料，直播间销售的全部是品牌热门的火锅底料。由于近两年川渝火锅美食的热度越来越高，直播间观众的热情也不断高涨，主播小琪决定秒杀完××牌火锅底料的最后库存后再下播。小琪不断地和观众互动，直到下播前几分钟，直播间关于火锅底料的讨论仍旧很激烈。

【直播公屏分析】

1. 对于公屏上关注火锅底料辣不辣的观众，他们可能比较关注口味问题，主播可以多形容味道，再通过反问与观众互动，给观众挑选、推荐合适的口味。

2. 对于公屏上没有抢到最后几单库存的观众，主播要及时回复引导其下单其他链接的火锅底料。

【主播互动演练】

主播：马上就要下播了，新款火锅底料在3号链接，真的是最后几单了，库存卖完就没有啦！主播再给大家说一遍哈，咱们家今天直播间上的1号到3号链接的火锅底料，全部给大家做的是麻辣鲜香的地道川渝牛油口味。咱们家今天上的所有款只有辣度不一样，麻度和牛油的含量都是一样的！

弹幕1：牛油的确实好吃。

主播：3号链接是今天的上新款，也是畅销款，现在还有最后1单了。赶紧去抢，宝子们，错过今天，下一波库存确实不知道要到什么时候才有啦！大家认准这个牌子的火锅底料，厂家今天给到的库存确实有限，最后1单抢到确实就是划算的！

弹幕2：3号链接的火锅底料辣不辣？

弹幕3：吃不了辣的买哪个？

主播：这款是麻辣味的，中麻中辣是大多数爱吃辣的人能接受的辣度。如果你平时吃菜必须都放点辣椒，或者说你爱吃老干妈，老干妈的辣度你觉得是刚好的，一点也不辣的话，这款你吃应该就是刚刚好的口味。如果觉得老干妈都有一点辣的宝宝们就去冲1号链接，1号链接就是微辣的，有一点点的麻，爽口的麻！是大家都能吃的味道！

弹幕4：库存没有了！

主播：3号库存没有了，最后一单大家也抢完了！确实是不好意思，咱们说到做到，确实是卖完就没了，昨儿给厂家好说歹说也只给到这么多库存。还有哪些宝子们需要的可以联系客服买一下小店里的预售款，咱们的新口味有预售，等新的库存到了就立马给你们发！

弹幕5：还有吗？

主播：没抢到的宝宝们不要慌！新口味确实库存有限，大家可以根据自己的口味看一下其他链接。现在8号链接也只剩最后一单了，咱们这次的火锅底料活动的优惠力度是今年最大的了，最后一单大家都加油冲！拼手速！主播马上就要下播了，下方购物车中还有库存的都可以抢！

弹幕6：抢到了！

…………

⚠【互动误区提醒】

1. 当直播间出现没抢到最后一单的观众时，主播一定要提前做好预案，提前想好对策，不能白白失去这些想下单的观众。

2. 主播要实时查看下单链接里的库存情况，不要说错库存数据，避免观众们认为是为了造势而做的虚假数据。

9.2.2 情景146：最后时间

【直播情景再现】

某冷冻产品直播间正在热卖几款肥牛卷，主播小瑜正在号召观看直播的观众抓紧最后的时间下单。下播前观众对于肥牛卷的疑问基本上都是发货速度问题、发货包装问题和肥牛卷新鲜与否等，主播小瑜不断通过倒计时来强调直播间的下单速度。

【直播公屏分析】

1. 对于公屏上关注肥牛卷发货问题的观众，他们可能比较关注冷冻食品在快递中的保鲜问题，主播可以从技术层面多加解释。

2. 公屏上关注肥牛卷新鲜与否的观众，他们可能比较关注肥牛卷原材料的选材，比较注重食品的品质问题。

3. 主播在倒计时的时候要把握好节奏，倒计时的同时要注意与观众互动，及时解答观众在公屏上提出的疑问。

【主播互动演练】

主播：肥牛卷截单倒计时啦，还没下单的赶紧下单！今天这款肥牛卷的优惠数量有限，主播再给大家最后的五分钟，大家抓紧时间抢，最后五分钟，主播马上就要下播准备明天的直播产品啦！

弹幕1：什么时候发货？

主播：最后五分钟，大家抓紧时间去拍，秒拍秒付款。咱们这个肥牛卷的配料表里边没有任何添加剂、防腐剂！只有牛肉，新鲜的牛肉，现宰急冻，冷链直发。所有已经下单的宝宝，在公屏上扣"已下单"让主播看到，主播给你们24小时内全部发出去，确保你们拿到家都还是非常鲜嫩美味的！

弹幕2：发到县城会不会坏？

弹幕3：什么包装？

主播：不会的！宝儿！住在县城或者住得稍微离城市主城区远了一点的宝宝们，只要××快递能到，咱们通通是冷链包装，里边加了冰块的，到货之后你们赶紧去拿，不会坏，不会变质！

弹幕4：已下单！

主播：还有最后三分钟，没有买到的宝宝们赶紧下单，卖完就没有了！还有想问的、想说的抓紧时间，咱们赶紧发在公屏上，让主播看到！最后三分钟，想吃的宝宝们不用犹豫，商超、火锅店里卖的肥牛卷绝对不止这个价钱了。所有家人们最后两分钟啦，赶紧下单，时间到了主播就下播啦，早买早享受美味的肥牛卷！

弹幕5：孕妇能吃吗？

主播：我看到××宝宝在问孕妇可不可以吃？孕妇是可以吃的，家里的老人、小孩、孕妇都能吃，包括我们在健身的、在控制摄入热量的家人们，想要控糖、控油、控卡的家人们也都能吃。对生活有一定品质追求的宝宝们，这款肥牛卷一定适合你们！

主播：放心拍！大胆拍！最后一分钟啦！库存也不多啦！没买过的家人们，真的建议你们尝试下这款，不会让你们失望的！倒计时最后的十秒钟时间哟，抓紧时间下单，主播也不等大家了，倒计时10秒，10！9！8……

…………

⚠【互动误区提醒】

1. 主播要持续利用五分钟、三分钟和最后一分钟的倒计时来反复催单，不断营造时间紧迫的氛围，要给观众留足反应时间，不要突然倒计时。

2. 倒计时结束后，主播要立马进入接下来的款式介绍或者说下播结束语，尽量不要言而无信，截止时间到了还在重复拖沓地介绍上一款。

9.3 其他式结尾

9.3.1 情景 147：预告式结尾

【直播情景再现】

某彩妆产品直播间正在热卖几款品牌美妆，主播小钰已经完成了对今天直播间所有产品的介绍，打算在下播前给直播间的观众们预告一下明天直播间的产品和直播时间。小钰不断重复开播时间和开播场次，吸引了直播间观众的停留和关注，直到小钰快下播时公屏上仍然有不少观众在积极互动。

【直播公屏分析】

1. 公屏上关注直播时间的观众，他们可能是第一次观看本场直播，对直播的内容比较感兴趣。

2. 对于公屏上关注明天是否也会抽奖的观众，他们可能是比较熟悉主播的直播流程的铁粉，主播一定要维护与铁粉的关系。

3. 预告的内容一定要提前准备好，主播一定要守诚信，遵守平台的直播规则。

【主播互动演练】

主播：不知不觉，咱们今天的直播也快接近尾声了，有需要但还在纠结的家人们，抓紧时间下单哟，主播马上就要下播了。明天咱们直播的宝贝也非常丰富，有××牌的粉底，大家都知道，它家粉底一直都很好用；还有大家期待已久的××牌的热门香水，我也给大家安排了一些库存；还有一些日常的妆前乳、水之类的，我也都给大家安排上了！

弹幕1：明天几点呢？

弹幕2：明天也是八点吗？

主播：明天早一点哟，宝子们，明天晚上的六点半就开播，比今天早一点啦。明天直播间的折扣、优惠一定会让大家满意哟！除了我刚刚给大家说的一些大牌的产品，也有一些物美价廉、实惠好用的网红款平替美妆，所以咱们明天晚上六点半不见不散啦！

弹幕3：每天就播一场吗？

主播：对的，宝子，咱们家现在直播每天就一场，直播一场产品能更加集中。明天的直播间基本是一些你们日常看不到的超低优惠，错过绝对可惜，主要是一些品牌方为了宣传，给了不少让利优惠哟！

弹幕4：明天有抽奖吗？

主播：明天有抽奖的，××宝子，明天也和今天一样准点有福袋抽奖哟，所以请大家一定要按时守在咱们的直播间。大家记得点个关注加入咱们的粉丝群，主播待会儿下播了会把咱们明天直播的部分优惠产品明细提前预告到粉丝群里，大家可以先看下明天的产品信息！

弹幕5：主播辛苦！

主播：还没冲完，还没下单的宝子们抓紧咯。明晚六点半到十二点，主播准时开播，大家一定要点点关注，这样到时候也会有直播提醒的哟！祝大家今天晚安好梦，明天咱们不见不散啦！

…………

⚠ 【互动误区提醒】

1. 主播预告后续直播时，要注意说明后续直播的时间、内容等基本信息，但不能透露直播的全部细节。

2. 切忌预告直播时间后主播不按时直播，除了会损害粉丝的信任感，还可能会受到直播平台的处罚。

9.3.2 情景148：顺口溜结尾

【直播情景再现】

某方便食品直播间正在销售几款自热火锅，主播小雪决定今天下播时以一种新颖、有创意的顺口溜方式结束直播，主播小雪第一次尝试顺口溜，没想到直播效果还不错，直播间的观众也纷纷与她互动。

【直播公屏分析】

1. 顺口溜的段子一般会比较吸引观众的注意力，主播要根据公屏互动的情况巧妙地将直播内容穿插进顺口溜中，不要过于生硬。

2. 对于公屏上关注自热火锅好不好吃的观众，主播可以用品牌评价、小店评分等内容进行补充说明。

【主播互动演练】

主播：红红火火过日子，健健康康吃火锅，吃自热火锅就认准××品牌！大哥买来送大嫂，哥哥买来送妹妹，高高兴兴带回家，这点价钱真划算。咱也不是买飞机、买火箭，不用花几十万，只需二三十块，就能把幸福往家带！

弹幕1：可以！可以！

弹幕2：主播再来一个！

主播：主播小雪在这里祝大家接下来的每一天，都能像咱们的麻辣自热火锅一样，红红火火！马上要下播啦，直播间的大哥大姐、弟弟妹妹们，咱们出门都得惦记有个他，记得赶快下单哟！

弹幕3：主播整点才艺！

主播：主播马上就要下播啦，下播之后怕大家找不到我，所以记得给主播点个关注哟！主播明天也给大家来点才艺，给大家带来更多的福利款自热火锅！

弹幕4：自热火锅明天还播吗？

主播：播的播的，明天也是自热火锅的专场直播哟！大家记得明天晚上八点来直播间继续观看,今天大家早下单早到货,早下单早享受,你不买我不买,主播明天没动力!家人们,趁主播还没下播,今天直播间的优惠走过路过别错过!

弹幕5:自热火锅真有那么好吃吗?

主播:家人们,主播我说好不算好,大家说好才算好,我说妙不算妙,去看口碑就知道。大家可以点开链接去看小店的评分,评分能说明一切,自热火锅是居家必囤、出门必备、方便快捷的美食哟!还有一分钟主播就下播了,大家抓点儿紧!

……

【互动误区提醒】

1. 主播一定要提前练习好顺口溜,确保在直播时表现得口齿伶俐,不要不熟练,卡顿可能会适得其反。

2. 顺口溜的内容主播可以间隔几天更新一次,避免直播间的观众审美疲劳。

3. 主播的顺口溜要尽可能地原创且有自己的独特风格,避免与其他主播风格雷同。

4. 顺口溜的内容要不落俗、朗朗上口,主播不要说一些不符合直播规则的话语。

9.3.3 情景149:小段子结尾

【直播情景再现】

某运动产品直播间正在热卖几款跳绳,主播小俪打算在下播前讲一些小段子来吸引观众们的关注,这成功吸引了不少观众进行互动。公屏上的观众较关心的问题主要是跳绳会不会很硬、是否容易断裂,还有一些人在询问跳绳技巧……

🖥 【直播公屏分析】

1. 公屏上关注跳绳硬度、会不会断裂的观众，他们可能比较关注跳绳的材质、质量问题。

2. 对于公屏上关注跳绳方法的观众，主播可以结合跳绳方法进行演示，提出专业、真诚的建议。

💬 【主播互动演练】

主播：有没有哪些宝宝本来打算开年瘦成一道闪电，结果现在小半年了，不但没有瘦下来亮瞎大家的双眼，反而不小心胖成了大冬瓜，挡住了大家的视线，多无奈，多难过呀。别担心，来试试咱们这款××牌的跳绳吧，跳绳可是全身运动，哪里都能瘦，是不是很棒？

弹幕1：跳绳会不会容易断啊？

弹幕2：跳绳硬不硬？

主播：咱们这款跳绳采用的是第七代的升级加粗绳，职业级的跳绳研发技术，不会断也不会开裂。因为里边加有钢丝，绳子本身会有一些硬度，用太软的绳子跳绳会导致全身运动不彻底，也没办法快速地瘦身，对不对？

主播：咱们的新年目标是人瘦点、钱包胖点，千万不要搞反了！跳绳就是一项非常好的运动！今天只有300单库存，主播卖完马上就下播啦！今天直播间这款跳绳只要12.9元，倒计时三秒，三！二！一！运营上链接！大家现在赶紧开冲开抢吧！

弹幕3：怎么跳绳比较有效？

主播：先给大家算笔账，跳绳10分钟，全身运动燃脂的效果比游泳20分钟的消耗再加5分钟的跑步的效果还要好。大家可以根据自己的身高调整好跳绳的长度，身体自然站立，两脚之间保持一点距离，手腕发力摇绳，主要用前脚掌跳跃，这样跳个七八分钟真的很不错！

弹幕4：主播用这个跳绳吗？

主播：真的不骗大家，主播现在每天都坚持跳绳打卡，大家看看主播的好身材！不给你们推荐这个宝贝主播真的良心不安，睡不好，吃不下，因为这款跳绳真的太好用啦！

弹幕5：这个牌子确实不贵！

主播：咱们要在尽可能少的花销中获得更大的益处，跳绳不就是一项非常经济、实惠的运动吗？不比你去健身房办张卡，去舞蹈室充点钱更划算吗？12.9元的价格，既花不了多少钱，又能享受到健康的体魄，在运动中释放生活和工作的压力！

主播：还有最后23单，速度冲，现发货！主播马上要下播啦！下播就全都恢复原价了，大家赶紧趁优惠还在，抓紧时间下单吧！

……

⚠【互动误区提醒】

1. 主播讲段子一定要把握好尺度，不要涉及有争议的话题。

2. 主播要对要讲的段子进行巧妙包装，刺激用户痛点，不要讲与直播主题毫无关联的段子。

9.3.4 情景150：固话式结尾

【直播情景再现】

某女装服饰直播间正在热卖几款防晒衣，主播小佳正在向直播间的观众展示防晒衣的细节。小佳从防晒衣的材质、颜色、款式设计等全方位、详细地介绍了这款防晒衣的卖点，临近下播，直播间还有不少观众在积极互动，有人问防晒衣的穿着搭配，有人问是否有质量检测证书，有人担心主播下播之后的售后问题……

【直播公屏分析】

1. 对于公屏上关注穿着搭配的观众，他们可能是平时比较注重穿搭技巧的，主播可以多做对比演示。

2. 对于公屏上关注质量检测证书的观众，他们可能之前购买防晒衣的时候有遇到过虚假宣传的情况，主播可以将检测报告放大打印并展示到直播背景中。

3. 对于公屏上关注主播下播后售后问题的观众，主播要及时安抚好他们的情绪，对售后问题及时、快速回应。

【主播互动演练】

主播：姐妹们，主播下播前给你们带来今天的最后一款福利宝贝哟！马上到夏天了，夏天大家最担心的问题就是晒黑啦。不用担心，主播这款防晒衣帮你解决"黑皮"问题，UPF50+ 高紫外线防护系数，强透气、高散热，夏季来临前做好防晒穿新衣，福利多多，优惠多多！女生最开心的三件事就是，买！买！买！买的就是一个开心、放心！

弹幕1：搭配什么穿比较好看啊？

弹幕2：一直不知道防晒衣咋穿比较时髦。

主播：咱们这款防晒衣做的是一个宽松下摆的设计，宽松结构能够更包容我们女孩子的身材，无论你是梨形身材还是苹果形身材，无论搭配长裤还是小裙子都是非常时尚的。别犹豫啦，女生最开心的三件事就是，买！买！买！买的就是一个开心、放心！

弹幕3：有没有证书？

弹幕4：防护系数哪儿来的？

主播：必定是有证书的哟。咱们做防晒衣就一定要做到专业、专一、权威！大家看一下咱们的这个专业机构出具的检测报告，里边包含了凉感检测报告和防晒各项指标的检测报告。主播这里的东西都是有质保、有证明的，绝不会用三无产品欺骗大家，大家放心啦。我们都知道女生最开心的三件事就是，买！买！买！买的就是一个开心、放心！

弹幕5：主播啥时候下播？

弹幕6：主播下播了售后怎么处理啊？

主播：××姐妹，主播每天直播的时间是晚上八点到晚上十一点，还有六分钟主播就下播啦，大家还有什么问题，主播在下播后都会安排客服及时处理的哟！还没决定好买哪一款的，可以点进下方小黄车去看细节哟！女生最开心的三件事就是，买！买！买！买的就是一个开心、放心！

…………

【互动误区提醒】

1. 固话式结尾的句子一定要简洁明了、朗朗上口，不要晦涩拗口，不便于记忆。

2. 固话式语句要与催单、促单的内容结合，不要与刺激观众消费的话题完全无关。

9.3.5 情景151：小故事结尾

【直播情景再现】

某女装毛衣直播间正在热卖几款女装针织衫，主播小虹打算用一个小故事结束今天的直播。一时间直播间的观众对主播的小故事非常感兴趣，大家也纷纷通过在公屏上发消息和主播互动了起来，有人好奇故事的真假，有人感叹主播的直播创意，有人则关注针织衫的发货速度……

【直播公屏分析】

1. 公屏上质疑故事真假的观众，主播不用过多在意，保持自身稳定的节奏就好。

2. 首次在直播间讲故事一定要考虑到观众的接受度，时刻关注公屏上观众的反映情况，观众基本是来放松、看热闹的，故事情节不要过于严肃。

3. 互动性强的故事能引导观众积极地在公屏上发弹幕互动，主播要把握好流量，抓住时机促成交易。

【主播互动演练】

主播：美好的一天又要结束啦，希望大家今天在直播间的购物体验都是杠杠的！主播手上最后一款针织衫，大家还有问题吗？有的话，赶紧问哟！

弹幕1：会不会起球？

弹幕2：会不会有静电？

主播：家人们放心，面料做过蚀毛工艺的处理，通过特殊工艺去除小毛、小球后，咱们的针织衫是不会起球的，也没有静电。说到这儿啊，主播给大家讲一个小故事，之前主播还没做直播的时候，在线下商场卖衣服，有个电工陪女朋友买这种针织衫，他也是怕有静电，居然用试电笔测试了一下毛衣，哈哈哈，大家猜怎么着？试电笔响了诶。不过大家别担心，咱们这款针织衫，你们拿到货之后可以放心大胆地测试，不起球，无静电！

弹幕3：哈哈哈，真的假的！

弹幕4：真有这种事儿？

主播：对呀，真的，这个就是主播以前亲眼看到的呢，当时确实蛮尴尬的。不过大家都是追求品质，追求高质量生活的人，所以像他那样测试是没错的，只是第一次见这种事儿，主播觉得还挺有意思的！

弹幕5：哈哈哈，惊到了，就算假的也是很有创意的故事！

弹幕6：主播，我下单了，记得赶紧发货！

主播：家人们，还有最后30单哟，这30单卖完就下架啦，全都是现拍现发货的，主播马上也要下播啦，大家抓紧。明晚七点咱们直播间不见不散，记得来直播间，主播给大家带来新的故事！

…………

⚠ 【互动误区提醒】

1. 主播在讲小故事的时候，要注意表情、动作的配合，讲的时候要声情并茂，有感染力，不要生搬硬套，显得像是在背稿子。

2. 主播平时一定要注意多积累小故事的素材，可以记录网络上的梗或者身边的生活小故事，多做功课，避免观众审美疲劳。

9.3.6　情景 152：幽默式结尾

【直播情景再现】

某运动服饰直播间正在销售几款健身背心，主播小蕊通过轻松、幽默的语言形式引导观看直播的观众们抓紧最后的时间下单。下播前观众们关于健身背心的问题主要是衣服材质、质量等方面。

【直播公屏分析】

1. 对于观看健身背心直播的观众来说，他们比较关注服装能否起到辅助健身、提高运动效果的作用，因此，在材质介绍方面要多从痛点出发进行详细的解释。

2. 观众对于主播提到的幽默玩笑的反应和互动，都能够提升直播的热度，主播要在互动中把握好促单成交的时机。

【主播互动演练】

主播：家人们，时间过得可真快，马上就要到主播下播的时间啦，夏天快要来啦，想要好身材的家人们一定要抓紧时间在这个夏季来临之际赶快运动起来，减掉自己的拜拜肉，甩掉自己的小肚腩。冰冻三尺非一日之寒，小腹三层非一日之馋！穿上咱们家的健身背心，管住嘴，迈开腿，大家要加油喔！

弹幕 1：纯棉的吗？

弹幕 2：是新疆棉吗？

主播：是的，××宝宝，咱们家是老国货运动品牌，采用的都是新疆高品质长绒棉！耐磨、耐洗、贴身、透气，更不会轻易变形。

弹幕 3：确实该动起来了！

弹幕 4：小肚子肉肉是挺多的了！

主播：是吧！大家都有同样的困扰，所以赶紧把装备买起来，健身背心穿起来，还愁不愿意去运动健身吗？可不能每天都说自己有一颗减肥的心却有一个吃货的胃，每天都吃得胃饱饱的，咔咔炫好吃的，空有一颗想减肥的心，不运动能不胖吗?

弹幕 5：140 斤的能穿吗?

主播：140 斤买加大码的。咱就是说在夏天来之前，咱们把好的身材练出来，吊带、短裙想穿什么就穿什么，打扮得美美的，出门逛街、郊游，是一件多么开心的事情呀！

主播：家人们，美食皆可贵，减肥价不高，一件健身背心也就一杯奶茶、咖啡的价格，二三十元的优惠你们还不冲吗？今天主播的直播时间到啦，下播前祝直播间的各位都能心想事成，变得更加自信、美丽、大方哟！

…………

⚠️ 【互动误区提醒】

1. 主播讲述幽默内容时不能低俗、庸俗，要自然而然地搞笑，拉近与观众的距离。

2. 主播在表达幽默时要适度，把握好尺度，不要挖苦和讽刺观众，也不要戳别人的短处、痛处。

3. 主播开玩笑要接地气，贴近生活、贴近直播产品内容，张弛有度，同样的搞笑套路不要重复太多次。

▶▶ 9.4 直播结尾经典语句与句式模板

9.4.1 直播结尾经典语句

📖 【经典语句 1】

一生朋友一生情，一生有你才会赢，感谢今晚有你，期待明晚有你，咱们不见不散！

📖 **【经典语句2】**

不上电视不上报，宣传产品全靠自己做介绍，明晚八点准时见，你不来我不来，主播宣传算白来！

📖 **【经典语句3】**

岁月太短，我害怕我的情话还没有说给你听；缘分太浅，我害怕我的表演还没有打动到你，缘来缘去，明天等你！

9.4.2　直播结尾句式模板

1. 最后一首歌，____（歌曲名字），咱们一起听完下播，希望大家睡个好觉、做个好梦，明天好好工作、好好学习，咱们晚上再聚。当____（歌曲名字）响起的时候就是各位哥哥姐姐疯狂买买买的时候啦！明天____（开播时间）我们准时再见，主播____（主播昵称）和各位家人们不见不散！

2. 感谢各位宝宝的支持！今天____（直播间简称）直播间一共收获____（点赞数量）点赞，新增粉丝团成员____（粉丝数量）个，比主播预计的多了不少呢，明天____（开播时间）继续开播送福利，主播要再努力一点才行！

3. 感谢今天的直播间榜首____（粉丝简称）、榜二____（粉丝简称）、榜三____（粉丝简称），谢谢你们的支持，特别开心。另外，很多宝宝从主播一开播就来了，一直陪着我直到下播，比如____（粉丝简称）、____（粉丝简称）。陪伴是最长情的告白，你们的爱意我收到了，希望主播的好物分享也能让你们有所收获，明天再见！